中村幸弘・杉本完治　著

漢文文型　訓読の語法

新典社

はしがき

公立・私立とも、長く高等学校教育現場に勤務してきた中村は、特に専攻した領域でなくても、高等学校国語科に関係する学習参考書については、いくつか出してきてしまいました。漢文についても、そういう書物を出してきていまして、そのうちの一点『ステップ漢文の文型（漢文読解の要一二四文型）』（日験）は、それを愛用してくださる先生方もいらっしゃって、もっと用例を増やして、殊に解説をいっそう深めたものにしてほしい、とのお言葉をいただいておりました。

その折は、福島の県立高等学校にご勤務でいらっしゃった長嶺力夫氏という、大学で同期だった方と連絡をとりあって、多くその長嶺氏のお力でまとめることができました。具体的にその仕事が始まってから、訓読した仮名書き文型を目次にしてはどうか、と、依頼された日験さんに申し上げたところ、市場が認めてくれるか、心配していましたが、実はそこがユーザーのお役に立ったようです。

さて、十年ほど前から、出版不況の時代ということもあって、前著の版元から、活用できるものは他社にお譲りしてもよいと言われておりました。ただ、長嶺氏も逝ってしまっておられます。辛うじてまだ生きることを許されている中村は、その後出会わせていただいた杉本完治氏という、静岡の、同じく県立高等学校にご勤務の先生に、いろいろご交誼をいただいておりまして、その事情を申し上げました。杉本氏も漢文を専攻なさった方ではいらっしゃいませんが、国語科としての漢文学習に刺激剤となるような書物にしようということになりました。

例文と典拠については杉本氏のご担当、中村は、語法の解説と、それに先立つ仮名書き文型の統一に取り組ませていただきました。中村の要領の悪さから、例文の差し替えなど、何度もご迷惑をお掛けしました。

ただ、ここで申し上げておきたいのは、現在、刊行されている古語辞典や国語辞典、そして漢和辞典でも、漢文の読解はできない、ということです。本書は、その語法の解説を深めていくなかで、漢文訓読語辞典の必要を強く感じました。その結果として、本書のなかの『漢文訓読和語辞典』が、いつか執筆されてしまっていたのです。僭越な物言いを許していただくならば、過去の日本にまったく存在することのなかった漢文の教科用指導書であり、学習書であると自負いたしております。

本書は、なお不備なところを残してはおりますが、次の時代に向けての小さな挑戦の一書です。しかも、この著作に関係した三人ともが漢文学・中国文学を専攻しなかった県立高校の国語科教諭です。素人といわれたりしたこともあった漢文担当者でした。関係各方面からのご批正とご指導とをお願いして、はしがきとさせていただきます。

中村　幸弘

＊　＊　＊

「赤松登志子は、眉目妍好ならずと雖、色白く丈高き女子なりき。和漢文を読むことを解し、その漢籍の如きは、未見の白文を誦すること流るゝ如くなりき。」

森鷗外の「小倉日記」明治三十三年二月四日の条の一節です。同日、親友賀古鶴所から旧妻赤松登志子の死を報じられ、鷗外は過去を回想し、こう日記に記しました。

ぼくはこのエピソードをしばしば授業で生徒諸君に紹介してきました。「その漢籍の如きは、未見の白文を誦すること流るゝ如く」でなくても、その基本的な白文はしっかり読めるようにならないとね、と。そのためには、理解すべき基礎事項はきちんと理解しないといけないね、と。

しかし、この度の仕事を通じて、またまた自分自身の努力不足と無知を思い知らされることになりました。換言すれば、この度の仕事は、ぼくにとってまことに得難い勉強の機会でもありました。中村幸弘先生のご指導のたまものです。

中村先生には二十年ほど前初めて面識をいただき、以来、他の仕事も含め、間断なきご指導をたまわっています。そのご厚恩は一語や二語で尽くせるものではもちろんありません。常々こころから感謝申し上げています。

なお、本書上梓については、新典社社長岡元学実氏、また同社編集部課長小松由紀子氏にたいへんお世話になりました。記してこころから謝意を表します。

平成二十四年六月

杉本　完治

目　次　（例文の典拠を含む）

31 あげて…（す）べからず 114
『列子』「仲尼」／『孟子』「梁恵王上」／『文章軌範』「留侯論」
32 …ずとなさず 116
『孟子』「梁恵王上」
33 …（せ）ざるべからず 117
『近思録』「論学」／『韓非子』「存韓」／『論語』「里仁」
34 AにあらざればBなし 119
『墨子上』「親士」
35 …にあらざる（は）なし 120
『十八史略』「五帝」／『孟子』「公孫丑上」／『史記』「張耳陳余列伝」
36 …（せ）ざるにあらず 122
『荘子』「外物」／『老子』「居位」／『孟子』「梁恵王上」／『孟子』「公孫丑下」
37 …なきにあらず 125
『荀子』「非相篇」／『孟子』「告子上」／『日本外史』
38 いまだかつて…（せ）ずんばあらず 127
『唐宋八大家文読本』蘇軾「書東皐子伝後」／『論語』「八佾」／『古文真宝後集』諸葛亮「出師表」
39 あへて…（せ）ずんばあらず 129
『蒙求』「薦蒙求表」／『論語』「子罕」／『論語』「憲問」
40 いまだし（や） 131
『唐詩選』王維「雑詩」／『論語』「陽貨」／『論語』「季氏」
41 いまだかつて…（する）ことなくんばあらず 133
『論語』「述而」

90　ひとり…（せ）んや　229
『唐詩選』／『古文真宝後集』杜牧「阿房宮賦」／『論語』「先進」
91　あへて…（せ）ざらんや　231
『史記』「廉頗藺相如列伝」／『史記』「項羽本紀」
92　あに…（せ）んや　233
『戦国策』「楚策」／『礼記』「祭義」／『論語』「顔淵」
93　なにをか…（せ）ん（や）　235
『列子』「湯問」／『論語』「陽貨」／『孟子』「告子上」
94　べけんや・といふべけんや　237
『論語』「顔淵」／『古文真宝後集』「前赤壁賦」／『論語』「述而」
『十八史略』「巻一・周」／『孟子』「滕文公上」／『孟子』「離婁上」／『孟子』「離婁上」／『孟子』「万章上」
／『古文真宝後集』陳師道「思亭記」
95　…（するを）えんや　241
『論語』「顔淵」
96　なんぞ…（せ）ざる　242
『文選』「古詩十九首第十五」／『古文真宝後集』屈原「漁父辞」／『古文真宝後集』陶潜「帰去来辞」
97　…をいかんせん　244
『論語』「子罕」／『論語』「里仁」／『史記』「項羽本紀」／『論語』「八佾」
98　いかんぞ…（せ）ん（や）・いかんぞ…べけんや　247
白居易「長恨歌」／『論語』「子張」／『論語』「先進」
99　また…（なら）ずや　249
『論語』「学而」／『論語』「泰伯」／『古文真宝後集』柳宗元「種樹郭槖駝伝」

第一編　漢文学習法の歩み

漢文の学習は、どこからどのように入っていくのか、恥ずかしいことに、十分には認識できていないのである。文部科学省検定教科書を見ても、訓読法の必須事項は紹介されていても、多くは、直ちに、ジャンル別の作品本文に入っているのである。故事・小話といった、読みやすい本文ではあっても、読んで訳していく、その訳出の方法などは、ほとんど触れられていないのである。やがて、その説話的なものから長めの文章となり、漢詩となり、さらには、諸子の思想を述べたものから史伝へと展開していくのである。ただ、そう読み下した訓読語の語義や語法を改めて学習する体裁とはなっていないのである。

確かに、ある時期までは、漢文の基本構文の学習を取り入れて、白文が読めるようにと取り組んでいた学習形態があった。漢文本文の漢字部分だけが見えるように枡目《ますめ》に厚紙を切り抜いて、返り点や送り仮名を見えなくさせて学習する漢文練習板が文具店で売られていた時代があったのである。その後、漢文の表現形式というか、本書でいう文型、それは句形ともいわれて、読み下せるよう結びつける学習が好まれ、現在は、そのコンパクト化されたものが、検定教科書の巻末や漢和辞典の付録などに載っている。ただ、その訓読した、漢文特有の古典語やその語法の説明に及んでいるものは、まったく見ることがなかった。

その文型を整理して学ぶ形態が、二十年ほど前から、本書の前身となるものも含めて、漢文学習の一つの取り組み方となってきている。そういう意味で、現在、漢文の学習参考書は、ジャンル別にして、作品別学習をしていくものと、表現形式を中心にその訓読と解釈とを徹底させようとするものとの二系統に分かれているといえるのである。もちろん、両者を含めたものもなくはないが、作品別のものは、表現形式の説明を大まかにせざるをえないこと、いうまでもない。そして、訓読と解釈を中心にしたものは、徐々に古典文法の導入を試みていて、まさに、国語科古典（古文・漢文）らしい学習法となってきているものといえるようである。

本書は、そのような時代の趨勢を喜ばしいことと思う一方で、なお、日本古典語や日本古典文法の導入に未だしの感を覚えもするのである。本章においては、以下、漢文の作品や純粋の漢文常識的なものなどは対象外として、現行の訓読に用いる訓読語や、その語法、とりわけて、訓読連語や訓読の構文にも及ぶような、教授資料となりうる事項を積極的に取り上げて整理を試みることとしたのである。

一　訓読法の必須事項

漢文は、中国語文を外国語としてではなく、日本語として読んできたものであり、それが、訓読ということである。その訓読は、一種の訳読であって、その中国語文の原文に訓点としての返り点と送り仮名とを施して行われてきている。もともと漢字だけが並んでいる中国語文に句読点・訓点を施して、日本語文として読んできたのである。そこで、それら句読点・訓点のない漢文を白文というのである。

（1）返り点…日本語と中国語とでは、語序が異なる。そこで、古代中国語を古代日本語として返り点をつけて、古代日本語として読んできたのである。

① レ（レ点・カリガネ点）………一字から一字に返る符号。

② 一・二・三…
③ 上・中・下…
④ 甲・乙・丙…
⑤ 天・地・人…

（②～⑤）……………二字以上隔てて返る符号。

②のついた語句をなかに挟んで返る場合に③を用い、②・③のついた語句をなかに挟んで返る場合に④を用い、②・

③・④のついた符号をなかに挟んで返る場合には⑤を用いる。しかし、実際の漢文本文は、①・②を徹底して認識することで十分である。

［例］　我読レ書。　　読二我書一。　　我与レ友登レ山。　　我不レ登レ山。

(2)　送り仮名…中国語文では、日本語の活用語尾・助動詞・助詞に相当するものが、すべて文字として表出されているとは限らない。そこで、それらに相当するものを送り仮名と呼ばれるカタカナをつけて読んできている。送り仮名は、送り仮名を必要とする漢字の右下につける。ただし、再読文字の場合は、左下にもつけることになる。

［例］　我読ムレ書ヲ。　　読ム二我ガ書ヲ一。　　我与トレ友登ルレ山ニ。　　我不レ登ラレ山ニ。

(3)　書き下し文…訓点を施した漢文を古文の書き方に改めたものを書き下し文（仮名まじり文）という。

［例］　我書を読む。　　我が書を読む。　　我友と山に登る。　　我山に登らず。

書き下し文では、日本語の助動詞・助詞に相当する漢字は仮名に書き改める。したがって、「与」は「と」、「不」は「ず」と書くことになる。

二　漢文の基本構文

主語、修飾語が、それぞれ述語、被修飾語の上に位置することは、漢文も日本語文も同じである。しかし、動作の対象を示す客語や動詞の意味を補う補語が述語の下に位置する構造（「何が―どうする―何を―何に」という構文）は、日本語文の順序とは相違する。日本語文では、それらも、修飾語のうちの副詞的修飾語（連用修飾語）の一部にして取り扱うのが一般である。そこで、この客語と補語とが存在する場合に、返り点が必要となってくるのである。

A　日本語文と語序が同じ場合

（1）　主語＋述語

水落《チ》、石出《ヅ》。（主語は名詞、述語は動詞である。）

山高《ク》、海広《シ》。（主語は名詞、述語は形容詞である。）

月明《ラカニ》、星稀《ナリ》。（主語は名詞、述語は形容動詞である。）

入《ルハ》易《ク》、出《ヅルハ》難《シ》。（動詞が主語となる場合は、連体形準体法となる。「入る（は）」「出づる（は）」がそれである。）

孔子《ハ》聖人《ナリ》。（名詞が述語となる場合は、断定の助動詞を添える。）

父父《タリ》、子子《タリ》。（一般には「なり」を用いるところだが、本用例では「たり」を用いて読んできている。）

（2）　修飾語＋被修飾語

①　形容詞的修飾語（連体修飾語）
行《ク》雲流《ルル》水。（動詞の連体形／雲行《キ》水流《ル》…動詞が述語となっている。）

青《キ》天白《キ》日。（形容詞の連体形／天青《ク》日白《シ》…形容詞が述語となっている。）

聖賢之道。［聖賢の道］匹夫之勇。［匹夫の勇］（連体格の格助詞「の」に相当する「之」）

②　副詞的修飾語（連用修飾語）
三《タビ》省《ミル》。日《ニ》三《タビ》省《ミル》。（「三たび」は「省みる」を修飾しており、「日に」は「三たび省みる」を修飾している。）

東《ニ》行《キ》西《ニ》行《ク》。営々《トシテ》努《ム》。（「東に」「西に」はそれぞれ「行き」「行く」を修飾している。「営々として」は形容動詞連用形に接続助詞「して」が付いたもので、「努む」を修飾している。）

B　日本語文と語序が異なる場合

「読書」「登山」「違例」などの熟語例でも理解できるように、漢文では客語（─ヲ）、補語（─ニ・ト）は述語の下に位置する。これを記憶させるために、古くから「ヲ・ニ・ト（＝鬼と）逢ったら返れ」といってきているのである。

（1）主語＋述語＋客語

君ハ汲ミレ水ヲ、我ハ拾フレ薪ヲ。（君《きみ》は水《みづ》を汲《く》み、我《われ》は薪《たきぎ》を拾《ひろ》ふ。）

王ハ好ミレ戦ヒヲ、民ハ好ム二平和ヲ一。（王《わう》は戦《たたか》ひを好《この》み、民《たみ》は平和《へいわ》を好《この》む。）

○主語は省略されることがあり、その場合は、述語＋客語となる。

修メレ身ヲ斉ヘレ家ヲ、治メレ国ヲ平ラカニス二天下ヲ一。（身《み》を修《をさ》め家《いへ》を斉《ととの》へ、国《くに》を治《をさ》め天下《てんか》を平《たひ》らかにす。）

得テ二天下ノ英才ヲ一、而教‐育ス二之ヲ一。（天下《てんか》の英才《えいさい》を得《え》て、之《これ》を教育《けういく》す。）

（2）主語＋述語＋補語

水ハ随ヒ二方円之器ニ一、人ハ因ル二善悪之友ニ一。（水《みづ》は方円《はうゑん》の器《うつは》に随《したが》ひ、人《ひと》は善悪《ぜんあく》の友《とも》に因《よ》る。）

○主語は省略されることがあり、その場合は、述語と補語となる。

或イハ為リレ師ト、或イハ為ル二弟子ト一。（或《ある》いは師《し》と為《な》り、或《ある》いは弟子《ていし》と為《な》る。／「或いは」は副詞で、主語ではなく、「為り」や「為る」を修飾しているだけである。）

（3）主語＋述語＋客語＋補語（補語の前に「於」「乎」「于」などの前置詞があるのが一般である。）

君子ハ帰ス二罪ヲ於己ニ一。（君子《くんし》は罪《つみ》を己《おのれ》に帰《き》す。）

源頼朝開ク二幕府ヲ于鎌倉ニ一。（源　頼朝《みなもとのよりとも》幕府《ばくふ》を鎌倉《かまくら》に開《ひら》く。）

（4）主語＋述語＋補語＋客語

彼《ハ》施《ス》二余《ニ》恩《ヲ》一。（彼《かれ》は余《よ》に恩《おん》を施《ほどこ》す。）
曹操遣《ル》二孫権《ニ》書《ヲ》一。（曹操《さうさう》孫権《そんけん》に書《しょ》を遣《おく》る。）

C　特殊な構文

漢文本文の特殊なものは、以下に紹介するものに限られる。近時の生徒用学習参考書には、このような問題を採り上げているものを見ないので、やや高度な内容ともなるが、ここに掲げておくこととする。

(1)　文の成分の省略（漢文では簡潔な表現が求められるところから、文の成分の省略が多く、省略された文の成分を補って読んでいくことが要求されることもある。）

①　主語の省略
曰《ハク》「伯夷叔斉何《ハ》人《ゾト》。」曰《ハク》「古之賢人也《ト》。」（曰《い》はく「伯夷《はくい》叔斉《しゆくせい》は何人《なんぴと》ぞ。」と。曰《い》はく「古《いにしへ》の賢人《けんじん》なり。」と。／「古之賢人也」の上に「伯夷叔斉」が想定される。）

②　述語の省略
人一《タビ》能《クスレバ》レ之《ヲ》、己百《タビス》レ之《ヲ》。（人《ひと》一《ひと》たび之《これ》を能《よ》くすれば、己《おのれ》之《これ》を百《ひやく》たびす。／「百能之」を「百之」だけで表現しているものと推測される。）

③　客語・補語の省略
人不《シテ》レ知《ラ》而不レ慍《ミ》。（人《ひと》知《し》らずして慍《うら》みず。／「不知我」を「不知」だけで表現し、「不慍人」を「不慍」だけで表現しているものと推測される。）

家康《ハ》広《メ》二学《ヲ》天下《ニ》一、使《ム》レ知《ラ》レ所《ヲ》レ向《カフ》。（家康《いへやす》は学《がく》を天下《てんか》に広《ひろ》め、向《む》かふ所《ところ》を知《し》らしむ。／「使天下知所向」を「使知所向」

だけで表現しているものと推測される。）

（2）**倒置**…次の各文は、文の成分の位置が変わっている。

①　詠嘆…賢ナル哉回也。（賢《けん》なるかな回《くわい》や。／「回也賢哉」の主語「回也」を下に、述語「賢哉」を上に倒置している。）

②　強意…何ゾ亡ボシレ国ヲ敗ルコトレ家ヲ之レ有ラン。（何《なん》ぞ国《くに》を亡《ほろ》ぼし家《いへ》を敗《やぶ》ること之《こ》れ有《あ》らん。「何有亡国敗家」に強意の「之」を加え、「有」を下に移して倒置している。）

③　提示…古人ヲバ不ルレ可カラ下以ツテ二成敗ヲ一論ズ上也。（古人《こじん》をば成敗《せいはい》を以《も》つて論《ろん》ずべからざるなり。／「不可以成敗論古人也」の「古人」を冒頭に移して「古人」を提示するために倒置している。）

（3）**引用**…引用文がある場合には、「曰ハク（いハク―ト）」「謂ヘラク（いヘラク―ト）」「以為ヘラク（おもヘラク―ト）」等の形式に従って読むことになる。特に、末尾に引用の格助詞「ト」を添えて読むことを忘れないようにしたい。

王曰ハク、「子何ノ力カ有ラントレ加フル。」（王曰《わうい》はく、「子何《しなん》の力《ちから》か加《くは》ふる有《あ》らん。」と。）

張儀謂ヒテ二其ノ妻ニ一曰ハク、「視ヨ二吾ガ舌ヲ一。尚ホ存リヤ不ヤト。」（張儀《ちやうぎ》其《そ》の妻《つま》に謂《い》ひて曰《い》はく、「吾《わ》が舌《した》を視《み》よ。尚《な》ほ在《あ》りや不《いな》や。」と。）

自ラ以為ヘラク、故人ナリト。（自《みづか》ら以為《おも》へらく、「故人《こじん》なり。」と。）

三　現行漢文の訓読語

現在、漢文を訓読する際に用いている和語は、いつの時代の日本語であるかを特定することができない、時代の幅の広いものなのである。上代語が多いが、意外なほどに新しい時代のものも入っているのである。なかにはいつの時代の、どういう世界の言葉か、よくわからないものもあるのである。では、現在用いられている訓読は、いつごろ、どのようにして、そう読まれることになったのか、知りたいところとなろう。そういうことについても、筆者は、そういう方面を特に専門とする者ではないので、詳しいことはわからない。しかし、大まかには、近世の漢学者・儒学者の読み方が伝わって、現在に至っている、といっていいであろう。

ただ、ここで注意したいのは、上代語で読まれるところがあったりするところから、すべてが上代語かと思い込んでしまわれることもあるようで、それは、大きな誤りである。中古といわれる平安時代にも、漢文は頻りに読まれていた。当代の文化人は、漢文で公式文書を書いてはいた。しかし、どう読んだかは、十分には捉えられていないといっていいだろう。中世の、殊に、室町時代には、鎌倉五山の僧たちが多くの漢籍を読んでいて、当時の現代語訳がたくさん残っている。いわゆる五山文学である。しかし、その漢文本文をどう訓読したかは、やはり十分に捉えられているわけではないのである。

訓読語は、とにかく和語なのだから、古語辞典に載っているだろうと思う人もいるであろうが、そこにある訓読語は、殊に、平安時代の訓読語研究などで明らかになったものに限られるのである。あるいは、『今昔物語集』などに見られる用例のうち、そう判断されたものに、訓読語という注記が施されているのである。そういうわけで、現行漢文のすべてを解決してくれる古語辞典など存在しないのである。

「子曰はく」の「曰はく」の、その「く」は、上代に用いられた名詞化する機能をもつ接尾語である。しかし、たとえば「葬」字を見たとき、現代語と同じ「葬《はうむ》る」であって、古典文の多くが、「葬《はぶ》る」を用いているのに、その古典語で訓読されることはないようである。「寧《むし》ろ」などは、どうして、そういう読みとなってきているのか、よくわからないもののようである。

本書では、そういうことについては、極力、解説するよう努めた。そして、それらについては、第三編の「漢文訓読和語辞典」で、さらに総括するようにした。

四　熟語に定着している再読文字・返読文字

再読文字は、常に、一字を二度読むということだけでなく、その漢字一字のなかにある日本語の概念が二語ある、ということが理解される学習となっていなければならないと思う。加えて、そのように二度に分けて読むその始めの読みは、副詞のうちの陳述副詞といわれるもので、その呼応関係から、表現の態度や判断が明確なものとなって、一文としてのまとまりを鮮やかなものとしてきているのであろう。

再読文字そのものについては、本書第二編の冒頭で取り上げることになっている。ここでは、それら個々の再読文字の学習に先立って、現代日本語として頻用される、次の四単語の説明をしておきたいのである。実は、国語科教育などとはまったく関係ない世界に生きてきている卒業生が、その四単語の説明を聞いた日のことを今でも覚えていて、同窓会の折の話題にしてくれたことがあったからである。

○　未来《みらい》（未《いま》だ来《きた》らず）
○　将来《しょうらい》（将《まさ》に来《きた》らんとす）
○　当然《とうぜん》（当《まさ》に然《しか》るべし）
○　未曾有《みぞう》（未《いま》だ曾《かつ》て有《あ》らず）

あくまでも導入学習の一話題でしかないが、記しておくこととした。

さて、一般には、返読文字の学習から入ってゆくが、本書では、それらすべてを割愛する。ある段階以上の生徒・学生は、再読文字学習の後、漢熟語のなかに見る返読文字として認識させるほうが効率もよく、徹底もするようである。殊に、「不」字や「非」字などに構成される「不可能」「不如帰」「非常識」「非科学的」などは、現代日本語の理解力を成長させる契機となるものと思う。やがて、受身の「所」字を「所載」などから学ばせることもできるであろう。

五　本書第二編・第三編に用いる術語

すでに触れてきたように、漢文の文型の説明に、古典文法の術語を用いる傾向が見られるようになってきている。しかし、なお、筆者たちの期待するところには遠く、それが読解に有効に生かされるまでにはなっていない。そこで、本書では、その領域に、新しい学習法を導入しようと思うのである。以下、本書の第二編・第三編で用いる術語について紹介することとする。もちろん、漢文学習の参考書であるので、旧来の漢文法用語の一部も残るが、多くが、古典文法のうちの構文説明に関係する術語である。

○　前置詞

漢文法用語。もちろん、本来は、西欧語の文法において呼ばれるもので、既に英文法で学んでいようことはいうまでもないところである。名詞の前に置かれて、それらの語と他の語との関係を示す品詞である。この前置詞に相当する日本語は助詞のうちの格助詞であるが、日本語の助詞は、その添う語の後に来るので、後置詞と呼ばれるものに近い。なお、漢文の前置詞は、介詞とも呼ばれている。「以」「于」「於」「乎」などの類がそれである。

○　助字

漢文法用語。中国では、その漢字を、実字・虚字・助字と区別する。常に他の語に付属して、その語を助けるはたらきをする語をさしていう。漢字は一字一音一義であることから、助字といっても、字だけでなく、語をさしてもいうのである。そこで、他の語を助ける字であり、他の語を助ける語であるというように受けとめることが必要である。

○　**終尾詞**

漢文法用語。助字のうち、特に文末に位置する一群をさしていう。これら終尾詞は、日本語の助動詞や終助詞に相当し、語気詞などと呼ばれることもある。「焉」「哉」「乎」「耶」などの類がそれである。

○　**倒置法**

正常な語順が転倒している表現をさしていう。倒装法なども呼ぶ。文の成分の順序が、自然に転倒した場合と、修辞的に転倒させた場合とがある。

○　**二重否定**

否定の表現を二度重ねて、肯定の表現とするための表現法をさしていう。一般に、単なる肯定よりも、何らかの情意を含んで強めの表現となる。

○　**不定称代名詞**

文中で、話し手が不定または疑問の対象をさしていうのが不定詞で、その場合に用いられる代名詞が不定称代名詞である。

○　**仮定条件**

古典文法用語。ある事がらを仮定することを示す表現法をさしていう。

○　**確定条件**

古典文法用語。ある事がらが既に成り立ったものであることを示す表現法をさしていう。既定条件ともいう。

○ 順接仮定

古典文法用語。活用語の未然形に接続助詞「ば」を付けて、モシ…ナラバの意を表す条件法をさす。

○ 逆接仮定

古典文法用語。動詞の終止形・形容詞の未然形（連用形とする扱いもある）に接続助詞「とも」を付けて、カリニ…テモの意を表す条件法をさしていう。

○ 連用形中止法

古典文法用語。略して連用中止法ともいう。連用形の用法の一つで、前の文節を連用形で一時的に中止し、あとの文節には対等の関係で続くことが多い。

○ 対偶中止法

古典文法用語。二つの単語や文節や、また、文の成分などが対等の関係にあるとき、下の対等語に続く助動詞などが、上の対等語まで受ける用法。上の対等語は、そのとき、多くが、連用形中止法となる。

○ 準体法

古典文法用語。活用語の連体形が、それだけで、「こと」「もの」「人」「時」「さま」などの意を含むもので、文を構成するうえでは、体言と同じ資格で、つまり準体言（体言に準じたはたらきをする語）として用いられる用法をさしていう。漢文訓読の際の準体法は、そのほとんどが形式名詞「こと」を補って考えればよいものである。

○ 形式名詞

古典文法用語。文法的なはたらきのうえでは名詞であるが、実質的な意味が希薄となり、常に連体修飾語を冠して用いられるものをいう。「こと」「もの」「よし」「ところ」などがそれである。

○　補助動詞

古典文法用語。動詞の本来持っている意味が希薄になり、独立性を失って形式化し、他の語の下に付いて助動詞のように付属的な意味を添える動詞。本書においては、断定の助動詞「なり」が、その連用形「に」と活用機能を担う「あり」とに分離したときの、「あり」についていう場合に限られる。

本書の語法的な解説は、以上の術語を認識することで十分である。そして、文型の整理において呼ぶ、受身・使役・否定・疑問・反語・願望等の名称は、字義どおりに受けとめていただくことにしたい。

六　漢文学・中国文学を専攻しなかった国語科教師の一人として

かつて漢文学科だった学科や漢文学専攻だった専攻は、いま、そのほとんどすべてが中国文学科や中国文学専攻になってしまっている。そこでは、当然、中国語も履修することになっていて、そこで学んだ方々は、古代の中国語文も現代の中国語音で発音できるし、また、そういう出身の先生は、得意げにそういうように読んで聞かせたりするものもののようである。そこで、日本文学科出身の国語科の先生や、教育学部の国語専修などの出身の先生は、漢文は嫌いではないのだが、生徒からなにか、偽者のように思われて辛い、と聞くことがあったりするのである。もちろん、専攻が違っても、そして、専任教員としてご就職なさってからでも、中国語そのものの勉強は大いにお奨めするが、その一方で、そういうお悩みの先生方のために、漢文は、古代日本語文として読み伝えられてきたものであるということを、いま一度申し上げておきたいとも思うのである。

したがって、漢文は、返り点や送り仮名のついた、いわゆる訓点のついたものが読めればよいわけである。しかも、その読み方は、いろいろとあって、流派があったくらいなのである。明治になってからも、そういう読み方の違いがあって、学校教育に向けて、何度か調査や整理が行われたようである。筆者は、長く文部省検定教科書、その後の文部科学省検定教科書の編集委員や編者を続けてきていて、その編集会議の席で、先輩格の先生方から、現在も、明治四十五年三月二十九日付《づけ》官報掲載の漢文教授に関する文部省調査報告「句読点・返点・添仮名読方法」が漢文教科書検定の基準の一つになっているのだ、と教えられた日があった。

その読み方は、江戸時代にほぼ定着し、それが、明治期に学校教育に向けて整理されて現在に至っているのである。その漢文の文体は、長きにわたって、日本文化を育んでくれているのである。過去の日本においては、詔勅・正史・公式文書・日記等、すべてこの漢文や漢文的文章で書いてきているのである。現代にあっても、法律の文章には、その名残がうかがえ、論説・評論にもその言い回しが時に見られるのである。そのような表現についても、第三編の「漢文訓読和語辞典」に収録してあるので、活用されたい。

七　国語科の学習指導要領の姿勢

漢文は、もうなくなるのではないかという噂はもうずいぶん長く続いている。殊に、大学への入学試験科目として、多くの私立大学がこの科目を外したときに、その声は大きかったし、多かった。その後、共通一次からセンター試験に移って、国語科のうちの漢文は除くという国公立大学が出てきて、いっそうその声は強まった。

入学試験は、便宜的なものである。この少子化の時代、大学は国公立大学までが学生数確保だけを考えて、日本文化を次世代にどう申し送るかをまったく考えていないのである。しかし、教育の根幹を教育現場に方向づけなければならない学習指導要領からこの領域を外すことはできないのである。ただ、教育学部・文学部・人文学部等で、その指導ができるほどには養成できていない現実を私どもはよく知っている。中国文学科に変身した新学科には、訓読を軽視し、否定する教授もいらっしゃると聞いている。中国文学研究のうえからは、そういうお考えも理解できる。

今期の学習指導要領においては、「言語文化」としての学習が要求されている。殊に、古典においては、「伝統的言語文化」の学習ということが期待されている。実は筆者たちは、ちょうどこの時期、長くご交誼願っている右文書院の教科書申請作業にも携わっている。引き続いて、教授資料の作成と先生方からのご質問とが待っている。ただ、できることなら、本書で解説したところを十分にご理解いただいてからのご質問であってほしいと願っている。

文部科学省が期待する伝統的言語文化の教育は、どのようにして担っていったらよいのであろうか。筆者自身、いま色鮮やかな図版をどう配するか、古典に関連する近現代の文章をどう発掘するかに努めている。しかし、伝統的言語文化の教育を直接担う方々がどう養成されているかは、疑問である。学習指導要領を実践するには、若手教師を送り出す大学側に、本書のような講座が必要だとしみじみ思って、少々古くなった元高等学校国語科教諭が乏しい力の限りをこの一書に託することとした。

第二編　漢文の文型と訓読の語法

第二編の構成

1　本書第二編は十四の文型別に分類し、それぞれの文型の認識を深めることができるよう、あらかじめおおまかな説明を、その句法ごとに施した。

2　文型については、高等学校における国語科としての漢文教材を中心に、その訓読した表現の読解学習において必須と判断した一三一文型を選定した。

3　一文型ごとに、まず右側に見出しの文型を掲げ、例文については、使用頻度等を勘案して、特殊な場合を除いて、一例から五例程度の範囲で紹介することとした。見出し文型は例文中に太字で示した。例文にはすべて〔訓読〕（＝書き下し文）と〔訳〕（＝現代語訳）とを施した。なお、読み方はすべて歴史的仮名遣いによった。加えて、字音語はすべてカタカナルビとし、和語との別を鮮明にした。

4　語法では、いわゆる旧来の古典文法の説明にとどまるものではなく、日本語における訓読語の歴史や、また、漢文訓読特有の助詞、助動詞の用法、さらには、連語化した語句の構造や、構文的な面にも触れるよう努めた。

5　典拠では、例文の出典を明示し、出典の解説はもとより、その本文の前後関係など、周辺が見えてくるよう、背景の紹介に努めた。また、わが国の文学や文化に与えた影響などにも、可能な限り触れるよう努めることとした。

6　送り仮名や仮名遣いの一部については、現行の漢文学習書と異なるところがある。「以て」を「以つて」とし、「曰く」を「曰はく」とし、「用ふ」（ハ行上二段活用動詞）を「用ゐる」（ワ行上一段活用動詞）、「或ひは」を「或いは」とするなどである。なお、その詳細については、本書第三編「漢文訓読和語辞典」において述べることとした。

一　再読文字

　一字で二度読む文字を「再読文字」という。これは、その漢字一字が日本語の副詞と助動詞、または動詞との両方の働きをもっているということである。そこで、この漢字を訓読するときには、初めに副詞として読み、二度めに下から返って助動詞、または動詞として読むことになる。再読文字の送りがなは、最初の読みを、ふつうの訓読のように、その文字の右下に施し、二度めの読みを左下に施すことになる。

未	いまだ〜（せ）ず	まだ〜（し）ない
将・且	まさに〜（せ）んとす	いまにも〜（し）ようとする これから〜（し）ようとする
当	まさに〜（す）べし	当然〜（す）べきである
応		おそらく〜にちがいない
宜	よろしく〜（す）べし	〜（する）のがよい
須	すべからく〜（す）べし	ぜひ〜（する）必要がある
猶	なほ〜（の）ごとし	ちょうど〜（の）ようだ
由		まるで〜と同じである
盍	なんぞ〜（せ）ざる	どうして〜（し）ないのか

1 いまだ…（せ）ず

未《いま》ダ㆑ず —— 未然形	まだ…（し）ない

例 皓月**未**ダ㆑能ハ㆑寝ヌルコト。

〔訓読〕皓月《カウゲツ》、**未**《いま》**だ**寝《い》ぬること能《あた》は**ず**。

〔訳〕白く輝く月がよいので、まだ寝ることなどできない。

語法 「まだ…（し）ない」というときの文型。「未」は、最初に読むときは「いまだ」と副詞に読み、二回めは返り点に従って助動詞に読む。助動詞「ず」は、古典文法の打消の用法と同じである。「嘗（かつて）」と一緒に用いられ、「未㆓嘗——㆒」で〈今まで一度も…（し）ない〉の意を表すことが多い。

典拠 李白《りはく》「友人会宿《ゆうじんかいしゅく》」。詩仙と仰がれた盛唐の大詩人李白の五言古詩。気持ちの合った友人たちと会合して、酒を飲んで楽しみ、愁《うれ》いを消し、月夜に話がはずんで眠ることができない感興を詠んだ詩の一節。

例 **未**ダル㆑見㆓其ノ人ヲ㆒也。

〔訓読〕**未**《いま》**だ**其《そ》の人《ひと》を見《み》**ざる**なり。

〔訳〕まだそういう人に会ったことがない。

語法　「未」字に限られる。その行為・経験・状況などが熟していない意を表す。ここで、再読した「未」字を「ざる」と読むのは、それに続く断定の助動詞「なり」が活用語の連体形に連なるところから、「ず」を連体形「ざる」にして読まなければならないからである。同じ連体形でも、漢文訓読で「ぬ」を用いることはない。

典拠　『論語』「季氏《きし》」。善・不善にうまく対処する人間の存在は確認しているが、正道を誠実に生きる人間の存在は未確認だとする孔子の言葉。

例　子曰ハク、「由也升レリ㆑堂ニ矣、**未**ダル㆑入ラ㆓於室ニ㆒也ト」。

〔訓読〕子曰《しい》はく、「由《いう》や堂《だう》に升《のぼ》れり、**未**《いま》**だ**室《しつ》に入《い》ら**ざる**なり。」と。

〔訳〕孔子が言うのに、「子路は応接用広間には上がったが、その奥の部屋までは入っていない。」と言った。

語法　先行する「由や堂に升れり」は、「升る」に存続の助動詞「り」が付いたもので、上がっている、ということだが、次の「未だ…ざるなり」との関係で、逆接の関係にあることになる。そこで、その「り」は終止形だが、その下には読点（、）が打たれて、句点（。）とはなっていないのである。

典拠　『論語』「先進《せんしん》」。子路《しろ》の音楽が未熟であることを指摘した孔子の言葉を聞いた他の門人が、子路を軽視したので、それをたしなめた孔子の言葉。「由」は子路という、孔子の弟子の名。

2　まさに…（せ）んとす

将《まさ》ニレ――す　未然形＋ント

且＝将

いまにも…（し）ようとする
これから…（し）そうである

例　河東ノ薛存義将ニレ行カント。

〔訓読〕　河東《カトウ》の薛存義《セツソンギ》、**将**《まさ》**に**行《ゆ》か**んとす**。

〔訳〕　河東（＝郡の名）の薛存義がいまにも出発しようとしている。

語法　「いまにも…（し）ようとする」というときの文型。「将＝且」は、最初は「まさに」と副詞に読み、二回めは返って動詞に読む。その場合、必ず「ント」の送り仮名をつけ、「ントす」となる。「ン」は推量や意志の助動詞、「ト」は格助詞、「す」はサ行変格活用の動詞で、ある動作・状態が〈いまにも起こりそうだ〉という推量や〈…しようとする〉という意志・欲求などを表すのに用いられる。

典拠　『古文真宝後集《こぶんしんぽうこうしゅう》』柳宗元《りゅうそうげん》「送《おくルノ》ニ薛存義《せつそんぎヲ》一序《じょ》」。唐宋八大家の一人である柳宗元が同郷の薛存義の出発を見送りながら、官僚としてのあるべき姿（＝心構え）について論じた有名な文章の冒頭文。

例　天将ニ下以テ夫子ヲ一為中サント木鐸ニ上。

〔訓読〕　天《テン》**将**《まさ》**に**夫子《フウシ》を以《も》って木鐸《ボクタク》に為《な》さ**んとす**。

〔訳〕　天がいまにも先生（＝孔子）を木鐸（＝文教を広める人）にしようとしている。

語法　これから、ある方向に向けて行動を起こそうとする意を表す。「天」が主語で、「為さんとす」が述語である。誰が誰を何にしようとしているのかを、的確に捉えることである。「んとす」の「ん」は、天の意志を表すことになる。

典拠　『論語』「八佾《はちいつ》」。孔子が儀という町を通ったとき、その関守の役人と面会した。面会後、関守が孔子の供人に「あなたたちは先生の不遇を嘆く必要はない」と言ったという。用例は、その理由を述べた箇所である。

例　且三為ニ二‐所レント虜ニ一。

〔訓読〕　且《まさ》に虜《とりこ》に為《せ》られんとす。

〔訳〕　これから沛公《はいこう》の捕虜《ほりょ》にされそうである。

語法　「且」字が「将」字の音と通うものであったことによるか、とされている。いまにもある行動を起こそうとする意を表す。この場合、主語も、また、誰によってという補語も省略されている。誰が誰によって捕虜にされようとしているか、補って解するところである。その「られ」は受身の助動詞で、「所」字をそう読んだものである。なお、この本文に施す返り点については、「且レ為レ所レ虜。」として、「且《まさ》に虜《とりこ》にせられんとす。」と読むものもある。

典拠　『史記』「項羽本紀《こううほんぎ》」。「鴻門《こうもん》の会」の一節。范増《はんぞう》（＝項羽の謀臣）が項荘《こうそう》（＝項羽のいとこ）に、沛公（＝劉邦《りゅうほう》）を討つことの必要性ないしは理由を訴えた言葉。

3　まさに…（す）べし

当《まさニ》レ――《ベシ》　終止形

当然…（す）べきである
…（の）はずである

例　及ンデレ時ニ当ニシ二勉励ス一。歳月ハ不レ待タレ人ヲ。

〔訓読〕　時《とき》に及《およ》んで**当**《まさ》**に**勉励《ベンレイ》す**べし**。歳月《サイゲツ》は人《ひと》を待《ま》たず。

〔訳〕　時を失わないで当然勉め励むべきである。歳月は人を待ってはくれず、たちまち去っていくのである。

語法　「当然…（す）べきである」「…（の）はずである」というときの文型。「当」は、最初は「まさに」と副詞に読み、二回めは返って助動詞に読む。助動詞「べし」にはたくさんの意味があり、この例文については、当然の意味のほかに適当の意味と見て、〈…するのがよい〉と訳してもよい。

典拠　陶潜《とうせん》（陶淵明《とうえんめい》）「雑詩十二首其一《ざっしじゅうにしゅそのいち》」の中の二句。もとの詩の意味を離れ、青少年に対する勉学の教えとして広く用いられている。陶潜は東晋末・宋初期の詩人。政治的な野心を捨て、郷里に帰り、酒・詩を愛して悠々自適の生涯を送った。「帰去来辞《ききょらいのじ》」「桃花源記《とうかげんのき》」などが有名。

例　吾ハ当ニシレ王タル二関中ニ一。

〔訓読〕　吾《われ》は**当**《まさ》**に**関中《クワンチユウ》に王《ワウ》たる**べし**。

〔訳〕　私は当然関中の王であるはずだ。

語法　この場合は、「べし」の意味を限ることである。当然、そうであってよい意を表す。加えて、「当」字の下の漢字「王」が動詞ではないので、断定の助動詞「たり」を添えて、その連体形「たる」にして「べし」に接続させていくことに注意したい。〈王である〉意を「べし」が受けて、それが当然だ、というのである。

典拠　『史記』「高祖本紀《こうそほんぎ》」。いったん秦《しん》の都咸陽《かんよう》に入った沛公《はいこう》は覇上《はじょう》に軍を返し、諸県の父老や豪傑たちに「諸侯との約束は、関中一番乗りの者が関中の王となる、ということであった。」と言った。用例は、それに続く沛公の言葉。

例　知者ハ無キレ不ルコトレ知ラ也、**当**ニレキヲ務ム之レ為スレ急ト。

〔訓読〕　知者《チシャ》は知《し》らざること無《な》きなり、**当**《まさ》**に**務《つと》む**べき**を之《こ》れ急《キフ》と為《な》す。

〔訳〕　知者は知らないことはない、（しかし、それが及ばないのは）当然努めなければならないことを急務とする（からである）。

語法　「当に務むべし」を名詞形にした表現で、その「べき」は、連体形準体法であるので、「当に務むべき」は「当に務むべきこと」ということである。この「べし」は、義務の意を担っている。

典拠　『孟子《もうし》』「尽心下《じんしんか》」。知者や仁者といっても知や仁が及ばないこともある。堯《ぎょう》・舜《しゅん》のような知者にして仁者でもそれが及ばないことがあったという。その理由を述べた孟子の言葉。

4　まさに…（す）べし

応《まさニ》レ《べシ》――　終止形

おそらく…にちがいない
きっと…だろう

例　明朝風起《コラバ》、応《ニ》《シ》二吹《キ》尽《クス》一。

〔訓読〕　明朝《ミヤウテウ》風《かぜ》起《お》こらば、**応《まさ》に**吹《ふ》き尽《つ》くす**べし**。

〔訳〕　あす風が吹くなら、きっと散り尽くしてしまうにちがいない。

語法　「おそらく（きっと）…にちがいない」というときの文型。「応」は、最初は「まさに」と副詞に読み、二回めは返って助動詞に読む。助動詞「べし」は、推量の意味で、訳語は〈だろう〉でもよい。事態が今後どうなってゆくか、推量しているのである。

典拠　白居易《はくきょい》（白楽天《はくらくてん》）「惜《シム》二牡丹《ぼたんノ》花《ヲ》一」。紅《くれない》の牡丹は夕暮れになってただ二輪だけ残っている。あす風が吹いたとしたら、と、残花を惜しんでいる。白居易は中唐の詩人。その詩は平易で広くもてはやされ、わが国でも平安朝文学に大きな影響を与えた。『枕草子』の有名な「香炉峰《こうろほう》の雪」のエピソードは白居易の詩によるもの。

例　**応**《ニ》《シ》レ憐《レム》　半死《ノ》　白頭翁。

〔訓読〕　**応《まさ》に**憐《あは》れむ**べし**。半死《ハンシ》の白頭翁《ハクトウヲウ》。

〔訳〕 まちがいなく、半分死にかけた白髪の老爺《ろうや》を気の毒だと思うにちがいない。

語法 「応」字の「べし」は、まちがいなく、そうであるにちがいない意が当たることが多い。同じ推量でも、「む」などとは違って、「べし」は、確かさが強いのである。加えて、認識する意の動詞に付くときは、〈まちがいなく、…にちがいない〉の訳がよい。

典拠 『唐詩選《とうしせん》』劉廷芝《りゅうていし》「代ハリテ下悲シム二白頭ヲ一翁ニ上」。白髪の老人が若い頃と現在とを比較して悲しむ思いを、その老人に代わって詠んだ体裁の作品。劉廷芝は、人生の哀楽をうたったことで知られるが、志行おさまらず、殺された、という。

例 君自リ二故郷一来ル、**応**ニシレ知ル二故郷ノ事ヲ一。

〔訓読〕 君《きみ》故郷《コキヤウ》より来《きた》る、**応**《まさ》**に**故郷《コキヤウ》の事《こと》を知《し》る**べし**。

〔訳〕 あなたは故郷からやってきた（のだから）、きっと故郷のことを知っているにちがいない。

語法 先行する「君故郷より来る」の「来る」は、ラ行四段活用動詞の終止形で、〈やって来る〉ということだが、本用例「応に故郷の事を知るべし」に対しては、順接の関係にあるものと読みとれる。したがって、その「来る」は連体形と見られなくもないのだが、いずれにしても、訓読においては、条件法の表現があいまいで、しかも読点（、）で展開していくものが多いのである。

典拠 『唐詩選《とうしせん》』王維《おうい》「雑詩《ざっし》」。五言絶句の起句と承句。続けて、「来日綺窓《らいじつきそう》の前《まえ》、寒梅花《かんばいはな》を著《つ》けしや未《いま》だしや。〈こちらに来る日、妻のいる窓の前の寒梅は花をつけていただろうか、いなかっただろうか。〉」の句が続く。

5　よろしく…（す）べし

宜《よろシク》レ　—　《べシ》終止形

…（する）のがよい

例　惟《ダ》仁者《ハ》宜《シク》《シ》レ在《ル》二高位《ニ》一。

〔訓読〕　惟《た》だ仁者《ジンシャ》は、**宜《よろ》しく**高位《カウキ》に在《あ》る**べし**。

〔訳〕　ただ仁者（＝先王の道を行う者）だけが、高い地位についているのがよい。

語法　「…（する）のがよい」というときの文型。「宜」は最初は「よろしく」と副詞に読み、二回めは返って助動詞に読む。助動詞「べし」は、古典文法の適当の意味である。「よろしく」は、「よろし」という形容詞の連用形であるが、それが〈ぜひとも〉の意の副詞になったものである。

典拠　『孟子《もうし》』「離婁上《りろう》」の一文。よい政治をするのには、先王の道（＝仁政）に拠ることが一番だ、という。孟子は中国の戦国時代の思想家。孟子の母は賢母の代表とされる。子どもの教育に適した環境を求めて住居を三度も遷した「孟母三遷」や、中途で学問を止めようとした孟子の怠け心を、織りかけの布を断って諫《いさ》めた「孟母断機」の教えは、つとに有名である。

例　諫《メテ》曰《ハク》、「君《ガ》飲太《ダ》過《ギタリ》。非《ズ》二摂生之道《ニ》一。必《ズ》宜《シク》《シト》レ断《ツ》レ之《ヲ》。」

〔訓読〕諫《いさ》めて曰《い》はく、「君《きみ》が飲《イン》太《はなは》だ過《す》ぎたり。摂生《セッセイ》の道《みち》に非《あら》ず。必《かなら》ず**宜《よろ》しく**之《これ》を断《た》つ**べし**。」と。

〔訳〕諫めて言うのに、「あなたの飲酒はひどく過ぎている。摂生の道ではない。必ず酒を止めるがよろしい。」と。

語法 諫めて言う会話文のなかの用例である。夫を思う妻の気持ちは、「宜しく…べし」の「宜しく」の上に、さらに、副詞「必ず」があることからも十分にうかがえよう。「よろしく…べし」の「よろしく」の意味は「べし」の中に含まれてもいるので、特定の訳語は決めなくてもよいが、この場合は、〈当然〉ぐらいが当たることになろう。

典拠 『世説新語《せせつしんご》』。劉伶《りゅうれい》が二日酔いのためにのどが乾いたので、迎え酒にしようと妻に酒を求めた。それに対して妻が酒器を投げ割り、泣きながら夫に言った妻の言葉である。

例 人之過誤ハ**宜**シクシレ恕ス。

〔訓読〕人《ひと》の過誤《カゴ》は、**宜《よろ》しく**恕《ゆる》す**べし**。

〔訳〕人が犯した過ちは、大目に見て許してやるのがよろしい。

語法 この「宜しく…べし」は、適当の意から、さらに勧誘の意に読みとることもできる。寛恕《かんじょ》の勧《すす》め、といってよい教えである。なお「宜」という字は、この「よろしく」の読みのほかに、「むべ（なり）」と読まれることもある。

典拠 明《みん》代の処世哲学書「菜根譚《さいこんたん》」にある教え。洪応明《こうおうめい》の著で、儒教思想に、仏教や道教を加味したものである。この後、「自分の過ちについては、許してはいけない。」といっている。

6　すべからく…(す)べし

須《すべからク》レ（ベシ）——終止形

ぜひ…(す)べきである
…(する)必要がある

例　今日送ルレ君ヲ。須ラクシレ尽クスレ酔ヒヲ。

〔訓読〕今日君《コンニチきみ》を送《おく》る。**須《すべか》らく**酔《ゑ》ひを尽《つ》くす**べし**。

〔訳〕きょうの君のための送別の宴では、ぜひ十分に酔っていただきたい。

語法　「ぜひ…(す)べきである」「…(する)必要がある」というときの文型。「須」は最初は「すべからく」と副詞に読み、二回めは返って助動詞に読む。相手に要求する意を示す。この「すべからく」という副詞は、もともとは、サ行変格活用動詞の終止形「す」に推量の助動詞「べし」の未然形「べから」が付き、さらにそれを体言化する接尾語「く」が付いたものである。

典拠　賈至《かし》「送《おくル》三李侍郎《りじらうノ》赴《おもむクヲ》二常州《じようしうニ》一」。常州へ行く李侍郎を送る宴席上での惜別の詩。七言絶句。この時、賈至、李侍郎、李白の、いずれも左遷された三人が、洞庭湖の付近で出会って遊んだのであった。

例　人為スニハレ学ヲ須ラクシレ要スニ及ンデレ時ニ立テテレ志ヲ勉励スルコトヲ一。

〔訓読〕人学《ひとガク》を為《な》すには、**須《すべか》らく**時《とき》に及《およ》んで志《こころざし》を立《た》てて勉励《ベンレイ》することを要《エウ》す**べし**。

〔訳〕人は学問をするには、ぜひ若くて盛んな時に志を立てて勉学に励むべきである。

語法　「須」字に限られる。「必須」の「須」である。「すべからく」は、直訳すると、〈するのがよいことには〉ということであり、〈しなければならないことには〉ということである。その結果として、〈ぜひとも〉の意を表すことになる。この場合、「…要すべし」という文末から、〈必要である〉〈大切である〉という意が、自然と見えてくる。「べし」の意は、勧誘とも義務とも解せよう。

典拠　佐藤一斎《さとういっさい》『言志録《げんしろく》』。一斎は大坂で学んだ後、江戸に出、昌平坂学問所で教えた。渡辺崋山や佐久間象山は一斎の教え子。吉田松陰や西郷隆盛らも大いに一斎の影響を受けた。

例　行楽ハ須ラクシレ及ブレ春ニ。

〔訓読〕行楽《カウラク》は**須**《すべか》**らく**春《はる》に及《およ》ぶ**べし**。

〔訳〕行楽はぜひ春のうちに行う必要がある。

語法　極めて積極的な勧誘の表現である。現代人も、時に、「須らく満喫すべし」「須らく堪能すべし」などと、つい言ったりしていることもあろう。

典拠　『古文真宝前集《こぶんしんぽうぜんしゅう》』李白「月下独酌《げっかどくしゃく》」と題する詩の一句。月と自分の影とを友として、三人で酒を飲む楽しみの境地を詠んだもの。

7 なほ…（の）ごとし

猶ホ——ノ（連体形＋ガ）ごとシレ

由＝猶

ちょうど…（の）ようだ

例　子曰ハク、「過ギタルハ猶ホシトレ不ルガレ及バ」。

〔訓読〕子《シ》曰《い》はく、「過《す》ぎたるは、**猶《な》ほ**及《およ》ばざるが**ごとし**。」と。

〔訳　〕先生（＝孔子）が言うことには、「行き過ぎているのは、ちょうど足りないのと同じである」と。

語法　「ちょうど…（のようだ）」というときの文型。「猶＝由」は、最初は「なホ」と副詞に読み、二回めは返って助動詞に読む。助動詞「ごとし」は、古典文法の比況の用法と同じである。再読文字としてではなく、「猶ほ」単独の用い方もある。〈やはり〉〈その上〉の意である。

典拠　『論語』「先進《せんしん》」。孔子の理想は中庸の徳を第一義とした。過ぎたこともなく、及ばぬこともなく、しかも、偏《かたよ》らないところの中庸の価値は最上至極というのである。「過ぎたるは猶お及ばざるがごとし」は、日常気軽にことわざとして使われている。

例　猶ホシ二水之就クガ㆑下キニ。

〔訓読〕**猶《な》ほ**、水《みづ》の下《ひく》きに就《つ》くが**ごとし**。

〔訳〕ちょうど水が低い方に向かって流れるようなものだ。

語法「…（の）ごとし」の「（の）」は、「（が）」ともなる。活用語の連体形に付く場合は、「が」となるのである。「下き」は、「下き所」とか「下き方向」とかいうのと同じで、つまり、この「下き」は、形容詞「ひくし」の連体形の、さらに準体法なのである。そして、「就くがごとし」の「就く」も「就くこと」の意の準体法で、「が」は「の」の意なのである。

典拠『孟子《もうし》』「離婁上《りろう》」。引用箇所の直上に「民の仁に帰するや」という句がある。つまり、「人民が仁に基づく政治に自然に従うのは」の意で、それに続いて引用の句がある。

例　由ホシ二水之就キテレ下キニ沛然タルガ一。

〔訓読〕由《な》ほ水《みづ》の下《ひく》きに就《つ》きて沛然《ハイゼン》たるがごとし。

〔訳〕ちょうど水が下流に向かって盛んに流れるようなものだ。

語法「由」字が「猶」字の音と通うことによって、「由」字にも、比況の用法が生まれたもののようである。この場合は、タリ活用形容動詞「沛然たり」の連体形「沛然たる」に「…がごとし」が付いていることになる。

典拠『孟子《もうし》』「梁恵王上《りょうのけいおう》」。梁の襄王に対する孟子の言葉の一句。「乱世の中、戦争を好まない王がいたら、その王が天下の人心を得るのは自明のことだ」という孟子の言葉の一句。

8　なんぞ…（せ）ざる

盍《なんゾ》レ――《未然形》ざル

どうして…（し）ないのか
（したほうがよい）

例　子盍ゾル二為ニレ我ガ言ハレ之ヲ。

〔訓読〕子《し》、**盍《なん》ぞ**我《わ》が為《ため》に之《これ》を言《い》は**ざる**。

〔訳〕お前は、どうして自分に代わってこのことを言わないのか。

語法　「どうして…しないのか」というときの文型。「盍」は、最初、「なんゾ」―副詞「なに」に係助詞「ぞ」が付いたもの―と副詞に読み、二回めは返って助動詞に読む。「盍《なん》ぞ」は疑問の副詞だから、古典文法で学んだように、係り結びのときと同じく、助動詞「ず」も終止形に読まずに連体形に活用させて「ざる」と読む。反語の意味であるが、心理的には勧誘で、「…したらよいのに」の意をもつ。

典拠　『孟子《もうし》』「公孫丑《こうそんちゅう》下」。斉王《せい》が家来の時子《じし》に言った言葉。孟子を厚く待遇し、今一度斉に迎え入れたいということを、自分に代わって言ってほしいと述べている。

例　王欲セバレ行ハントレ之ヲ、則チ盍ゾルレ反ラ二其ノ本ニ一矣。

〔訓読〕王之《ワウこれ》を行《おこな》はんと欲《ほっ》せば、則《すなは》ち**盍《なん》ぞ**其《そ》の本《もと》に反《かへ》ら**ざる**。

〔訳〕王がこれ（＝民心）を得たいと思うなら、その場合、どうして基本に立ち返らないのか。

語法 「なんぞ…（せ）ざる」と訓読するのは、この「盍」字に限られる。「なんぞ」は、「なにぞ」の「に」が撥音化したもので、〈どうして〉の意の副詞であり、その「ぞ」は強意の係助詞である。だから、文末となる打消の助動詞「ず」が連体形となるのである。係り結びの結果なのである。

典拠 『孟子《もうし》』「梁恵王上《りょうのけいおう》」。「恒産《こうさん》無くして恒心《こうしん》無し」の有名な一句を含む文章中の一句。王に仁政の基本を述べた一句。

例 子曰ハク、「**盍**ゾ（ルト）三各ゝ言ハ二爾ノ志ヲ一」。

〔訓読〕子曰《しい》はく、「**盍《なん》ぞ**各《おのおの》ゝ爾《なんぢ》の志《こころざし》を言《い》は**ざる**」と。

〔訳〕孔子が言うことには、「どうして、それぞれお前たちの志すところを言わないのか。」と言った。

語法 〈どうして…しないのか〉ということは、〈…するようにせよ〉ということで、詰問《きつもん》の形で、実は、勧めているのである。ここでは、各自の志すところを述べるよう催促しているのである。

典拠 『論語』「公冶長《こうやちょう》」。顔淵と子路とが侍っていたときに、孔子が、それぞれの志すところを述べさせようとしているところである。

二　受身の形

「他から～される」という意味を表す文型。訓読の際、受身の助動詞「ル」「ラル」として読む。

受身の助動詞が用いられている場合	見《(る)らル》二—一　為《(る)らル》二—一　被《(る)らル》二—一　所《(る)らル》二—一	—る(注1)　—らる(注2)	—される
前置詞が用いられている場合	—《(る)らル》二 於・于・乎 ～一	～に—る　～に—らる	～に—される
「為—所～」の形をとる場合	為《ために》レ A ノ 所《らル》レ B セ 為《なル》二 A ノ 所《ところト》レ B スル	AのためにBせらる AのBするところとなる	AにBされる
受身になる語が用いられている場合	任《にんぜラル》— 叙《じょセラル》— …	(任ぜ)らる (叙せ)らる	任命される 授《さず》けられる
前後関係から判断して受身に読む場合	—《(セ)ラル》	—(せ)らる	—される

(注1) 動詞が四段活用の場合。ナ行変格活用動詞・ラ行変格活用動詞に付くことは漢文にはないと見てよいようである。
(注2) 動詞が右以外の場合。

9
…る
…らる

見ル（らる）レ——　未然形

被・為・所＝見

…れる
…られる

例　吾嘗テ三タビ仕ヘ、三タビ見レ逐ハ二於君ニ一。

〔訓読〕吾嘗《われかつ》て三《み》たび仕《つか》へ、三《み》たび君《きみ》に逐《お》は**る**。

〔訳〕私はこれまで三度仕官し、三度とも主君に追い出された。

語法　「他から…される」というときの受身の文型。「る・らる」は古典文法の受身の助動詞と同じ用法。「見」のほかに「被・為・所」という字も同じように用いられる。なお「る」を用いるのは、四段・ナ変・ラ変動詞の未然形から返って読むときであり、それ以外の動詞の未然形から返って読むときは、「らる」が用いられる。

典拠　『史記』「管晏《かんあん》列伝」。斉《せい》の宰相となった管仲《かんちゅう》が鮑叔《ほうしゅく》との友情を回顧した部分。「管鮑《かんぽう》之《の》交《まじわり》」（管仲と鮑叔が少年時代から親密な交際を結び、終生変わらなかったという故事）として有名なところ。

例　信ニシテ而見レ疑ハ、忠ニシテ而被ルレ謗セ。

〔訓読〕信《シン》にして疑《うたが》は**れ**、忠《チュウ》にして謗《バウ》せ**らる**。

〔訳〕信ずると、疑いをかけられるし、忠誠をつくすと、誹謗される。

語法 右の一文は、受身を表す「見」字と「被」字とが併せ用いられている用例である。「見」は、ハ行四段活用動詞「疑ふ」に接続するので「る」と読まれ、「被」はサ行変格活用動詞「謗す」に接続するので「らる」と読まれることになる。また、「見」は、そこで中止することになるので、連用形で読まれることになるのである。

典拠 『史記』「屈原《くつげん》」。屈原《くつげん》は諸事才能に優れていたが、それを嫉《ねた》んだ上官大夫《じょうかんたいふ》（＝戦国時代の楚の官名）に讒言《ざんげん》され、ついに王によって追放処分にあった。その屈原の政治的状況について述べた一句。

例 父母宗族、皆為ル二戮没セ一。

〔訓読〕 父母宗族《フボソウゾク》、皆《みな》戮没《リクボツ》せ**らる**。

〔訳〕 （あなたの）父母や一族は、全員殺し滅ぼされる。

語法 「戮没」という熟語の「戮」は「ころす」、「没」は「ほろぼす」意であるところから、「戮没せらる」は、「戮せられ」「没せらる」というように、分析して解することができる。複合動詞と見てよい漢熟語の前項にも後項にも、受身の助動詞「らる」が付いていると解釈したのである。

典拠 『史記』「刺客《しかく》列伝」。荊軻《けいか》が樊於期《はんおき》に対して、秦のむごたらしい行いについて話し、今後どうするかと樊於期の考えを聞いている会話文中の一句。

10　…る　…らる

A未然形＋ルラル二　於B一ニ
于・乎＝於

BにA（さ）れる

例　能ク誦シ二詩書ヲ一、属シレ文ヲ、称セラル二於郡中ニ一。

〔訓読〕能《よ》く詩書《ししょ》を誦《しょう》し、文《ぶん》を属《ぞく》し、郡中《ぐんちゅう》に称《しょう》せ**らる**。

〔訳〕よく詩経や書経を声を出して読み、文章をつづり、郡中の評判者であった。

語法　前置詞「於・于・乎」を用い、「BにAされる」というときの受身の文型。受身を示す助字「於・于・乎」は訓読しないで、Bの下に「二」を、Aの下に、その活用語尾と「ル・ラル」などの送り仮名を添える。助動詞「る・らる」は古典文法の受身の用法と同じである。

典拠　『蒙求《もうぎゅう》』「賈誼忌鵩《かぎきふく》」。前漢の賈誼は、洛陽の人で、十八歳で『詩経』『書経』をよく読み、文章をつづるといったすぐれた才能の持ち主で、郡の長官の推挙により文帝に召し出され、出世していく。『蒙求』は唐中期に成立した児童用教科書。

例　労スルレ心ヲ者ハ治メレ人ヲ労スルレ力ヲ者ハ治メラル二於人ニ一。

〔訓読〕心《こころ》を労《らう》する者《もの》は人《ひと》を治《をさ》め、力《ちから》を労《らう》する者《もの》は人《ひと》に治《をさ》め**らる**。

〔訳〕（よく）心をはたらかせる者は人民を治め、力をはたらかせる者は人に治められる。

語法　「治人」と「治於人」とを比較することで、受身の「於」字のはたらきを捉えていきたい。その格助詞「に」は〈によって〉の意である。その結果として、「治」字を、「治む」でなく、「治めらる」と読んでいくことになるのである。

典拠　『孟子』「滕文公上《とうのぶんこう》」。世の中のなりたち、構成要素について述べた孟子の言葉の一句。

例　雖《モ》レ有《リト》二名馬一、祇《ダ》辱《シメラル》二於奴隷人之手《ニ》一。

〔訓読〕名馬《メイバ》有《あ》りと雖《いへど》も、祇《た》だ奴隷人《ドレイジン》の手《て》に辱《はづか》しめらる。

〔訳〕名馬がいたとしても、馬丁などの手によって粗末に扱われるだけだ。

語法　「於」字が受身を表す文字である。その結果として、「辱」字が「辱しむ」でなく「辱しめらる」と読まれているのである。

典拠　『文章軌範《ぶんしょうきはん》』「雑説《ざっせつ》」。韓愈《かんゆ》の文章。「世の中には馬の名鑑定人がいてこそ名馬が存在するのだが、往々にして名鑑定人は存在しがたい」という文に続く一句。

11

AのB（する）ところとなる

為《なル》二A《ノとところト》所レB《（スル）》

AにB（さ）れる

例 先《ンズレバ》即《チ》制《シ》レ人《ヲ》、後《ルレバ》則《チ》為《ル》二人《ノ》所《ト》レ制《スル》。

〔訓読〕先《さき》んずれば、即《すなは》ち人《ひと》を制《せい》し、後《おく》るれば、則《すなは》ち人《ひと》**の**制《せい》**する所**《ところ》**と為**《な》**る**。

〔訳〕他人よりも先に事を行えば、人を抑え、他人におくれをとると、人に抑えられる。

語法 「AにBされる」というときの受身の文型で、「為《ために》レA《ノ》所《（ラ）ル》レB《（セ）》」（AのためにBせらる）とも読む。したがって、例文は、「…後《ルレバ》則《チ》為《ために》レ人《ノ》所《ラル》レ制《セ》」（…後るれば、則ち人の為に制せらる）とも読み、意味は同じである。原則は、「為《ル》二A《ノ》所《ト》レB《スル》」という読み方。なお、「先んず」は、「先にす」が変化したもの。

典拠 『史記』「項羽本紀《こううほんぎ》」。会稽《かいけい》郡守（＝長官）の殷通《いんつう》が項梁《こうりょう》に言った言葉の中に引用されている。当時、既に諺《ことわざ》のようにして使われていたらしい。今では日本人の生活の中にとけこんだ諺。

例 為《ル》二流矢《ノ》所《ト》レ中《ツル》。

〔訓読〕流矢《りゅうし》**の**中《あ》つる**所**《ところ》**と為**《な》**る**。

〔訳〕流れ矢が命中した。（流れ矢に当たった。）

語法 「…の…（する）ところとなる」の構文。「ところとなる」の「なる」は、ラ行四段活用の自動詞である。「流矢の」の「の」は〈が〉と訳出する主格の格助詞である。その主格助詞を「に」という連用格助詞に言い換えて、〈…に…（さ）れることになる〉と現代語訳すると、現代日本人の感覚と一致することになる。

典拠 『史記』「高祖本紀《こうそほんぎ》」。漢の高祖 劉邦《りゅうほう》が淮南王黥布《わいなんおうげいふ》を攻撃したとき、流れ矢に当たった。それがもとで、高祖はしだいに病状が重くなっていった。その経過記述中の一句。

例 兎不《シテ》レ可《カラ》二復得《タ》一、身《ハ》為《ル》二宋国《ノ》笑《ヒト》一。

〔訓読〕 兎《うさぎ》復《ま》た得《う》べからずして、身《み》は宋国《ソウコク》の笑《わら》ひと**為《な》る**。

〔訳〕 兎は二度と捕獲できず、自身は宋国の人々に笑われた。

語法 「…（と）なる」の構文。「身は宋国の笑ひと**なる**」は、「身は宋国に笑は**る**」と読んでもよく、こう読めば、9の「る・らる」で読んだことになる。また、その「為宋国笑」の、「為る」は「為れり」と読むほうが、むしろ、一般である。「為れり」は、「為る」の已然形に完了の助動詞「り」が接続したものである。

典拠 『韓非子《かんぴし》』「五蠹《ごと》」。「守株」という故事のもととなった、ノスタルジックで時代錯誤的政治を批判する寓話中の一句。

12　…に（せ）…らる

―セラル㆓―ニ㆒　　…に…される

例　子瞻謫セラル㆓海南ニ㆒。

〔訓読〕子瞻海南《シセンカイナン》に謫《タク》せ**らる**。

〔訳〕子瞻（＝蘇軾《ソショク》）は、海南島に左遷された。

語法　受身になる語（任免・賞罰に関する語）を用いる場合「…に左遷される」「…に任命される」というときの文型。「任ゼラル」（任命される）「叙セラル」（授けられる）なども、「任ぜらる」「叙せらる」と読む。

典拠　黄山谷《こうさんこく》の「子瞻《しせん》謫セラル㆓海南《かいなん》ニ㆒」という詩。時の宰相の讒言《ざんげん》にあい、蘇軾（蘇東坡）は海南島に流されたが、陶《とう》潜《せん》（陶淵明《とうえんめい》）をこの上なく慕い、手本としたので、黄山谷は蘇軾の気持ちを汲み取って詩を詠んだ。

例　謫セラレテ守タリ㆓巴陵郡ニ㆒。

〔訓読〕謫《タク》せ**られ**て巴陵郡《ハリョウグン》に守《シュ》たり。

〔訳〕左遷されて、巴陵郡の郡守となった。

語法　受身の意を内包する動詞が用いられている場合。「謫す」は〈官職をおとして、地方の役人にする〉意の動詞である。したがって、その行為者は、目上の者のはずである。ところが、その「謫」字が、そうされる側の目下の者を主語にしても用いられているのである。〈官職をおとされて、地方に流される〉意を表しているのだから、「らる」を補って訓むことになるのである。

典拠　『古文真宝後集』范仲淹《はんちゅうえん》「岳陽楼記《がくようろうのき》」。范仲淹は、北宋の名臣。天下の事を憂え、士大夫の気概を奮い起こした。

例　虞・夏之際、封ゼラレ二於呂一ニ、或イハ封ゼラル二於申一ニ。

〔訓読〕虞《グ》・夏《カ》の際《サイ》、呂《リヨ》に封《ホウ》ぜられ、或《ある》いは申《シン》に封《ホウ》ぜらる。

〔訳〕（太公望呂尚《たいこうぼうりょしょう》は）虞舜《ぐしゅん》（＝舜の建てた国）や夏禹《かう》（＝禹の建てた国）の時代、（河南省の）呂で領主に取り立てられ、（河南省の）申で領主に取り立てられた。

語法　「封ず」は、〈領土を与えて領主にする〉意の他動詞である。ただここでは、その「封」という字で、呂尚が斉《せい》の国の呂や申の地でどのような役職を与えられたかを述べているのである。この「封ぜらる」は、「任ぜらる」や「叙せらる」と同じような関係の受身表現ということができる。

典拠　『史記』世家《せいか》（斉太公世家第二）。周の文王武王が教えを受けた呂尚の微賤の時代を述べた部分である。

13　…（せ）らる　文の前後関係から　…される

例　松柏ハ摧カレテ為ルレ薪ト。

〔訓読〕松柏《ショウハク》は摧《くだ》かれて、薪《たきぎ》と為《な》る。

〔訳〕常に青々とした緑を誇る（墓の上の）松や柏の木々も、やがて伐り倒されて、薪となってしまう。（世のはかない移り変わりのたとえ）。

語法　文脈の前後関係から判断して、「る」「らる」と受身に読み、「…される」というときの文型。「摧」字は「くだく」と読む他動詞だが、文脈のうえから自動詞であってほしいところである。止むなく、その他動詞「くだく」に受身の助動詞を添えて、自動詞相当の意味にしたのである。

典拠　『文選《もんぜん》』「古詩十九首《こしじゅうくしゅ》」。この詩の一、二句は特に有名で、日本の古典『徒然草』などに引用されている。「去ル者ハ日ニ以ツテ疎《うと》ク、来《きた》ル者ハ日ニ以ツテ親シ〈去る者は日に以って疎く、来《きた》る者は日に以て親し＝去って行く者は日一日と疎遠になり、相接する者とは日ごとに親しくなって行く〉」なども、それである。

例　有レバドモ功亦タ誅セラレ、無ケレドモ功亦タ誅セラル。

〔訓読〕功《コウ》有《あ》れども亦《ま》た誅《チユウ》せ**られ**、功《コウ》無《な》けれども亦《ま》た誅《チユウ》せ**らる**。

〔訳〕功績があってもまた殺され、功績がなくてもまた殺される。

〔語法〕「誅す」は〈罪ある者を殺す〉意のサ行変格活用動詞である。したがって、その行為者は、王とか主君とかいう目上の者である。ところが、その「誅」字が、そうされる側の目下の者を主語にして用いられている。そこで、その下に「らる」を補って読んでいくことになるのである。

〔典拠〕『史記』「項羽本紀《こううほんぎ》」。趙《ちょう》の将軍陳余《ちんよ》が、秦《しん》において孤立状態にある将軍章邯《しょうかん》に送った手紙のなかの一句。

例　狡兎死《シテ》　走狗烹《ラレ》、飛鳥尽《キテ》　良弓蔵《メラレ》、敵国破《レテ》　謀臣亡《ボサル》。

〔訓読〕狡兎《カウト》死《シ》して走狗《ソウク》烹《に》**られ**、飛鳥《ヒテウ》尽《つ》きて良弓《リヤウキユウ》蔵《こ》め**られ**、敵国《テキコク》破《やぶ》れて謀臣《ボウシン》亡《ほろ》ぼさ**る**。

〔訳〕すばやい兎が死ぬとよく走る猟犬は煮られ、飛ぶ鳥がいなくなれば良い弓はお蔵に収められ、敵国が負ければ知謀に長けた家臣は滅ぼされる。

〔語法〕「他動詞＋る・らる」の構文。文脈から見て他動詞性を除去する必要があるのである。「烹る」に「る」を補って主語「走狗」の述語となり、「蔵む」に「らる」を補って主語「良弓」の述語となっている構文と見ることができる。「謀臣亡ぼさる」は、他動詞「亡ぼす」を用いたから、そこに「る」が必要となるが、「亡ぶ」と読んでも意味は通るのである。

〔典拠〕『史記』「淮陰侯列伝《わいいんこうれつでん》」。鐘離眛《しょうりばつ》と韓信《かんしん》は親しかった。漢王の攻撃対象になっていることから、鐘離眛は自殺したが、韓信も漢王に捕えられた。その時の韓信の述懐の一句。韓信は、股《また》くぐりで知られる武将。

三　使役の形

「他に～させる」という意味を表す文型。訓読の際、使役の助動詞「シム」として読む。

使役の助動詞を用いる場合	使《しム》二―《ヲシテ》～《セ》一 令《しム》二―《ヲシテ》～《セ》一 教《しム》二―《ヲシテ》～《セ》一 遣《しム》二―《ヲシテ》～《セ》一 俾《しム》二―《ヲシテ》～《セ》一	―をして～（せ）しむ	―に～させる
使役を暗示する語を用いる場合	命《めいジテ》二―《ニ》一～《（セ）シム》	―に命じて～（せ）しむ	―に命じて～させる
	勧《すすメテ》二―《ニ》一～《（セ）シム》	―に勧めて～（せ）しむ	―に勧めて～させる
	召《めシテ》二―《ヲ》一～《（セ）シム》	―を召して～（せ）しむ	―を召して～させる
前後関係から判断して使役に読む場合	A、C《（セ）シム》レ B《ヲシテ》	A、BをしてC（せ）しむ	A、BにCさせる

14　Aをして B（せ）しむ

使《しム》二A ヲシテ B 一（未然形）

令・教・遣・俾＝使

—に〜（さ）せる

例 使ム二丞相噲ヲシテ一将キテレ兵ヲ攻メレ代ヲ。

〔訓読〕丞相噲《ジョウシヤウカイ》**をして**兵《へイ》を将《ひき》ゐて代《ダイ》を攻《せ》め**しむ**。

〔訳〕（漢の高祖は）宰相の樊噲《はんかい》に命じ、部隊を指揮して代（の地）を攻撃させた。

語法 「—に〜（さ）せる」というときの使役の文型。使役の基本形は「A使二ＢＣ一」（AはBにCさせる）の形。「しむ」は古典文法の使役の助動詞と同じ用法である。使役の対象になる人物名などが表されているときは「…をして」と送り仮名する。

典拠 『史記』「高祖本紀《こうそほんぎ》」。燕《えん》王が反逆し、漢の高祖みずから部隊を指揮して燕王を捕え、宰相の樊噲に命じて代を攻撃させた。天下統一後、反逆者が続出し、高祖自身いつも出陣して鎮圧《ちんあつ》していた。

例 武王使ム二玉人ヲシテ一相セレ之ヲ。

〔訓読〕武王《ブワウ》玉人《ギヨクジン》**をして**之《これ》を相《サウ》せ**しむ**。

〔訳〕武王は玉を造る人に玉を目利きさせた。

語法　「…をして」の「…」には、その動作や行為をさせる人物が位置する。したがって、その「をして」は、〈…を使って〉〈…に命じて〉の意を表すことになる。その命じる人が、この一文の主語で、この例文では、武王である。

典拠　『韓非子《かんぴし》』「和氏《かし》」。楚の和氏が立派な玉を厲王《れいおう》に献じた。王は玉造り名人に目利きさせた。石との答えで、王は和氏の左足を斬った。厲王の死後、和氏は武王に玉を献じた。それに続く一句。なお、この「玉人」は、「玉人」と書いて「きうじん（きゅうじん）」と読む説もある。

例　吾令ム㆔人ヲシテ望マ㆓其ノ気ヲ㆒。

〔訓読〕　吾人《われひと》をして其《そ》の気《き》を望《のぞ》ましむ。

〔訳〕　私はある人にその（沛公の）気象を望み見させた。

語法　「令＋B（人物）＋C（動詞）＋D（客語）」という構文がよく見えてくる用例である。また、「令」字から〈…に命令して〉と感じとってもよい。

典拠　『史記』「項羽本紀《こううほんぎ》」。先に関中に入った沛公《はいこう》について、項羽《こうう》の臣范増《はんぞう》が人を使って沛公の気象をうかがわせたところ、沛公の気象は竜虎になっていた、という報告を受けた。

例　遂ニ教ム㆓方士ヲシテ殷勤ニ覓メ㆒。

〔訓読〕　遂《つひ》に方士《ハウシ》をして殷勤《インギン》に覓《もと》めしむ。

〔訳〕かくて修験者に命じて丁寧に（楊貴妃の魂を）さがさせた。

語法 この七言のなかには、主語「道士」は表現されていない。「殷勤に」は「覓む」を修飾しており、「遂に」は「教方士殷勤覓」全体を修飾している。なお、この場合、「覓」字を「もとむ」と訓読みしたので、そこに「…（せ）しむ」の「せ」は現れない。「せ」は、未然形を代表させているだけである。

典拠『古文真宝前集』白居易「長恨歌《ちょうごんか》」。その精神力で死者の魂を招くことができるという道士がいた。皇帝が楊貴妃を忘れ得ないことを知った道士が、部下の修験者に命じて楊貴妃の魂を探し求めさせた。

例 **遣ム二従者ヲシテ懐キテレ璧ヲ、間行シ先ヅ帰ラ一。**

〔訓読〕従者《ジュウシャ》**をして**璧《ヘキ》を懐《いだ》きて間行《カンカウ》し、先《ま》づ帰《かへ》ら**しむ**。

〔訳〕家来に璧を持たせ、間道を先に帰らせた。

語法「遣従者懐璧。」だったら「従者をして璧を懐かしむ。」であり、「遣従者懐璧間行。」だったら、「従者をして璧を懐きて間行せしむ。」である。また、その「(使…)懐璧」は、「璧を懐かしめて」であり、「(使…)間行」は「間行せしめて」でもある。日本語でいう対偶中止の構文のところである。

典拠『十八史略』「春秋戦国《しゅんじゅうせんごく》」。秦《しん》王が趙《ちょう》の恵文《けいぶん》王に趙の和氏《かし》の璧《へき》と十五城と交換しようという。藺相如《りんしょうじょ》が使者として璧を奉じて秦に出向いた。秦王に約束を守る意志のないことを見て取った藺相如は、家来に璧を持って帰国させた。「完璧」故事名言の由来となった文の一句。

15 …（に命じて）（に説きて）（せ）しむ

命ジテ二 ――ニ 一 ――セシム

…（に命じて）…させる

例 命ジテ二楽師ニ一、大イニ合ハセテレ吹ヲ而罷メシム。

〔訓読〕楽師《ガクシ》に命《メイ》じて、大《おほ》いに吹《スイ》を合《あ》はせて罷《や》めしむ。

〔訳〕楽師に命じて、盛大に吹奏を合奏させてから、音楽をやめさせる。

語法 使役を暗示する語を用いる場合で、「…に命じて…させる」というときの文型。他に「遣ハシテ・説キテ・召シテ・勧メテ・戒メテ・率キテ・属シテ」などにも見られる使役の表現である。「秦遣二孟明一襲レ鄭〈秦孟明《しんもうめい》を遣《つか》はして鄭《てい》を襲《おそ》はしむ＝秦は孟明を派遣して鄭を不意打ちさせた〉。」（『十八史略』）もその一例である。

典拠 『淮南子《えなんじ》』「巻五・時則訓《じそくくん》」。季冬（陰暦十二月）に行うさまざまな行事について述べた一文。

例 聊カ命ジテ二故人ニ一書セシメレ之ヲ以テ為ス二歓笑ヲ一爾。

〔訓読〕聊《いささ》か故人《コジン》に命《メイ》じて之《これ》を書《シヨ》せしめ、以《も》つて歓笑《カンセウ》を為《な》すのみ。

〔訳〕ともあれ、親友にこれ（＝詩句）を書かせ、慰めにするだけだ。

語法 「命じて」から、客語に相当する「故人」に〈言い付けて〉という関係が、まず見えてくる。そこで、「書之」

の「書」は、使役の助動詞「しむ」を添えて「書せしむ」となり、その中止法として「書せしめ」と読むことになる。「書せしめ」を訓読みして「書かしめ」と読んでも誤りとはいえないが、〈書写させる〉意を印象づけるためなどもあって、このように読んできているのであろう。

典拠 陶潜《とうせん》「飲酒《いんしゅ》」。名酒を手に入れた、悠々自適の生活を送る作者が、その名酒を飲んで酔ったあと詩を作る。その作品を友人に書いてもらおうという「飲酒」と題する詩文中の一句。

例 太宰伯嚭受ケ二越ノ賂ヲ一、説キテ二夫差ニ一赦サシムレ越ヲ。

〔訓読〕太宰伯嚭《タイサイハクヒ》越《エツ》の賂《まひなひ》を受《う》け、夫差《フサ》に**説《と》きて**越《エツ》を赦《ゆる》さ**しむ**。

〔訳〕大臣の伯嚭は越の賄賂《わいろ》を受け取り、夫差に説いて越を許させた。

語法 「説く」は、〈説得する〉ということで、「…に説きて」という行為の結果として、「赦」というのだから、太宰伯嚭が「赦す」のではなく、太宰伯嚭が夫差に越を「赦さしむ」ということになるのである。

典拠 『十八史略』「春秋戦国《しゅんじゅうせんごく》」。呉王夫差《ごおうふさ》は父の仇敵《きゅうてき》の越王《えつおう》を破った。越王は殺されるべきところだったが、呉の大臣の伯嚭に賄賂を送った。伯嚭は呉王を説いて越を許させた。「臥薪嘗胆《がしんしょうたん》」という話のなかの一文。

16 Aを　Bせしむ

文の前後関係から

AにBさせる

例 太公曰《ハク》、「義士也《ト》。」扶《ケテ》而去《ラシム》レ之《ヲ》。

〔訓読〕太公《タイコウ》曰《い》はく、「義士《ギシ》なり。」と。扶《たす》けて之《これ》を去《さ》らしむ。

〔訳〕太公望《たいこうぼう》呂《ろ》尚《しょう》は、「正義の士である」といって、（伯夷《はくい》・叔斉《しゅくせい》の兄弟を）助けて、その場を去らせた。

語法 特に使役の語はないが、文の前後関係から、使役に読まれてきている事例の紹介である。「AにBさせる」といわないで、「AをBする（＝他動詞）」ともいえようが、この場合は、その一語の他動詞がないので、こう読まれるのである。

典拠 『十八史略』「周《しゅう》」。伯夷・叔斉の兄弟が武王を諫《いさ》め、斬《き》り殺されそうになったのを、太公望呂尚が助けて、その場を去らせた、という一文。太公望は初め渭水《いすい》のあたりで釣糸をたれ、世を避けて隠れていたが、文王に用いられ、武王を助けて殷《いん》を討ち、天下を定めた人。釣《つり》好《ず》きの代名詞ともなっている。

例 分《カチテ》二其《ノ》騎《ヲ》一以《ツテ》為《シ》二四隊《ト》一、四《ニ》嚮《カハシム》。

〔訓読〕其《そ》の騎《き》を分《わ》かちて、以《も》つて四隊《したい》と為《な》し、四《し》に嚮《む》かはしむ。

〔訳〕（項羽は）その騎馬隊を分けて四分隊とし、四方に向かわせた。

語法 文脈から見て他動詞性を付与する必要がある事例である。主語は表現されてはいないが、前文までのところで、項羽であることが明らか。「嚮」字は〈向ける〉〈さしつかわす〉意であるが、それにふさわしい和語動詞がないところから、このように読まれてきているものと思われる。もちろん、下二段活用の「向く」は〈向ける〉意だが、訓読するには採用されにくかったのであろう。

典拠 『史記』「項羽本紀《こううほんぎ》」。項羽は漢軍の追跡を受けて包囲されて極まった。死を覚悟した項羽は、従ってきた二十八騎を七騎ずつ四隊に分け、四方に向かわせたのであった。

例 何ノ故ニ深ク思ヒ高ク挙ガリ、自ラ令ムルレ放タ為。

〔訓読〕何《なん》の故《ゆゑ》に深《ふか》く思《おも》ひ高《たか》く挙《あ》がり、自《みづか》ら放《はな》た**しむる**か。

〔訳〕どうして（そんなに）深刻に考え孤高を保ち、自分で（自分を）追放させるのか。

語法 「自令放為」の「令」が使役を表す文字があるが使役の構文となっていない事例である。ここは、本来は「自令自放為」とあるべきところだが、「…ヲシテ」の部分を省略した形なのである。なお、「為」は、ここでは疑問を表す文字として使われている。

典拠 『古文真宝後集』「漁父辞《ぎょほのじ》」。屈言はあまりに潔癖であったために追放された。湘江《しょうこう》の畔《ほとり》を彷徨《さまよ》っていたとき、漁夫が、そのような境遇になった理由を問うた言葉。

四　否定の形

否定の文字を使って、動作や状態あるいは事物を打ち消すときの文型。

単純否定（否定語を単独に用いる）の場合	不　弗	ず	～（し）ない	打消の助動詞「ず」として読む。
	非　匪	（ニ）あらズ	～（で）ない	「に」を受けて、「あらず」と読む。「に」は断定の助動詞「なり」の連用形であり、「あら」は補助動詞「あり」の未然形である。それに、打消の助動詞「ず」を付けて読むのである。
	無　莫　毋　…	なシ	～ない	形容詞「なし」として読む。
禁止の意味を表す場合	無　勿　莫　…	なカレ	～（する）な ～（し）てはいけない	形容詞「なし」の命令形に読んで、禁止の意を表す。

二重否定（否定語を重ねて用いて、強い肯定の意味となる）の場合	無《シ》レ不《ルハ》二—《(セ)》一	—（せ）ざるはなし	～（し）ないものはない
	無《シ》レ非《ルハ》二—《(ニ)》一	—（に）あらざるはなし	～（で）ないものはない
	非《ズ》レ不《ルニ》二—《(セ)》一	—（せ）ざるにあらず	～（し）ないのではない
	不三—不《ンバアラ》二～《(セ)》一	—（せ）ずんばあらず	どうしても～（し）ないではいられない
	不レ可《カラ》レ不《ル》二～《(セ)》一	—（せ）ざるべからず	～（し）なければならない
	無《ク》レA《(ト)》無《ク》レB《(ト)》	AとなくBとなく	AもBも、すべてみな
部分否定と全部否定	不二必《ズシモ》—《(セ)》一	かならずしも—（せ）ず	必ずしも～とはいえない（部分否定）
	必《ズ》不二—《(セ)》一	かならず—（せ）ず	必ず～（し）ない（全部否定）
特殊な場合	不二敢《あへテ》—《(セ)》一	あへて—（せ）ず	決して～（し）ない（強い否定）
	敢《あへテ》不《ランヤ》二—《(セ)》一	あへて—（せ）ざらんや	どうして～（し）ないことがあろうか（反語）
否定語が独立している場合	不《しからズンバ》（否）者	しからずんば	もしそうでなかったら
	未《いまダシヤ》	いまだしや	まだか

17 …（せ）ず

不レ ず（未然形）

弗＝不

…（し）ない

例 四望スレド、不レ見レ人ヲ。

〔訓読〕四望《シバウ》すれど、人《ひと》を見《み》**ず**。

〔訳〕四方を見渡しても、人影はない。

語法 「…（し）ない」というときの単純否定の文型。動作や状態などを打ち消したり、事物を否定したりする。下から読む文字なので、必ず下の語を打ち消す。「弗」も同じ用法で、「舎二其路一而弗レ由〈其《そ》の路《みち》を舎《す》てて由《よ》らず＝実践すべき道をすててそれに由り従わない〉。」などが、その例である。「ず」は、古典文法の打消の助動詞と同じ用法である。

典拠 白居易「秋江晩泊《しゅうこうばんぱく》」。「小舟で雲海の小島に泊し、棹にもたれて故郷を思う。四方を見渡しても人影はなく、かすむ川面《かわも》は淡い秋景色である…」という本文の一部分。

例 人不シテレ知ラ而不レ慍ミ。

〔訓読〕人《ひと》知らず**ず**して慍《うら》み**ず**。

〔訳〕他人が自分を認めなくても、不満に思わない。

語法 「知らずして」の「ず」は、打消の助動詞「ず」の連用形で、接続助詞「して」に連なっており、続く「慍みず」の「ず」は、打消の助動詞「ず」の終止形で、そこで言い切られている。

典拠 『論語』「学而《がくじ》」。論語冒頭文の一句。学徳の高い人の具体像を述べた文。

例 知者ハ不レ失レ人ヲ、亦タ不レ失レ言ヲ。

〔訓読〕知者《チシャ》は人《ひと》を失《うしな》はず、亦《ま》た言《ゲン》を失《うしな》はず。

〔訳〕知者は自分の最良の人を失うこともないし、また、失言を犯すこともない。

語法 「人を失はず、…」の「ず」は、打消の助動詞「ず」の連用形中止法であり、「…言を失はず」の「ず」は、打消の助動詞「ず」の終止形で、そこで言い切られている。その「不失人」と「不失言」とは並立の関係にあり、〈…(し)ないし〉〈…(し)ない〉と訳出される。

典拠 『論語』「衛霊公《えいのれいこう》」。「共に語るに足る人と語らないとその人に逃げられる。共に語ってはならない人と語ると失言する」という一文に続く部分。

例 無カレレ友トスルコト二不ルレ如カレ己ニ者ヲ一。

〔訓読〕己《おのれ》に如《し》かざる者《もの》を友《とも》とすること無《な》かれ。

〔訳〕自分より劣った者を友としてはならない。

語法 「己に如かざる者」とは〈自分に及ばない者〉、つまり〈自分より劣った者〉ということである。日本語としては、「己に如かぬ者」ともいえるわけだが、漢文訓読における打消の助動詞「ず」の連体形は「ざる」に限られるのである。

典拠 『論語』「学而《がくじ》」。君主に対する警句。このあとに「過《あやま》ちては則ち改むるに憚《はばか》ること勿《な》かれ。」の一文が続く。

例 擇《ビテ》不《ンバ》レ処《ラ》レ仁《ニ》、焉《ンゾ》得《ン》レ知《タルヲ》。

〔訓読〕擇《えら》びて仁《ジン》に処《を》らずんば、焉《いづく》んぞ知《チ》たるを得《え》ん。

〔訳〕自らの意志で選択し、仁の立場に身を置かないとしたら、どうして叡智を獲得できようか。

語法 「…（せ）ずんば」という、順接仮定条件の構文。「仁に処らずんば」は、〈仁の立場にいないとしたら〉ということで、その「ずんば」は、和文としての古文では「ずは」に相当する表現である。近世から、その「ずは」は、和文の一部においても、「ずば」となってきている。漢文訓読では、その「ば」が順接仮定条件を表すとき、「ず」の下や、形容詞型活用語の下に位置する場合には、「んば」と読まれた。

典拠 『論語』「里仁《りじん》」。用例文の上に「仁に里《を》るを美と為《な》す。」とあり、それに続く一文である。

例 不《ンバ》レ有《ラ》二佳作一、何《ゾ》伸《ベン》二雅懐《ヲ》一。

〔訓読〕佳作《カサク》有《あ》ら**ずんば**、何《なん》ぞ雅懐《ガクワイ》を伸《の》べん。

〔訳〕いい作品ができないなら、どうしてこの風雅な思いを述べることができようか、できないだろう。

語法「有らずんば」は、日本古典古文だったら、「あらずは」と表現したところである。その「ず」は未然形であり、「は」は接続助詞である。その「は」が「ば」となり、「んば」となって、漢文訓読特有語となったのである。

典拠『古文真宝後集』李白「春夜宴《スルノ》ニ桃李《ノ》園《ニ》一序」。春の夜、そのすばらしい桃李園での宴会について述べた文章の一節。

例　**不**《レバ》レ登《ラ》ニ高《キ》山《ニ》一、**不**《ル》レ知《ラ》ニ天之高《キヲ》一也。

〔訓読〕高《たか》き山《やま》に登《のぼ》ら**ざれば**、天《テン》の高《たか》きを知《し》ら**ざる**なり。

〔訳〕高い山に登らないと、天の高いことが分からない。

語法「…（せ）ざれば」という順接確定条件の構文。「高き山に登らざれば」の「ざれば」は、打消の助動詞「ず」の已然形に接続助詞「ば」が接続して、いわゆる順接確定条件となっている表現である。「ねば」でない点を確認しておきたい。なお、また、それに続く「天の高きを知らざるなり。」の「ざる」は、断定の助動詞「なり」に連なるために連体形となっている用例である。

典拠『荀子』「勧学《かんがく》」。人間は、生まれたてのときはだれでも同じであるが、その後の環境や努力によって変わってくる。学問をしないとその真理がわからないということを述べた一文。

18　…（に）あらず

非《あらズ》レ ―― 名詞・準体言 ニ　　…（で）ない

匪＝非

例　子《ハ》**非**《ザル》二吾《ガ》友《ニ》一也。

〔訓読〕子《し》は吾《わ》が友《とも》に**非**《あら》**ざる**なり。

〔訳〕あなたは私の友人ではない。

語法　「…（で）ない」というときの単純否定の文型。体言の上に位置してその体言を否定する。直前に読む文字の送り仮名に必ず「に」がつき、「…にあらず」となる。その「に」は、断定の助動詞「なり」の連用形で、「あらず」は補助動詞ラ行変格活用「あり」の未然形「あら」に、打消の助動詞「ず」がついたもの。「匪」も同じ用法。

典拠　『世説新語《せせつしんご》』。管仲《かんちゅう》の子孫の管寧《かんねい》はもの静かでこだわりのない性格。華歆《かきん》は折り目正しい性格。ある時、同じ席で読書していて貴人が通りかかったときの二人の対応の仕方が異なり、座を分かったときのせりふが、これである。

例　我《ハ》**非**《ズ》二生《マレナガラニシテ》而知《ル》レ之《ヲ》者《ニ》一。

〔訓読〕我《われ》は生《う》まれながらにして之《これ》を知《し》る者《もの》に**非**《あら》**ず**。

〔訳〕自分は生来これを知っていた人間ではない。

語法　「生まれながらにして之を知る者」を打ち消しているのが、「非」字である。「之を知る者」とか、ましてや、「者」だけを打ち消しているのではない。生まれてから、学んで知った者だ、といっているのである。

典拠　『論語』「述而《じゅつじ》」。「之」が具体的に何を指示しているかは、本文だけからでは判断できない。ここでは、いちおう「道理」と考えておく。

例　非ザルレ敵トスルニ二百姓ヲ一也。

〔訓読〕百姓《ヒャクセイ》を敵《テキ》とするに**非《あら》ざる**なり。

〔訳〕多くの一般人を敵とするのではない。

語法　「非」字は、後続する名詞や語句を打ち消すはたらきをもっている。この場合は、百姓（＝人民）を敵とすることを打ち消していて、百姓を敵にするのではない、といっているのである。「百姓を敵とする」という準体言（体言に準ずる形で、末尾が連体形準体法）に「に」が付いている点に注目したい。「…にあらず」の「ず」が「ざる」という連体形になっているのは断定の助動詞「なり」に接続しているためである。

典拠　『孟子』「尽心《じんしん》下」。仁政を行う人に敵対する者はいない、ということを説いた孟子の話の中の一句。周の武王が殷《いん》の紂王《ちゅうおう》を討ったとき、殷の人民に向かって言った言葉。

例　非ズンバ二梧桐ニ一不レ止マラ、非ズンバ二練実ニ一不レ食ラハ、非ズンバ二醴泉ニ一不レ飲マ。

〔訓読〕梧桐《ゴトウ》に**非《あら》ずんば**止《とど》まらず、練実《レンジツ》に**非《あら》ずんば**食《く》らはず、醴泉《レイセン》に**非《あら》ずんば**飲《の》まず。

〔訳〕（鵷鶵《えんすう》という鳥は）梧桐《あおぎり》でないなら止まらないし、竹の実でないなら食べないし、醴泉（＝甘酒のように味のよい水の泉）でないなら飲まない。

語法　「…（に）あらずんば」という、仮定条件に読む構文。なお、『新釈漢文大系』はここの三例ともに「…にあらざれば」と読んでいて、条件法のうえからは、検討の必要あるところである。「ずんば」は、日本古典では「ずは」である。その「ず」は未然形で、「は」は接続助詞である。その「は」が漢文では、「んば」となるのである。

典拠　『荘子』「秋水《しゅうすい》」。荘子が梁の宰相恵施《けいし》に、みずからを鵷鶵《えんすう》（＝想像上の鳥の名）にたとえて、世間的地位に超越していることを述べようとした。

例　伯夷、**非**ザレバ二其ノ君ニ一不レ事ヘ。

〔訓読〕伯夷《ハクイ》、其《そ》の君《きみ》に**非《あら》ざれば**、事《つか》へず。

〔訳〕伯夷は、自分の仕えるべき正しい主君ではないので、仕えなかった。

語法　「…（に）あらず」の「ず」を已然形にし、さらに接続助詞「ば」を添え、順接確定条件にして読んでいる例である。確定条件なので、〈ないので〉の意を表すことになる。

典拠　『孟子』「公孫丑上《こうそんちゅうじょう》」。孟子が伯夷について、潔白すぎて、度量狭隘だったことを言おうとする、その語り出しの部分である。伯夷は殷《いん》の紂王《ちゅうおう》を討ちに行く武王を諫《いさ》めたが、聞き入れられず、首陽山に隠れて餓死したという。

19　…なし

無シレ――（名詞・準体言）　莫＝無　…ない

例　而モ無シ二車馬ノ喧シキコト一。

〔訓読〕　而《しか》も、車馬《しゃば》の喧《かまびす》しきこと**無《な》し**。

〔訳〕　しかも（訪ねてくる役人たちの）車馬の喧しい音もない。

語法　「…ない」というときの単純否定の文型。主として体言を否定する。「無」のほかに「莫・毋・亡・微」などがあり「無」と同じように用いる。古典文法のク活用形容詞「なし」と用法は同じである。ただし、命令形「無かれ」のときは、禁止の意となる。

典拠　陶潜《とうせん》の古詩「飲酒《いんしゅ》」。「粗末な住居を人里に構えているが、訪問客の車馬の騒がしさはない。どうして心静かに住めるのか。それは心が遠く俗界を離れているから…」と詠《うた》う。この第五・六句「採ルレ菊ヲ東籬ノ下、悠然トシテ見ル二南山ヲ一」は漱石の小説『草枕』にも引用されている。

例　民免レテ而無シレ恥。

〔訓読〕　民《たみ》免《まぬか》れて恥《はぢ》**無《な》し**。

〔訳〕人民は（刑罰を）免れて、（自分の犯した悪事を）恥じる心がなくなる。

〔語法〕形や姿がないこと、物や事がらが存在しないことをいうのが「無」である。日本語では「なし」は形容詞であるが、漢語では「無」は動詞である。だから、「有」が反対語となるのである。それら「有」も「無」も、ともに返読文字である。「なし」を日本語で形容詞とするのは、活用語の型による判断なのである。なお、「免《まぬか》る」と読む「免」字は、本来〈罪・とがを許す〉意だが、この場合は、〈許される〉意となっている。また、近年は「まぬがる」とも読んでいる。

〔典拠〕『論語』「為政《いせい》」。孔子の、政治に対する基本的考え方を述べた一文中の一句である。為政者の「必罰」主義を戒めた言葉である。

例　及ビ二平長ズルニ一、可キモレ娶ルレ妻ヲ、富人莫シ二肯ズルレ与フルヲ者一。

〔訓読〕平長《ヘイチヤウ》ずるに及《およ》び、妻《つま》を娶《めと》るべきも、富人《フジン》与《あた》ふるを肯《がへん》ずる者《もの》莫《な》し。

〔訳〕平が成長して妻帯すべき時になったが、富める者たちで、その娘を（平に）与える者はなかった。

〔語法〕「がへんず」は〈肯定する〉意で、古文・漢文ではサ変動詞であるが、現代語としては「がえんじる」という上一段動詞となってしまっている。この「肯ずる者無し」は、結局、〈誰も肯じなかった〉ということになる。なお、ここは、「肯《あ》へて与ふる者無し」とも読まれる。その「肯へて与ふる者なし」の「肯へて」は、〈積極的に〉〈進んで〉の意である。本書23「あへて…（せ）ず」の「あへて」と同じものである。

〔典拠〕『史記』「陳丞相世家《ちんじょうしょうせいか》」。陳の丞相である平は、若年のころ家が貧しかったが、好書家であった。ろくに仕事もしなかった平を見て嫂《あによめ》が批判したところ、兄は妻を離婚した。しかし、富める者たちは、平に娘を嫁がせる者はなかった。なお、『新釈漢文大系』は「平長じて妻を娶る可きに及びて、富人は与ふるを肯ずる者莫し。」と読んでいる。

例　民無クンバレ信不レ立タ。

〔訓読〕民《たみ》信《シン》**無《な》くんば**立《た》たず。

〔訳〕（人民に）信義の心がなかったら（何事も）成立しない。

語法　本来、日本の古典語としては、「無くは」であった表現である。その形容詞「無し」の未然形に接続助詞「は」の付いた「無くは」が、「無くば」のように「は」が濁音化し、さらに、その「ば」が「んば」となったものである。なお、この「無」字は「不」字と同じで、「不レ信不レ立」であったら「信ぜずんば立たず」と読まれるところである。

典拠　『論語』「顔淵《がんえん》」。子貢が孔子に政治の要領を尋ねたとき、その最後の答えのなかに現れる教えである。

例　無キハ二惻隠之心一、非ザルレ人ニ也。

〔訓読〕惻隠《ソクイン》の心《こころ》**無《な》きは**、人《ひと》に非《あら》ざるなり。

〔訳〕人の困っているようすを気の毒に思わない者は、人間ではないのである。

語法　「無二□一」が主部になっている用例である。その「無きは」は「無きことは」ということであり、いっそう本文に即していえば、「無き［ひと］は」ということである。その訓読している「無き」は、もちろん連体形準体法である。

典拠　『孟子』「公孫丑上《こうそんちゅう》」。孟子といえば、惻隠の情である。その情のない人は、人間ではないといっているところである。

例　何ゾ可ケンヤ三一日モ**無**カル二此ノ君一。

〔訓読〕　何《なん》ぞ一日《ひとひ》も此《こ》の君《きみ》**無《な》かる**べけんや。

〔訳〕　どうして一日として、この君（＝竹を指していっている）がいなくていられようか、いや、いられない。

語法　形容詞「無し」の補助活用としての連体形が、この「無かる」で、助動詞「べし」に連ねるためである。同じ連体形でも、「無き」ではない。助動詞「べし」は、形容詞には、その補助活用の連体形に接続する。その助動詞「べけ（んや）」は、「べから（んや）」と読んでもよいが、「べけ（んや）」が漢文らしい訓読である。

典拠　『世説新語』。「此君《しくん》」は、竹の異名である。晋《しん》の王義之《おうぎし》が竹を愛し、このように「何ぞ一日も此の君無かるべけんや。」といったからである。

20　…なかれ

勿《な》カレ ―― 連体形（コト）

無・莫・毋＝勿

…するな
…してはいけない

例　過チテハ則チ勿カレ㆑憚ルコト㆑改ムルニ。

〔訓読〕　過《あやま》ちては、則《すなは》ち改《あらた》むるに憚《はばか》ること**勿《な》かれ**。

〔訳〕　過失をおかしたら、それを改めるのに躊躇《ちゅうちょ》してはいけない。

語法　「…するな」「…してはいけない」というときの禁止の文型。「勿」字の下は、「…スルコト」というように形式名詞「コト」を添えて読むのが原則だが、連体形のままでもよい。その連体形は準体法である。「憚る」は、日本古典では〈はびこる〉意や他動詞としての〈遠慮する〉意もあるが、漢文では〈ためらう〉意である。それは、上代の『万葉集』のころの意味なのである。なお、「過ちては」については、古くは「過てば」と訓読するものもあった。

典拠　『論語』「学而《がくじ》」。「無㆑友㆓不㆑如㆑己者㆒〈己《おのれ》に如《し》かざる者を友とすること無《な》かれ＝知徳が自分に及ばない者を友としてはいけない〉。」に続いて述べられていて、「誰にも過ちというものはあるものだが、その過ちを改めるのに躊躇するな。」と、孔子は人の上に立つ者の急所に触れているのである。

例　願ハクハ諸君勿カレ㆓復タ言フ㆒。

〔訓読〕願《ねが》はくは諸君《ショクン》復《ま》た言《い》ふ**勿《な》かれ**。

〔訳〕どうぞ、みなさん、二度とは言わないでくれ。

語法「願はくは」があるということは、文末で命令表現とすることが要求されているのである。「なかれ」は、「なし」の命令形で、それによって、禁止を表しているのである。その禁止するところは「復た言ふ」であって、「言ふ」だけではない。二度と言うことを禁じているのである。また、その「言ふ」は、連体形の準体法で、「言ふこと」と同じである。したがって、ここを「言ふこと」と訓んでもよいのである。

典拠『蜀志《しょくし》』「諸葛亮《しょかつりょう》伝」。『三国志』に収められている。いわゆる「水魚《すいぎょ》之《の》交《まじわり》」といわれる故事名言のなかに見られる表現である。

例　**無**カレレ友トスルコト二不ルレ如カレ己ニ者ヲ一。

〔訓読〕己《おのれ》に如《し》かざる者《もの》を友《とも》とすること**無《な》かれ**。

〔訳〕自分に及ばない者を友としてはならない。

語法「友とすること無かれ」とは、〈友としてはいけない〉ということである。なお、その「友とすること」は、「友とする」と訓読してもよい。その場合、その「する」は、サ変動詞「す」の連体形の、その準体法ということになる。

典拠『論語』「学而《がくじ》」。17を参照されたい。ここは、在位の君子といわれる君主たる者の心構えを述べているのである。自分より劣った者を友とし仲間として、わがままをするようなことのないよう進言しているのである。

例　莫《カレ》レ為《ス》レ盗《ヲ》、莫《カレ》レ為《ス》レ殺《スヲ》レ人《ヲ》。

〔訓読〕盗《タウ》を為《な》す**莫《な》かれ**、人《ひと》を殺《ころ》すを為《な》す**莫《な》かれ**。

〔訳〕泥棒をしてはいけない。殺人行為をしてはいけない。

語法　「…を為す莫かれ」で、〈…をしてはいけない〉ということになる。その「為す」は、サ行四段活用動詞の連体形で、準体法である。したがって、「人を殺すを為す」は、「人を殺すことを為すこと」と読んでもよいことになるのである。「莫」の音は「バク」で、「莫大」の「莫」である。「莫大」は、これより大きいものはないということで、非常に大きいことを意味するのである。

典拠　『荘子《そうじ》』「則陽《そくよう》」。柏矩《はくく》が斉《せい》の国に行ってみると、罪人が磔《はりつけ》刑になっている。その罪人に対して柏矩が言った言葉の一句。『新釈漢文大系』では、「盗を為《な》すこと莫かりしや、人を殺すを為すこと莫かりしや」と読んでいるが、詰問する口調で禁止していることになろうか。

21　…（す）べからず

不レ可《カラ》レ ―― 終止形
無・莫・毋＝勿

…できない（不可能）
…してはいけない（禁止）

例　人《ハ》攀《ヅルコト》二明月《ヲ》一**不**レ**可**《カラ》レ得。

〔訓読〕人《ひと》は、明月《メイゲツ》を攀《よ》づること、得《う》**べからず**。

〔訳〕人は、明月に手をかけてよじのぼることは、できない。

語法　「…できない」（不可能）、「…してはいけない」（禁止）というときの文型。「べし」は古典文法の可能や許可の意の助動詞でもあり、「べからず」はその否定なので、「べからず」で不可能や不許可（禁止）の意となるのである。

典拠　李白「把《ヘテ》レ酒《ヲ》問《フ》レ月《ニ》」。月に問いかけながら、酒を飲む詩で、豪放闊達《ごうほうかったつ》な詩風の中に無限の悲しみがある。酒を愛し、自然を愛した人で、みずからも酒仙と称した。中秋の名月の夜、太江に船を浮かべ、水中の月をすくいとろうとして水死したともいわれている。

例　不仁者《ハ》**不**レ**可**《カラ》二以《ツテ》久《シク》処《ル》一レ約《ニ》。

〔訓読〕不仁者《フジンシャ》は以《も》つて久《ひさ》しく約《ヤク》に処《を》る**べからず**。

〔訳〕仁徳のない人間は長期間困窮のうちに身を置くことはできない。

語法　不仁者は長期間にわたって約（＝困約の状況ということで、財政上・境遇上の窮乏）にいることは、不可能だといっているのである。不仁者がその状態にいられないことをいっているのだが、現代日本語文では、不仁者には不可能だ、というように認識されるようになっている。

典拠　『論語』「里仁」。この一文のあとに、「以つて長く楽に処るべからず」という文がある。つまり不仁者は、逆境にあっても順境にあっても、自分を正しく律することができないというのである。孔子の言葉である。

例　以ツテレ呉ヲ予フレ越ニ、再拝シテ受ケヨレ之ヲ、不ルレ可カラレ許ス也。

〔訓読〕　呉《ゴ》を以《も》つて越《エツ》に予《あた》ふ、再拝《サイハイ》して之《これ》を受《う》けよ、許《ゆる》す**べからざる**なり。

〔訳〕　（天が）呉を越に与えたのだ、再拝してこれ（＝呉の国）を受け取れ、（呉王を）許してはいけないのである。

語法　「再拝受之」の「受」を命令形「受けよ」と読んだうえで、「不可許也」と続くのだから、命令表現が続いていることになる。禁止は打消の命令だからである。この場合は「不許可」すなわち「禁止」の意の文例である。

典拠　『韓非子《かんぴし》』「内儲説下《ないちょせつ》」。越が呉を破った。呉王は降伏を申し出た。越王は許そうとした。大夫種《たいふしょう》らは反対した。その言葉の中の一文。

22　…あたはず

不レ能《ハ》――〔連体形（コト）〕

…できない

例 人主雖《ヘドモ》レ賢《ト》不レ能《ハ》二独《リ》計《ルコト》一。

〔訓読〕人主賢《ジンシュケン》と雖《い》へども、独《ひと》り計《はか》ること**能《あた》はず**。

〔訳〕君主が、いかに賢明でも、一人の力でうまい考えはできない。

語法 「…できない」という不可能を表す否定の文型。「能ふ」は、「…することができる」という、才能・能力があることを意味するハ行四段活用動詞で、「能はず」は、それを否定する表現である。〈…する能力がない〉、つまり、〈…できない〉意となるのである。

典拠 『韓非子《かんぴし》』「三守《さんしゅ》」。君主には三つの守るべき心得がある。これを三守といい、それが守られれば国安らかに身は栄えると説いている文章の一節。『韓非子』は政治の手段として法律と刑罰を重んじ、信賞必罰、富国強兵を説く法家の書。

例 挟《ンデ》二太山《ヲ》一以《ツテ》超《エンコト》二北海《ヲ》一、語《リテ》レ人《ニ》曰《フ》二我不《ト》レ能《ハ》。

〔訓読〕太山《タイザン》を挟《わきばさ》んで以《も》つて北海《ホツカイ》を超《こ》えんこと、人《ひと》に語《かた》りて我《われ》**能《あた》はず**と曰《い》ふ。

〔訳〕太山を脇の下に挟んで北海を越えることについて、人に語って「自分にはできない」と言う。

語法 「挟太山以超北海」を「不能」の下に移して解していく表現である。何が〈できない〉かの対象を、一般には、「不能」の下に位置させるのに対して、この文ではそれを冒頭に掲げているのである。

典拠 『孟子』「梁恵王上《りょうのけいおう》」。王が、しないこととできないこととの違いを尋ねたのに対して、孟子が答えた言葉の一句。この文例は、できないことの例として挙げられている。

例 聞《キテ》レ義《ヲ》**不**レ**能**《ハ》レ徙《ル》、不善《ノ》**不**レ**能**《ハ》レ改《ムル》、是《レ》吾《ガ》憂《ヒ》也。

〔訓読〕義《ぎ》を聞《き》きて徙《うつ》る**能《あた》はず**、不善《ふぜん》の改《あらた》むる**能《あた》はず**、是《こ》れ吾《わ》が憂《うれ》ひなり。

〔訳〕正しいと聞いてもそこに移ることができないし、不善を改めることもできない、それが私の心配ごとだ。

語法 「徙る」は「徙ること」とも読め、「改むる」は「改むること」とも読める。ここでは連体形準体法で読んでいることになる。「徙る能はず」の「ず」は連用形、「改むる能はず」の「ず」は終止形と判断したうえで、そこまで全体を名詞的なものとして捉えて、「是れ」の指示内容と見ていくこととする。

典拠 『論語』「述而《じゅつじ》」。孔子の言葉。例文の前に「徳の脩《をさ》まらざる、学の講ぜざる〈＝徳がじゅうぶん修まらないこと、学問研究ができないこと〉。」という句がある。併せて四つが孔子の心配の種だったということ。

23　あへて…(せ)ず

不㆓敢ヘテ ——㆒　未然形

進んで…(し)ようとしない
決して…(し)ない

例　秦**不㆓敢ヘテ**動カ㆒。

〔訓読〕　秦《シン》、**敢《あ》へて**動《うご》か**ず**。

〔訳〕　秦は、進んで動こうとはしない。

語法　「進んで…しようとしない」「決して…しない」というときの否定の文型。副詞「敢」(あへて)のあとに否定語を伴って呼応の形をとり、否定の意味を強くする。副詞「敢」が否定語の上に来たときには「敢不」(あへて…せざらんや)と読み、「どうして…しないことがあろうか」の意となり、反語の文型となることに注意したい。

典拠　『十八史略』「春秋戦国《しゅんじゅうせんごく》」。秦《しん》の昭《しょう》王は趙《ちょう》の恵文《けいぶん》王と澠池《めんち》で会合した。趙王のお供をした藺相如《りんしょうじょ》が昭王の求めに応じさせないため、秦は趙を屈服させることができず、兵を動かせない状態にあった。

例　会ヒ㆓其ノ怒リニ㆒**不㆓敢ヘテ**献ゼ㆒。

〔訓読〕　其《そ》の怒《いか》りに会《あ》ひ、**敢《あ》へて**献《ケン》ぜ**ず**。

〔訳〕　項羽たちの怒りにあって、進んで(進物を)献上することなどしなかった。

語法　「敢へて」は、〈進んで〉ということで、そのように進んですることを、「不」字で打ち消しているのである。「献」字だけを打ち消しているのではなく、「敢献」を打ち消している文脈である。

典拠　『史記』「項羽本紀」。「鴻門の会」において、沛公が項羽の軍門を去るに際し、張良の「ここに来るとき何か進物を携えて来たか」という問いに対して沛公が答えた言葉の一句。

例　周君不ンバレ入ラレ秦ニ、秦必ズ**不**ラン三**敢**ヘテ越エテレ河ヲ而攻メ二南陽一ヲ。

〔訓読〕周《シウ》君《クン》秦《シン》に入《い》らずんば、秦《シン》必《かなら》ず**敢《あ》へて**河《カ》を越《こ》えて南陽《ナンヤウ》を攻《せ》め**ざらん**。

〔訳〕周君が秦へ行かないなら、秦はきっと積極的に黄河を渡って（魏の）南陽を攻めてはこないだろう。

語法　「必ず」は「敢へて河を越えて南陽を攻めざらん」を修飾している。「周君秦に入らずんば」という順接仮定条件を受けて、周君が秦の国へ行かなければ、秦のほうから魏の国を攻めてくることはないだろう、といっているところである。

典拠　『戦国策』「西周《せいしゅう》巻《のまき》」。『戦国策』は、戦国時代の縦横家の説いた策略を国別に集めたもの。ここは、秦が周君という人を召したとき、ある人が魏の王に進言した会話文に見る表現である。

24　…（せ）ざるはなし

無レ**不**ルハレ ―（未然形）

莫＝無

…（し）ないものはない

例　吾ガ矛之利キコト於イテレ物ニ**無**キレ**不**ルレ陥サ也。

〔訓読〕　吾《わ》が矛《ほこ》の利《と》きこと、物《もの》に於《お》いて陥《とほ》さ**ざる無**《な》**き**なり。

〔訳〕　私の矛の鋭いことは、どんなものも、突き通さないものはない。

語法　「…（し）ないものはない」というときの二重否定の文型。一度否定したものを再び否定するので、意味は肯定となる。二重否定で、肯定の意味を強くすることになるのである。「…（せ）ざるはなし」は、「…（せ）ざるなし」というように、係助詞「は」を用いなくてもよい。

典拠　『韓非子《かんぴし》』「難一《なんいち》」。「矛盾」という言葉が生まれた箇所。楚の人に矛と盾を売る者がいて「私の矛の鋭いことといったらどんなものでも突き通すし、私の盾の堅いことといったら、どんなものをも通さない」と言ったのに対し、「あなたの矛で、あなたの盾を突いたら」と問われ、商人は答えられなかったという故事。

例　無為ニシテ而**無**シレ**不**ルコトレ為サ。

〔訓読〕　無為《ムヰ》にして為《な》さ**ざることなし**。

〔訳〕無為の境地に達するや、為すことができないということはない。

語法 「為さざることなし」は、「為さざるなし」と読んでも、「為さざるはなし」ぐらいに読んでも許されよう。その「為さざる」の「ざる」は、打消の助動詞「ず」の連体形の準体法ということになる。ここに掲げた訓読文は、そこに形式名詞「こと」をそえて、そこが名詞性の語句であることを鮮明にしたものである。

典拠 『老子』「四十八章」。無為の境地に達するには、知識を減じて道を修めることだと老子はいう。その道を修めた結果について述べた一句。

例 孩提之童モ、無シレ不ルハレ知ラレ愛スルヲ二其ノ親ヲ一也。

〔訓読〕孩提《ガイテイ》の童《ドウ》も、其《そ》の親《おや》を愛《アイ》するを知《し》らざるは無《な》し。

〔訳〕二、三歳の幼児も、その親を愛することを知らない者はない。

語法 「…（し）ないものはない」という二重否定の文型。「…ざるは無し」の「は」は、そう読んでも読まなくてもよい。文末の「也」は、不読文字としておいたが、そこを「なり」と読むとなると、「無し」は「無き」という連体形にして、「知らざるは無きなり」と読むことになる。

典拠 『孟子』「尽心《じんしん》」。孟子の言葉で、良知良能（＝自然に知ること・自然によくすること）の具体例として挙げられた例の一つ。

25 …（せ）ずんばあらず

不㆓―不㆒㆑ンバアラ ―（未然形）

…（し）ないことはない

例　燕・趙不㆓敢ヘテ不㆒㆑ンバアラ聴カ。

〔訓読〕燕《エン》・趙《テウ》、敢《あ》へて聴《き》か**ずんばあらず**。

〔訳〕燕や趙は、よもや両国（斉・楚）に従わないことはない。

語法　「…しないことはない」というときの否定の文型。二つの否定語の間に他の語が入った形。否定語の間には、「敢」のほかに「嘗《かつテ》・必《ズシモ》・始《メヨリ》」などが入る。「敢へて聴かずんばあらず」の「ずんばあらず」は、「ずはあらず」が変化したものである。この「ずんば」と、17で採り上げた「…ずんば…ん」という順接仮定条件の「ずんば」とは、別のものである。

典拠　『戦国策』巻五。秦《しん》の臣の冷向《れいきょう》が秦に来ていた陳軫《ちんしん》に説いて言った言葉。斉《せい》と楚《そ》が合同したら燕・趙は両国に従わないはずはない、の意。『戦国策』は古代中国の遊説家《ゆうぜいか》の弁論集。周の時代から秦の始皇帝の中国統一までの約二百五十年に及ぶ、戦国時代の弁士の言説などを収めている。

例　和氏之璧ハ、天下ノ所㆓共ニ伝ヘテ宝㆒トスル也。趙王恐レテ、不㆓敢ヘテ不㆒㆑ンバアラ献ゼ。

〔訓読〕和氏《クワシ》の璧《ヘキ》は、天下《テンカ》の共《とも》に伝《つた》へて宝《たから》とする所《ところ》なり。趙王《テウワウ》恐《おそ》れて、敢《あ》へて献《ケン》ぜ**ずんばあらず**。

〔訳〕和氏《かし》の璧は広く天下に言い伝えられている宝である。趙王は（秦を）恐れ、進んで献上しないことはなかった。

語法 「献ぜずんばあらず」は、「献ぜずはあらず」という「ずは」が、中世から変化して「ずんば」となったものと推測する。ただ、その「ずは」は、17「ず」において述べた、いわゆる順接仮定条件の「ずんば」とは異なるものである。この「ずんば」は、単に、「ざら」に係助詞「は」を介在させた「ずはあら」の「ずは」で、その「あら」は、補助動詞ということになる。

典拠 『史記』「廉頗藺相如《れんぱりんしょうじょ》列伝」。秦王が、和氏の璧をだまし取ろうとしたとき、使者の藺相如が秦王に、璧を献上するに至った事情説明をしている言葉のなかの一文。

例 弟子ハ不二必ズシモ不ンバアラ一レ如カレ師ニ。

〔訓読〕弟子《テイシ》は、必《かなら》ずしも師《シ》に如《し》か**ずんばあらず**。

〔訳〕弟子は必ずしも師に及ばないことはない。

語法 「必ずしも師に如かずんばあらず」の「…ずんばあらず」もまた、「必ずしも師に如かずはあらず」の「ずはあらず」が、漢文訓読の慣用として「…ずんばあらず」と読まれるようになったものである。

典拠 『古文真宝後集』韓愈《かんゆ》「師説《しせつ》」。孔子のような賢人でも、ある特定の師ではなく多くの師から多くのことを学んだ、ということを述べた文章のなかの一文。このあとに「師は必ずしも弟子より賢ならず。」の一文が続く。

26

AとしてB（せ）ざるはなし

無二シＡトシテ不レルハＢ未然形
莫＝無

どんなＡでもＢ（し）ないものはない
（ＡはすべてＢする）

例　無二シ遠シトシテ不レルハ到ラ。

〔訓読〕遠《とほ》しとして、到《いた》らざるは無《な》し。

〔訳〕どんなに遠い場所でも、行かないところはない。

語法　「どんなＡでもＢ（し）ないものはない」というときの二重否定の文型。二つの否定語の間に助詞が介在した形。この「として」は、〈…からといって〉の意で、「ざル」は、打消の助動詞「ず」の連体形の準体法である。〈…ないこと（ところ）〉の意となる。

典拠　『唐宋八大家文読本《とうそうはちだいかぶんとくほん》』。柳宗元の「始メテ得二テ西山一ヲ宴遊スル記」。自分を慕って集まってきた若い人たちと高い山に登り、深い林に入り沢歩きを楽しむ。どんな遠くでも行かないところはない。自然が大好きな文人である。柳宗元は古文の大家で、「韓・柳」というように、韓愈と併称される。

例　偶有二リ名酒一、無二シ夕ベトシテ不レルハ飲マ。

〔訓読〕偶《たまたま》名酒《メイシュ》有《あ》り、夕《ゆふ》べとして飲《の》まざるは無《な》し。

〔訳〕偶然名酒が手に入った、一晩として飲まない夜はない。

語法 「夕べとして」の「として」は、下に打消の表現を伴って〈例外なく全部〉の意を表す。ここでは、それをさらに「無し」によって否定しているのである。「今ほど国々の守護、所々の大名ども、独りとして寺社本所領を押さへて、領知せずといふことなし。」（太平記・三九・神木入洛の事）は、同じ構文である。「独りとして…ずといふことなし」が、その注目すべき構文である。なお、文頭の「偶」については、「偶ゝ」というように踊り字を添えて表記されることもある。

典拠 陶潜《とうせん》「飲酒《いんしゅ》・序」。陶潜の字《あざな》は、淵明《えんめい》。役人生活を嫌って、「帰去来辞《ききょらいのじ》」を賦して辞任、故郷に帰って酒と菊とを愛した。

例 苟シクモ得レバ二其ノ養ヒヲ一、無シ二物トシテ不ルハレ長ゼ。

〔訓読〕苟《いや》しくも其《そ》の養《やしな》ひを得《う》れば、物《もの》として長《ちやう》ぜざるは無《な》し。

〔訳〕かりにもそれを正しく育てていくことができれば、どのような物でも生長しないものはない。

語法 「として」は、格助詞「と」にサ変動詞「す」の連用形と接続助詞「て」が付いたものだが、一語の格助詞と認めてもよい。現代でも「一つとして完全なものはない」などというように用いる。

典拠 『孟子』「告子《こくし》上」。孟子は、人の本性である善が現れないのは欲に心が眩《くら》むからだという。人の良心も同じで、それを上手に育てていけばよいのだし、上手に育てられなければそれは消滅するという。

27　…（すること）をえず

不レ得《え》二――一（連体形コト）

…（することが）できない

例　常ニ以テレ身ヲ翼二蔽ス沛公ヲ一。荘不レ得レ撃ツコトヲ。

〔訓読〕常《つね》に身《み》を以《も》つて沛公《ハイコウ》を翼蔽《ヨクヘイ》す。荘《サウ》、撃《う》つことを**得《え》ず**。

〔訳〕（項伯が）いつも自分のからだで沛公をかばうので、項荘は、（沛公を）撃つことができない。

語法　「…することができない」「…する機会が得られない」というときの否定の文型。「不レ得」のほかに不可能を表す文型には、「不レ可」（べからず）、「不レ能」（あたはず）がある。いずれも、動詞に続けて、〈そうしようにも、それができない〉意を表す。

典拠　『史記』「項羽本紀《こううほんぎ》」。「鴻門《こうもん》の会《かい》」の一文。范増《はんぞう》が項羽に目くばせして、腰につけた玉玦《ぎょっけつ》を三度あげ、決意を促しても応じない。じれた范増が項荘を呼び、剣舞をさせて機会を見て沛公を撃てと命じたが…。そういう場面である。

例　有リレ兵守リレ関ヲ、不レ得レ入ルコトヲ。

〔訓読〕兵《ヘイ》有《あ》り関《クワン》を守《まも》り、入《い》ることを**得《え》ず**。

〔訳〕兵がいて関所を守り、中に入ることができない。

語法 「得」は〈自分のものにする〉意の字で、具体的な品物の場合は〈手に入れる〉意となり、抽象的な行為の場合は〈…することができる〉意となる。「入ることを得ず」は「入るを得ず」と読んでもよい。その「入る」は、連体形準体法である。ただ、近時は、形式名詞「こと」を補って読まれる傾向にある。「…を得ず」が抽象的な行為を受けていることが、それによって明確化するのであろう。

典拠 『史記』「項羽本紀《こううほんぎ》」。項羽は行軍しながら秦の地を攻略平定し、函谷関《かんこくかん》に至った。ところが、そこには沛公の兵が関所を守っていて、そこから中に入ることができない。例文はその場面である。

例 子噲ハ**不**レ**得**レ与フルコトヲ二人ニ燕ヲ一。

〔訓読〕子噲《シクワイ》は人《ひと》に燕《エン》を与《あた》ふることを**得**《え》**ず**。

〔訳〕（燕王の）子噲は（自分の国の）燕を（自分の意志だけで）他人に与えることができない。

語法 直訳すると、〈与えることを手に入れられない〉、そこで、〈与えることができない〉ことになるのである。

典拠 『孟子』「公孫丑下《こうそんちゅう》」。斉の臣の沈同《ちんどう》が孟子に質問した。「燕を討ってよいか」。孟子が答えた。「よろしい」。その理由として述べた文の一節。

28 …（するに）たらず

不レ足ラ二――一　連体形ニ

…（するには）十分でない
…（するだけの）価値はない

例　及ビテハ二其ノ有事一ニ、**不**レ**足**ラ三以ツテ取ルニ二天下一ヲ。

〔訓読〕其《そ》の有事《イウジ》に及《およ》びては、以《も》つて天下《テンカ》を取《と》るに**足**《た》**らず**。

〔訳〕彼が、有事（＝人目につく作為的な仕事）をするようになったら、とても天下を治めることなどできない。

語法　「…（する）には十分でない」「…するだけの価値はない」というときの否定の文型。文脈に即して適訳を見つけるようにすることである。〈…することはできない〉〈…するほどのことはない〉などの意のこともある。

典拠　『老子』「忘知《ぼうち》」。「忘知」とは、知識を忘れ去ってしまえという意味で、老子は「学問に励めば知識は増していき、道に励めば知識は減っていく。知識を減らしに減らした結果、無になり、無為の境地に達したなら、天下を治めることも容易である」と説いている。

例　吾ガ力ハ足レドモ三以ツテ挙グルニ二百鈞一ヲ、而**不**レ**足**ラ三以ツテ挙グルニ二一羽一ヲ。

〔訓読〕吾《わ》が力《ちから》は以《も》つて百鈞《ヒヤクキン》を挙《あ》ぐるに足《た》れども、以《も》つて一羽《イチウ》を挙《あ》ぐるに**足**《た》**らず**。

〔訳〕私の力は百鈞の重いものを持ち上げることはできるが、たった一枚の鳥の羽も持ち上げることができない。

語法 「足る」は、ラ行四段にもラ行上二段にも活用するが、漢文訓読では四段を採用する。四段であった「足る」が、近世に江戸で上二段化し、やがて現代語としては上一段「足りる」となっている。なお、その意味は「…するのに足りない」から、〈…するのに不十分である〉〈…することができない〉意をも表すことになったのであろう。

典拠 『孟子』「梁恵王上《りょうのけいおう》」。王の政治の矛盾を突いた言葉の比喩である。ある者が王に対して例文のようなことを言ったら、王はそれを許されるか、という孟子の比喩の一節。したがって例文は、この一文だけでは辻褄《つじつま》が合わない。矛盾していることに気づく必要がある一文である。

例 其ノ尊ビレ徳ヲ楽シムコトレ道ヲ、不レバレ如クナラレ是クノ、**不**ル**レ足**ラ二与ニ有ルニ一レ為ス也。

〔訓読〕其《そ》の徳《トク》を尊《たっと》び道《みち》を楽《たの》しむこと、是《か》くの如《ごと》くならざれば、与《とも》に為《な》す有《あ》るに**足**《た》**らざる**なり。

〔訳〕（君主が）徳を尊び道を楽しむことが、このようでないと、一緒に（何か）事を行うには不十分である。

語法 漢文の「不足」は、現代日本語でいうと、「不足」より「不満」に当たる。現代日本語でも、「相手にとって不足はない」の「不足」は〈不満〉の意であろうか。

典拠 『孟子』「公孫丑《こうそんちゅう》下」。君主と臣下との関係は、相談事があった場合、君主のほうから出向いて相談するのがよい、という文に続く一句。

例 今殺スモ二臣ヲ於韓ニ一、則チ大王**不**レ**足**ラ三以ツテ強クナルニ一。

〔訓読〕今臣《いまシン》を韓《カン》に殺《ころ》すも、則《すなは》ち大王《ダイワウ》以《も》って強《つよ》くなるに**足《た》らず**。

〔訳〕いま（王が）私を韓の国において殺しても、それで大王の力が強くなるには十分な条件にはならない。

語法　「…（する）に十分ではない」意の構文。「…するに足らず」の「…するに」は、目的とする行為を表し、「足らず」は、常にその「…するに」に続いて用いられることになっている。その「に」は、〈…ために〉を意味する格助詞である。

典拠　『韓非子』「存韓《そんかん》」。秦が使者として李斯《りし》を韓に送ったが、韓の王は会わなかった。李斯は王に手紙を奉った。その文章中の一節である。

例　唉、豎子**不**レ**足**ラ二与ニ謀ルニ一。

〔訓読〕唉《ああ》、豎子《ジュシ》与《とも》に謀《はか》るに**足《た》らず**。

〔訳〕ああ、小僧めが、一緒に天下取りを相談する価値のないやつだ。

語法　「与《とも》に謀《はか》る」のに不十分であって「謀《はか》る」のに不十分だ、といっているのではない。

典拠　『史記』「項羽本紀《こううほんぎ》」。鴻門で敵将沛公をみすみす逃がしてしまった范増の、項羽を罵った言葉。

29　また、…（せ）ず

亦《また》、不二——一（未然形）

…もまた、…（し）ない

例　亦、不レ詳カニセ二其ノ姓字ヲ一。

〔訓読〕　**亦《また》**、其《そ》の姓字《セイジ》を詳《つまび》らかに**せず**。

〔訳〕　（出身だけでなく）また、自分の姓名や字も明らかにしない。

語法　「…もまた、…（し）ない」というときの否定の文型。出身についても明らかにしていないし、自分の姓や文字も明らかにしていない、というのである。「不亦―」までを同じように訓読する「不二亦―一乎〈また…ずや＝なんと…ではないか〉」という詠嘆的反語形があるので、注意。

典拠　『古文真宝後集』「五柳先生伝《ごりゅうせんせい》」。作者陶潜は、家のまわりに五本の柳の木を植えて五柳先生と号した。伝記は、出身・姓名から述べ始めるが、冒頭文で「先生はどこの人であるかわからない。」と客観化して他人のように述べ、続いて右の例文に続く。

例　叔斉モ亦、不シテレ肯ゼレ立ツヲ而逃ルレ之ヲ。

〔訓読〕　叔斉《シュクセイ》も**亦《また》**、立《た》つを肯《がへん》ぜ**ず**して之《これ》を逃《のが》る。

〔訳〕叔斉もまた、即位することを承知しないで国を去った。

語法「不亦―乎」とは違うことを認識していくうえで、必要であろうと思って取り立てた表現形式である。その伯夷も即位することを拒んで国を去ったが、弟の叔斉も即位することを拒んで国を去った、というのである。

典拠『史記』「伯夷《はくい》伝」。伯夷と叔斉の兄弟は孤竹君《こちくくん》の子であった。父が死に臨んで自分の後継者に弟の叔斉を指名した。叔斉は兄に位を譲ったが、兄の伯夷は、父の命は弟の叔斉であるとして国を立ち去った。例文はそれに続く一文である。

例 堯舜之治ムル㆓天下ヲ㆒、豈無カラン㆑所㆑用ヰル㆓其ノ心ヲ㆒哉。**亦**、**不**ル㆑用ヰ㆓於耕スニ㆒耳。

〔訓読〕堯舜《ゲウシユン》の天下《テンカ》を治《をさ》むる、豈《あに》其《そ》の心《こころ》を用《もち》ゐる所《ところ》無《な》からんや。**亦**《また》、耕《たがや》すに用《もち》ゐ**ざる**のみ。

〔訳〕（偉大な徳をそなえた）堯・舜が天下を治めるに当たって、どうしてその心を用いることがなかったろうか、いや、そんなことはない。ただ（直接に）耕作することには、心を用いなかったというだけのことである。

語法 この例文の「亦」については、「ただ」と読む説もあってそのほうがよい。この「亦」は、限定する語気を示しているのである。

典拠『孟子』「滕文公上《とうのぶんこう》」。陳相が孟子に面談しているなかで、孟子が述べている言葉に見られる表現である。堯・舜も、耕作するときには、心を用いることがなかったが、それは、その場合だけだ、といっているのである。

30 …（する）をがへんぜず

不レ肯《がへんぜ》二――一　連体形ヲ

…（することが）できない
…を承知しない

例　曾チ不レ肯レゼ留マルヲ。

〔訓読〕曾《すなは》ち、留《とど》まるを**肯《がへん》ぜず**。

〔訳〕（遠くからきたのに）留まることを承知しない。（どうしてか、その理由を説明してほしい。）

語法　「…を承知しない」「…（することが）できない」というときの否定の文型。「肯」は、「がへんず」「うべなふ」と読み、〈承知する〉〈うなずく〉の意。「がへんぜず」は、それを打ち消していることになる。

典拠　『戦国策』「威王《いおう》」。蘇秦（＝戦国時代の政治家）が合従策（＝秦以外の六国同盟）を唱え、六国の宰相となったが、楚の国に行き、やっと威王に会うことができ、会談終了後、楚を立ち去ろうとしたときの威王の言葉である。

例　叔斉モ亦、不レシテ肯レゼ立ツヲ而逃レル之ヲ。

〔訓読〕叔斉《シュクセイ》も亦《また》、立《た》つを**肯《がへん》ぜず**して之《これ》を逃《のが》る。

〔訳〕叔斉もまた、即位することを承知しないで国を去った。

語法　「肯《がへん》ず」は、〈聞き入れる〉意のサ変動詞であるが、打消の助動詞「ず」を伴わないで用いることがない。

したがって、「…を肯ぜず」で〈…を承知しないで〉というように結びつけて覚えていくようにしたい。

典拠『史記』「伯夷《はくい》伝」。伯夷と叔斉《しゅくせい》の兄弟は孤竹君《こちくくん》の子であった。父が死に臨んで自分の後継者に弟の叔斉を指名した。叔斉は兄に位を譲ったが、兄の伯夷は、父の命は叔斉であるとして国を立ち去った。例文はそれに続く一文である。

例 今王与《ト》レ耳旦暮且《ニ》レ《ルニ》死《セント》、而公《ハ》擁《シナガラ》二兵数万《ヲ》一、**不**レ**肯**《ゼ》二相救《フヲ》一。

〔訓読〕今王《いまワウ》と耳《ジ》と旦暮《タンボ》且《まさ》に死《し》せんとするに、公《コウ》は兵数万《ヘイスウマン》を擁《ヨウ》しながら、相救《あひすく》ふを**肯**《がへん》**ぜず**。

〔訳〕今、趙王と私がたちまち今にも死のうとしているのに、君は兵数万を擁していながら、救援することを承知しない。

語法「…（する）をがへんぜず」の上には、逆接関係の表現が存在するのが原則である。「兵数万を擁しながら」の「ながら」は、逆接の接続助詞である。

典拠『史記』「張耳陳余《ちょうじちんよ》列伝」。張耳《ちょうじ》と陳余《ちんよ》は刎頸《ふんけい》の友だった。張耳とその主君の趙王は他国の攻撃を受けて風前の灯火の状態にあった。そのとき、張耳は陳余に救援を求めたが、陳余は動かなかった。張耳は部下を陳余のもとに派遣して言わせた。その言葉が例文である。

31 あげて…（す）べからず

不レ可カラ二勝ゲテ ―一（終止形）

一々数え上げて…（し）尽くせないほど多い

例 其ノ負キレ類ニ反スルレ倫ニ、**不**ルレ**可**カラ二**勝**ゲテ言フ一也。

〔訓読〕其《そ》の類《ルイ》に負《そむ》き、倫《リン》に反《ハン》する、**勝《あ》げて**言《い》ふ**べからざる**なり。

〔訳〕その主張が、世間一般の論と遠く離れていることは、一つひとつ述べ尽くせないほどである。

語法 「一々数え上げて…（し）尽くせないほど多い」というときの否定の文型。「勝げて」は〈数え上げて〉ということで、「勝」字を文脈からそう読んでしまったものである。「不レ可レ勝レ―」を「…にたふべからず」と読んでも同じである。

典拠 『列子《れっし》』「仲尼《ちゅうじ》」。公孫竜の主張（＝論）が詭弁《きべん》であることを例をあげて説いている一文。公孫竜の流派の学を「名家」と言い、諸子百家の一つ。名と実（＝実質）とのつながりを明らかにしようとした論理学派の通称。詭弁をもてあそぶ者などが出たことから詭弁派ともいわれる。

例 穀**不**レ**可**カラ二**勝**ゲテ食ラフ一也。

〔訓読〕穀《コク》**勝《あ》げて**食《く》らふ**べからず**。

〔訳〕 穀物はいくら食べても食べ尽くせない。

語法 「穀《こく》、食《く》らふに勝《た》ふべからず。」とも読まれてきているし、むしろ、そのほうが、「勝」字の字義に即した読み方である。「勝ふ」は、現代語の〈耐える〉〈堪える〉である。「勝ふべからず」で〈やり尽くせない〉意であるところから、その「勝」字を〈一つひとつ数えあげて〉の意で「勝げて」と訓読するようになったのである。「勝」字に、〈数え上げる〉意はないのである。

典拠 『孟子《もうし》』「梁 恵王上《りょうのけいおう》」。王の政治を執り行う際の留意事項について述べた孟子の言葉の一節。例文は、王が人民を夫役に使う場合は、農繁期を避けるべきである、という言葉に続く、その結果を述べたもの。

例 其ノ平居無事ニシテ夷滅セラルル者ハ、不レ可カラ二勝ゲテ数フ一。

〔訓読〕 其《そ》の平居無事《ヘイキョブジ》にして、夷滅《イメツ》せらるる者《もの》は、**勝《あ》げて数《かぞ》ふべからず**。

〔訳〕 その安らかに暮らしていて何事もないのに、一族すべて滅ぼされた例は数え尽くせない。

語法 「勝げて」は、現代日本語としては「挙げて」と表記され、「野党挙げて反対したい」など、文末に打消を伴わない表現も行われている。

典拠 『文章軌範』「留侯論《りゅうこう》」。蘇軾の著。留侯は『史記』の「鴻門の会」で有名な張良のこと。張良は曾《かつ》て秦の始皇帝を暗殺しようとして失敗した。橋の上で出会った老人に兵法書を授かり、漢の高祖に仕え、天寿を全うした。「留侯論」はその張良に関する論である。

32　…ずとなさず

不レ為《サ》レ不《ト》レ――（未然形）

…でないというのではない

例 万《ニ》取《リ》レ千《ヲ》焉、千《ニ》取《ルハ》レ百《ヲ》焉、**不レ為《サ》レ不《ト》レ**多《カラ》矣。

〔訓読〕万《マン》に千《セン》を取《と》り、千《セン》に百《ヒャク》を取《と》るは、多《おほ》から**ずと為《な》さず**。

〔訳〕万の中から千の俸給を取り、千の中から百の俸給を取るということは、少ないとはいえず、多いほうである。

語法 「…でないというのではない」というときの二重否定の文型。「不為不多」のように打消の「不」が二つあるときには、「不」の字がないのと同じで、「多しと為す」の意になる。「多からずと為さず」の「多から」は、形容詞「多し」の未然形で、この構文は、そのように形容詞の未然形がそこに位置すると理解するのがよい。「広からずと為さず」「長からずと為さず」は、「広しと為す」「長しと為す」ということである。

典拠 『孟子《もうし》』「梁 恵王上《りょうのけいおう》」。孟子が梁の恵王にあい、恵王が利を求める考えであるのに対し、その弊害を説き、王もまた古代の聖天子と同じく仁義の道徳に従った政治の必要なことを力説しているところの一文。

33　…（せ）ざるべからず

不レ可カラレ不ル二――一（未然形）

…でなければならない

例　所レ見ル所レ期ハスル、不レ可カラレ不ル二遠ク且ツ大ナラ一。

〔訓読〕見《み》る所期《ところき》する所《ところ》は、遠《とほ》く且《か》つ大《だい》なら**ざるべからず**。

〔訳〕識見や志は遠大でなければならない。

語法　「…でなければならない」というときの二重否定の文型。二重否定で、いったん、その行為や状態を打ち消したうえで、さらに、それはよろしくない、と打ち消しているのである。

典拠　『近思録《きんしろく》』「論学《ろんがく》」。計画は遠大に、実践は着実にという教えの一文。「近思録」は朱喜と友人の呂祖謙との共編になるもので、十四巻から成る。宋学の大家の言葉から六百二十二項を選んで宋学の要点を体系的に示した書物。

例　不レ可カラレ不ル二審リテ用一ヰ也。

〔訓読〕審《し》りて用《もち》ゐ**ざるべからざる**なり。

〔訳〕（兵は）よく知ったうえで用いなければならないものである。

語法　「…（せ）ざるべからず」とは、〈…（し）ないのは、よろしくない〉〈…でないのは、よろしくない〉ということである。それが結局、現代日本語の文末表現に見られる「…（で）なければならない」という義務・命令を意味する連語と結びつくことになるのである。福沢諭吉『文明論之概略』には、「時勢の沿革、意を用ひざる可からず。」とある。この例文では、「用ゐ」というようにワ行上一段として読んでいるが、現在でもこのころと同じようにハ行上二段で読む読み方も行われている。とにかく、ともに〈用いなければならない〉意の用例である。

典拠　『韓非子』「存韓《そんかん》」。韓非が秦王に上奏した文章の一節。

例　父母之年ハ、**不**ルレ**可**カラレ**不**ルレ知ラ也。

〔訓読〕父母《フボ》の年《とし》は、知《し》ら**ざるべからざる**なり。

〔訳〕父母の年齢は知っていなくてはいけない。

語法　義務・命令を意味するだけでなく、その義務・命令の表現で、理想や希望を述べようとする場合もある。この例文、父母の年齢は知っていなければならないだけでなく、知っていることが望ましいことにもなるのである。前向きの行為をいう動詞につく場合は、そうなることが多く、「学ばざるべからざるなり」などは、近代文語文に見られる表現である。

典拠　『論語』「里仁《りじん》」。孔子の言葉。例文に続いて、「一《いっ》は則《すなは》ち以《も》って喜《よろこ》び、一《いっ》は則《すなは》ち以《も》って懼《おそ》る。」が続く。父母の長寿を喜び、老い先を気に掛けながら孝養を尽くすのがよろしいという考え方である。

34 Aにあらざれば B なし（Bせず）

非ザレバ㆑A ニ 無シ㆑（不）B
A：連体形（コト）　B：未然形

Aでないと、Bはない（Bしない）

例 非ザレバ㆑士ニ無シ㆓与ニ慮ルコト㆒㆑国ヲ。

〔訓読〕士《し》に非《あら》ざれば、与《とも》に国《くに》を慮《おもんぱか》ること無《な》し。

〔訳〕士（＝すぐれた人物）でないと、一緒に国家の大事な事柄を相談することはできない。

語法 「Aでないと、Bはない」というときの否定の文型。否定の呼応表現である。前件「…にあらざれば」を受けて、後件「…無し」が応じている。「非㆓其君㆒不㆑事〈其の君に非ざれば事へず＝その君主でないと、仕えない〉」も同じ構文である。「…にあらざれば」の「…ざれば」は、打消の助動詞「ず」の已然形「ざれ」に接続助詞「ば」がついているので、ここは順接確定条件ということになる。したがって「…でないので、」か「…でないと、」になるが、ここは「…でないと、」がよい。「…でなければ、」と訳すものが多いが、厳密にはそれでは順接仮定条件ということになってしまう。それは「…にあらずんば」と読んだ場合の訳である。

典拠 『墨子《ぼくし》上』「親士《しんし》」。国君（＝君主）は、才知ある人物を信愛すべきことを説いた一文。『墨子』は、戦国時代の思想家である墨子の思想に基づいて、門人たちが論述したものを集めた書。墨子は平等に人を愛することと非戦論を唱えた思想家である。

35　…にあらざる（は）なし

莫（無）シレ**非**ザル（ハ）ニ——一　名詞ニ
匪＝非

…でないものはない（みんな…である）

例　立ツル二我ガ蒸民ヲ一、**莫**シレ**匪**ザル二爾ノ極ニ一。

〔訓読〕我《わ》が蒸民《ジョウミン》を立《た》つる、爾《なんぢ》の極《キョク》**に匪《あら》ざる莫《な》し**。

〔訳〕我々人民の生活を成り立たせているものは、堯《ぎょう》帝のこの上もないおかげでないものはない（おかげである）。

語法　「…でないものはない（みんな…である）」というときの二重否定の文型。否定語句「にあらざる」と否定語「なし」を直接重ねた場合で、肯定の意を強くする。なお、この「にあらざる」を「にあらぬ」と読むことはない。漢文では、打消の助動詞「ず」の連体形は「ざる」を用いることになっているからである。なお、18では「(に)あらず」としてきたが、ここでは、「にあらず」として取り扱い、「に」を含めて囲むこととした。

典拠　『十八史略』「五帝《ごてい》」。古代の聖天子・堯帝のことを記した一文。天下がよく治まっているかどうか、お忍びで町に出て童謡を聞く。さらに老人が食物を口に含みながら腹鼓《はらつづみ》をうち、足で地面を踏みながら調子をとり歌うのを聞き、平和で政治がうまくいっているのを知る。太平楽を謳歌する「鼓腹撃壌《こふくげきじょう》の民」の故事の出典。

例　尺地モ**莫**キレ**非**ザル二其ノ有ニ一也。

〔訓読〕尺地《シャクチ》も其《そ》の有《イウ》に非《あら》ざる莫《な》きなり。

〔訳〕一尺の土地もその（紂《ちゅう》王の）所有地でないものはなかった。

語法　「…にあらざるはなし」と読んでもよい。「…（に）あらざる」の「ざる」は「…（に）あらず」の連体形準体法で、〈…でないこと〉の意である。そこで、その準体法の下に係助詞「は」を添えていうか、そのままで「なし」の主語にするか、どちらでも読めるが、「は」を添えないで読むことが多い。

典拠　『孟子《もうし》』「公孫丑上《こうそんちゅう》」。公孫丑の質問に対する孟子の答えの中の一節。紂王は先人の残した美風や賢人たちのお陰で天下を保ったが、やがてそれを失った。しかし、その初期においてはこうだった、という情況を述べた部分。

例　**莫シレ非ザルハ二天下ノ俊桀ニ一。**

〔訓読〕天下《テンカ》の俊桀《シュンケツ》に非《あら》ざるは莫《な》し。

〔訳〕天下の英傑でない者はない（みんな天下の英傑である）。

語法　この表現には、前提として、どのようなことが述べられているかの確認が必要である。そのうえで、あることに関係したことやもので、…でないことや、…でないものはない、というように解していくことである。

典拠　『史記』「張耳陳余列伝《ちょうじちんよ》」。太史公《たいしこう》は言う。張耳《ちょうじ》や陳余《ちんよ》は世間一般から賢者としての評価を受けている。その賓客《ひんかく》や雑役の者で、天下の英傑でない者はない。それらの者たちは、みな、それぞれの居住地で大臣になった。例文はその太史公の言葉の一節。

36　…（せ）ざるにあらず

非《あらズ》レ不ルニ二——一 　未然形

…しないわけではない（かならず…する）

例　夫レ地ハ非ザルレ不ルニ二広ク且ツ大イナラ一也。

〔訓読〕夫《そ》れ、地《ち》は、広《ひろ》く且《か》つ大《おほ》いなら**ざるに非《あら》ざる**なり。

〔訳〕一体、天地は、非常に広大でないわけではない（たいへん広大である）。

語法　「…しないわけではない」（必ず…する）というときの二重否定の文型。否定語「ざる」と否定語句「にあらず」とを直接二つ重ねる場合で、肯定の意を強くしていく。なお、この一文の構造は「広ク且ツ大イナリ」という二項について「…せざるにあらず」といっているので「地は、広からざるに非ざるなり」「地は、大いならざるに非ざるなり」という捉え方も必要である。

典拠　『荘子《そうじ》』「外物《がいぶつ》」。「無用の用」で有名な文の一文。恵子《けいし》（＝名家・詭弁に長じた人物）が荘子に、「あなたの言うことは役に立たない」と言ったのに対して、荘子が恵子に向かって、「無用の用」（＝俗人から見ると、役に立たないと思われるものが、かえって役に立つ有用なものであること）を説いている。

例　非ザルモ二其ノ鬼不ルニ一レ神ナラ、其ノ神不レ傷ツケレ人ヲ。

〔訓読〕其《そ》の鬼《キ》、神《シン》ならざるに非《あら》ざるも、其《そ》の神《シン》、人《ひと》を傷《きず》つけず。

〔訳〕その鬼は、神力（＝神秘的な力）を持っていないわけではないが、その神力は人間を傷つけることがない。

語法 原則的表現形式の「…（せ・なら）ざるにあらず」の「ず」が、さらに連体形「ざる」となって、さらに、助動助詞「も」を付けて、以下に、逆接の関係で展開していく文脈である。その「ざるにあらず」の「に」は断定の助動詞「なり」の連用形。したがって「あら」は、補助動詞「あり」の未然形である。さて、その「ざるにあらず」の「にあらず」について、断定の助動詞「に」と補助動詞「あら」とであるので、「ならず」といえないか、と思う向きもあろうが、「非」字がある以上、そうは読めないのである。それが定着して、『方丈記』の冒頭文も「行く川の流れは絶えずして、しかも、もとの水にあらず。」である。なお、「神ならざるに非ざるに」の「神ならざるに」において、「神」に断定の助動詞「なり」の未然形「なら」を添えて読んでいるのは、「非」字が用いられているところではないからである。

典拠『老子』「居位《きょい》」。老子は言う。無為の道が鬼（＝人間を害する死人のおばけ）や人君に及んだとき、鬼も人君も人民を傷つけないから人民の生活が安定し、天下がまるく治まるものだ、と。

例 王之不ルハレ王タラ、不ルレ為サ也。非ザルレ不ルニレ能ハ也。

〔訓読〕王《ワウ》の王《ワウ》たらざるは、為《な》さざるなり。能《あた》はざるに非《あら》ざるなり。

〔訳〕王がほんとうの王でないのは、（ほんとうの王に）なろうとしないからである。（王に）なることができないからではない。

語法 「非不」で二重否定の構文である。この場合は「不能」という〈できない〉状態をさらに「非」で否定していることになる。〈できないわけではない〉〈できないからではない〉と訳出される。なお、「王たらざるは」というように、その「王」に断定の助動詞「たり」の未然形「たら」を添えて読んでいるのは「王」が名詞であって、活用語ではないからである。

典拠 『孟子』「梁 恵王《りょうのけいおう》上」。王の恩恵が牛にまで及んでいながら、一方で人民にはそれが及んでいない。それは王にその気がないからだ、という孟子の考えを王に対して述べた一句である。

例 城非《ザル》レ不《ルニ》レ高《カラ》也。池非《ザル》レ不《ルニ》レ深《カラ》也。

〔訓読〕城高《しろたか》から**ざるに非《あら》ざる**なり。池深《チふか》から**ざるに非《あら》ざる**なり。

〔訳〕城は高くないわけではない。（また、城の）池は深くないわけではない。

語法 「…ざるにあらざるなり」の後には、真相が隠れていて、以下にその真相が述べられることもある。なお、この例文でも「ざるにあらず」が、形容詞「高し」「深し」の未然形「高から」「深から」についている。

典拠 『孟子』「公孫丑《こうそんちゅう》下」。戦争を勝利に導く条件として、天の時、地の利があるが、それよりも大事な条件に民心統一ということがある、ということを述べた一文のなかで、たとえの話として提示した一文。

37 …なきにあらず

非《あらズ》レ無《キニ》二 ―― 一（名詞）　…がないわけではない（かならず…がある）

例 五帝ノ外無シ二伝人一。非ザルレ無キニ二賢人一也。

〔訓読〕五帝《ゴテイ》の外《ほか》伝人《デンジン》無《な》し。賢人《ケンジン》無《な》きに非《あら》ざるなり。

〔訳〕五帝（＝神話伝説上の古代の五聖人）の外には、伝えられる人がないのは、賢人がいないというわけではない。

語法 「…がないわけではない（かならず…がある）」というときの二重否定の文型。否定語「なき」と否定語句「にあらず」とを直接二つ重ねて、肯定の意味を強くしている。その「にあらず」は、断定の助動詞「なり」の連用形に補助動詞「あり」の未然形が続いて、それに打消の助動詞「ず」がついているものであることはいうまでもないが、実はこの「なきにあらず」に副助詞「しも」が介在すると、和文の『伊勢物語』や『源氏物語』に見られる慣用連語「なきにしもあらず」となるのである。その「なきにしもあらず」と、この「なきにあらず」は、意味に大差はないのである。

典拠 『荀子《じゅんし》』「非相篇《ひそうへん》」の一文。五帝の外に伝えられる人がいないのは、遠い昔のことなので伝承が滅んだためと述べている。『荀子』は荀況の著。性悪説（＝人の本性はもともと悪であるという説）を説き、人を治め国を治めるには礼が最善であると説いている。

例　日夜之所レ息《スル》、雨露之所レ潤《ス》、非《ズ》レ無《キニ》二萌蘖之生一焉。

〔訓読〕日夜《ニチヤ》の息《ソク》する所《ところ》、雨露《ウロ》の潤《うるほ》す所《ところ》、萌蘖《ホウゲツ》の生《セイ》**無《な》きに非《あら》ず**。

〔訳〕日夜の（草木が自ら）生きようとする力と、雨露が潤す力とによって、芽が生え蘖《ひこばえ》が出てくることがないことはない。

語法　「なきにあらず」の「なき」は、形容詞「なし」の連体形準体法で、〈ないコト〉、さらには〈ないワケ〉と受けとめるのがよい。それに、「…にあらず」が付いて、「なきにあらず」となって、〈ないわけではない〉と読みとれる慣用連語となっている。

典拠　『孟子』「告子上《こくし》」。孟子が言う。牛山という山は昔は草木が繁っていた。しかし都の近郊にあったため伐採されてしまった。ところが、牛山には木の根が残っていた。例文は、それに続く一文である。

例　天莫《カレ》レ空《シクスル》二勾践《ヲ》一、時《ニ》非《ズ》レ無《キニシモ》二范蠡一。

〔訓読〕天勾践《テンコウセン》を空《むな》しくする莫《な》かれ、時《とき》に范蠡《ハンレイ》**無《な》きにしも非《あら》ず**。

〔訳〕天は勾践（中国春秋時代の越の王）を見放すようなことはしないでくれ。必ず范蠡（勾践を助けた忠臣）のような人物が現れて助けてくれる。

典拠　『日本外史』。『太平記』において、児島高徳《こじまたかのり》がひそかに桜の幹に書き記して、後醍醐天皇に奉ったとされる詩の一句である。

38 いまだかつて…（せ）ずんばあらず

未《いまダかつテ》三嘗不《ンバアラ》二 ―― 一（未然形）ず

いままでに…しなかったことはない

例 客至《レバ》 未《ダ》三嘗《テ》不《ンバアラ》二 置酒《セ》一。

〔訓読〕客至《かくいた》れば、**未《いま》だ嘗《かつ》て**置酒《ちしゅ》せ**ずんばあらず**。

〔訳〕客が来ると、いままでに酒を出さなかったことはない。

語法 「いままでに…しなかったことはない」というときの否定の文型。二つの否定字「未」と「不」の間に他の語（原則は副詞）が入った形。再読文字「未（いまだ…（せ）ず）」で触れたように「未嘗―（いまだかつて…せず）」の形をとることが多い。その「未」字が「不置酒」という否定語句を打ち消しているのである。

典拠 『唐宋八大家文読本』。蘇軾《そしょく》の「書《ス》二東皐子伝《とうこうしでん》ノ後《ニ》一」の一文。中国の文人は酒好きであり、客には酒を出すのが常であった。蘇軾は「わび住《ず》まいに客の来ない日はない。客が来ると酒を出さない時はない。一日飲んでもせいぜい五合以下だ」と、雰囲気を楽しむ酒飲みであった。

例 君子之至《ル》二於斯《ニ》一也、吾未《ダ》二嘗《テ》不《ンバアラ》レ得《レ》レ見《ユルコトヲ》也。

〔訓読〕君子《くんし》の斯《ここ》に至《いた》るや、吾《われ》**未《いま》だ嘗《かつ》て**見《まみ》ゆることを得《え》**ずんばあらざる**なり。

〔訳〕立派な人（たち）がここに来た時には、私はかつて会うことができなかったことはない。

語法「未嘗不…」で、〈現在までに一度も…なかったことはない〉ということである。そこで、その「…ずんばあらず」の「ずんば」は、順接仮定条件を表す「ずんば」と見ることはできない。「…ずはあらず」の係助詞「は」を条件表現の接続助詞「は」と同じように「んば」と読んでしまったものである。

典拠『論語』「八佾《はちいつ》」。孔子が各国を巡遊していたとき、衛の国境の儀という町を通りかかった。その関守が、孔子に面会を申し入れた。用例文はそのときの申し入れの言葉である。

例　先帝在シシ時、毎ニ与レ臣論ジテ二此ノ事ヲ一、**未**ダル五**嘗**テ**不**ンバアラ四嘆-息痛二-恨セ三於桓・霊ニ一也。

〔訓読〕先帝《せんてい》在《いま》しし時《とき》、毎《つね》に臣《しん》と此《こ》の事《こと》を論《ろん》じて、**未《いま》だ嘗《かつ》て**桓《クワン》・霊《レイ》に嘆息痛恨《タンソクツウコン》**せずんばあらざる**なり。

〔訳〕先帝がまだご在世の時、いつも私とこのことを論じて、いまだかつて、桓帝《かんてい》・霊帝の時代（＝国が乱れ亡んだこと）を嘆息し痛恨に思わないことはなかった。

語法「ずんばあら」は、原形「ずはあら」であり、「ざら」に係助詞「は」が介在したものである。それを末尾の「ず」で打ち消しているのである。したがって、「ずんばあらず」は、「ざらず」に「は」が介在したものである。そして、実際には存在しない「ざらず」を意識したとき、二重否定ということが、よく見えてくるはずである。

典拠『古文真宝後集』「出師表《すいしのひょう》」。諸葛亮《しょかつりょう》の文章。「出師ノ表」は、劉備《りゅうび》亡き後、その子劉禅《りゅうぜん》に対して、君主の心構えを説いた文章。引用文はその一節。

39 あへて…（せ）ずんばあらず

不㆔敢《ヘテ》不㆓《ンバアラ》——㆒　未然形

どうしても…しないわけにはいかない。

例 不㆔敢《ヘテ》不㆓《ンバアラ》具㆑《シ》状《ヲ》聞奏《セ》㆒。

〔訓読〕**敢《あ》へて**状《じやう》を具《ぐ》し聞奏《ぶんそう》せ**ずんばあらず**。

〔訳〕どうしても事情を詳しく記し、天子さまに申し上げないわけにはいかなかった。

語法 「どうしても…しないわけにはいかない」というときの二重否定の文型。二つの否定字「不」と「不」の間に他の語（原則は副詞）が入った形。肯定の意味を強くしている。

典拠 『蒙求《もうぎゅう》』「薦《すすム》㆓蒙求《ヲ》㆒表」。天子への上奏文の中の一文。「蒙求」の書が古代の文豪から推賞され、他の類似の作品よりもまさっていることを記し、李瀚《りかん》という賢人を天子に推挙し、採用を願い出たことを記している。

例 子曰《ハク》、「出《デテハ》則《チ》事㆓《ヘ》公卿㆒《ニ》、入《リテハ》則《チ》事㆓《ヘ》父兄㆒《ニ》、喪事《ハ》**不㆓敢《ヘテ》不㆑《ンバアラ》**勉《メ》。不㆑為㆓《サ》酒《ノ》困㆒《シミヲ》。何《カ》有㆓《ラン》於我㆒《ニ》哉《ト》。」

〔訓読〕子曰《しい》はく、「出《い》でては則《すなは》ち公卿《こうけい》に事《つか》へ、入《い》りては則《すなは》ち父兄《ふけい》に事《つか》へ、喪事《さうじ》は**敢《あ》へて**勉《つと》め**ずんばあらず**。酒《さけ》の困《くる》しみを為《な》さず。何《なに》か我《われ》に有《あ》らんや。」と。

〔訳〕孔子が言うのに、「出勤しては高位高官に仕え、家庭では父や兄に仕え、葬儀服喪のことはどうしても一生懸命努めないわけにはいかない。飲酒して苦しむこともない。（これ以外）私に何があろうか（、いやなにもない）。」

語法 「敢へて…ずんばあらず」の「敢へて」は、「…（せ）ずんばあらず」の「…（せ）ず」までを修飾していて、その〈無理にも…（し）ないでいる〉状態を、「…あらず」の「ず」で打ち消しているものと解せる。その「…ずんば」は仮定条件を表すものではない。連用形の「ず」に係助詞「は」の付いた「ずは」が変化したものである。

典拠 『論語』「子罕《しかん》」。孔子の日常生活に対する心構えが述べられている。孔子は謙虚誠実な生活を心がけていたものと思われる。

例 孔子曰《ハク》、「以《ツテ》三吾従《フヲ》二大夫之後《ニ》一、**不**《ル》二**敢**《ヘテ》**不**《ンバアラ》レ告《ゲ》也《ト》。」

〔訓読〕孔子《コウシ》曰《い》はく、「吾《われ》大夫《タイフ》の後《のち》に従《したが》ふを以《も》つて、**敢**《あ》**へて**告《つ》げ**ずんばあらざる**なり。」と。

〔訳〕孔子が言うのに、「私も大夫の末席に従っているので、どうしても物申さない訳にはいかない。」と。

語法 「ずんばあらず」は〈なくはない〉〈ないことはない〉ということである。順接仮定条件の「ずんば」は文末が推量系の表現となるので、それらとは違う「ずんば」である。「ずはあらず」の「ずは」が、「ずんば」と発音されるようになってしまったものである。

典拠 『論語』「憲問《けんもん》」。陳の成子がその主君を殺した。孔子は身を清めて朝廷に出、魯の哀公に対し、陳の成子を討つように願った。哀公はそのとき（政治の実権を握っている孟孫・叔孫・季孫の）三人に言うように言った。孔子は失望した。そのときの孔子の言葉の一部である。

40 いまだし（や）　未《いまダシヤ》　まだ（か）

例 寒梅著《ケシヤ》レ花《ヲ》未《ダシヤ》。

〔訓読〕寒梅花《カンバイはな》を著《つ》けしや未《いま》だしや。

〔訳〕（妻の居る窓の前の）寒梅はもう花をつけただろうか、まだであろうか。

語法「…か、それともまだか」という、否定語が独立しているときの文型。副詞の「未だ」が形容詞化した「未だし」（まだである）に疑問の「や」がついたもの。

典拠『唐詩選』王維《おうい》「雑詩《ざっし》」。「君故郷より来る。応に故郷の事を知るべし。来日綺窓の前。」に続く一句で、有名な五言絶句。なお「雑詩」とはなんとなく作った詩の意味であるが、しかし、故郷を懐かしむ気持ちがにじみ出ている。

例「女聞《ケル》二六言六蔽《ヲ》一矣乎《ト》。」対《ヘテ》曰《ハク》「未《ダシト》」。

〔訓読〕「女《なんぢ》、六言六蔽《リクゲンリクヘイ》を聞《き》けるか。」と。対《こた》へて曰《い》はく、「未《いま》だし。」と。

〔訳〕「おまえ、六つの言葉（仁・知・信・直・勇・剛）にも六つの弊害があることを聞いたことがあるか。」と。答えて言うに「まだです。」と。

語法　「いまだし」は、否定の意の形容詞で、副詞「いまだ」が「し」を伴ってシク活用形容詞化したものである。この場合、「未聞六言六蔽〈未だ六言六蔽を聞かず〉」ということである。つまりは、この「未だし」は、省略表現がその起源なのである。なお、「聞けるか」の「聞ける」は、カ行四段動詞「聞く」の已然形に完了の助動詞「り」の連体形「る」が付いたもので、現代語の可能動詞の「聞ける」ではない。

典拠　『論語』「陽貨《ようか》」。孔子が子路に質問した言葉と、それに対する子路の答えの言葉。

例　陳亢問《ヒテ》二於伯魚《ニ》一曰《ハク》、「子《モ》亦有《ル》二異聞一乎《ト》」。対《ヘテ》曰《ハク》、「未《ダシト》也」。

〔訓読〕　陳亢伯魚《チンカウハクギヨ》に問《と》ひて曰《い》はく、「子《シ》も亦《また》異聞《イブン》有《あ》るか。」と。対《こた》へて曰《い》はく、「未《いま》だし。」と。

〔訳〕　（孔子の弟子の）陳亢が（孔子の子の）伯魚に問うた。「（親は子に特別な親愛感情を抱《いだ》くものだが、）あなたもまた（先生から）特別教育を受けましたか。」と。答えて言うに、「まだ（そんなことはない）。」と。

語法　「まだ…していない」というように解して、その「…」を文脈に即して捉えることである。この例文では、まだ先生から特別教育を受けていない、ということになる。

典拠　『論語』「季氏《きし》」。例文の後、伯魚が次のようなことを言う。父が縁に立っていた。自分がその前を通ると、父が言った。「お前は詩を勉強したか。」と。「まだです。」と答えると、父は言った。「詩を学べ。詩を勉強しないと人と話ができない。」と。

41 いまだかつて…（する）こと なくんばあらず

未《ダ》二嘗《テ》無《クンバアラ》レ―（スル）コト

いままでに（…）することがなかったことはない

例 自《リ》レ行《フ》二束脩《ヲ》一以上、吾未《ダ》二嘗《テ》無《クンバアラ》レ誨《フルコト》焉。

〔訓読〕束脩《ソクシウ》を行《おこな》ふより以上《イジヤウ》、吾《われ》**未《いま》だ嘗《かつ》て**誨《をし》ふる**こと無《な》くんばあらず**。

〔訳〕（弟子が）束脩（＝師へ贈る礼物）を納めたからには、私はまだ一度も教えなかったことはない。

語法 38「未嘗不―」の「不」字を「無」字に置き換えただけの違いで、意味するところも同じである。用例は多くないが、次の42「AなくんばBせず」の「なくんば」と間違えてはならないところから、あえて取り上げておくこととした。「無くんばあらず」は、「無くはあらず」が発音のうえで変化したものである。その「は」を除くと、「無くあらず」となり、さらに「無からず」となる表現である。したがって「無く」は連用形、「あら」は補助動詞である。さらにいうと、この「は」は係助詞である。

典拠 『論語』「述而《じゅつじ》」。孔子が、弟子にしてほしいといって礼物を納めた者に対しては、乾肉《ほしにく》（＝脩）を十本束ねた「束脩」を納めただけの者に対しても、教えを乞うてきた以上、だれかれの区別なく教えた、と述べているところである。

42

Aなくんば B（せ）ず

無《クンバ》レ A 不《ず》レ B（未然形）

Aがなかったら、Bしない

例 民無《クンバ》レ信、不レ立《タ》。

〔訓読〕 民信《たみシン》無《な》くんば、立《た》たず。

〔訳〕 人民に信義の心がなければ、政治は成り立たない。

語法 「Aがなかったら、Bがない」「Aがなかったら、Bしない」というときの否定の文型。「不A、不B」と同じ用法。なお、この「A無くんば」は仮定であって、「無くんばあらず」の「無くんば」とは異なるものである。したがって、この文型としては、「A無くんば」の下に読点（、）を施し、「Bせず」は「Bせじ」と読むことが望ましいのである。この「無くんば」の原形も「無くは」であるが、その「無く」は未然形、「は」は接続助詞と判断したほうがよいものである。

典拠 『論語』「顔淵《がんえん》」。子貢が孔子に政治の要諦（＝大事な点）について質問したのに答えた言葉の一文。孔子は、「食を満足させ、軍備を充実させ、人民に信義の心を持たせる」の三つをあげる。子貢がさらに、「やむをえず、この三つのうち一つをやめねばならない時は…。残りの二つの一つをやめねばならない時は…。」と、質問したとき、最後に信義を最も重要なものとして残すべきだ、と、その理由を述べているところ。

43　…（せ）ざるをえず

不《ず》レ**得**《え》レ**不**《ざ》ルヲ二――一　未然形

…（し）ないわけにはいかない

例　縛セラレテ二於勢ヒニ一而**不**ルレ**得**レ**不**ルヲレ事ヘ也。

〔訓読〕勢《いきほ》ひに縛《バク》せられて、事《つか》へ**ざるを得**《え》**ざる**なり。

〔訳〕君主の権勢に束縛され、必ず仕えないわけにはいかないのである。

語法　「必ず…（し）ないわけにはいかない」というときの二重否定の文型。二つの否定語「ざる」と否定「ず」との間に他の語「得」（動詞）が入った形。否定することが不可能であるとして、肯定の意味を強くしているのである。「…ざるを得ない」として、現代日本語としても用いている。福沢諭吉『文明論之概略』には、「全体の生力に衰弱する所あれば、其《その》眼も亦自《おのづ》から光を失はざるを得ず。」とある。

典拠　『韓非子《かんぴし》上』「備内《びない》」。君主に害となるのは、人を信ずることである。人を信じると、その人に抑えられる。そもそも、臣は君に対して骨肉（＝親兄弟などのような血縁）の親しみがあるわけでなく、権力に抑えつけられてやむを得ず服従している。いつ脅かされるかわからない、と説いている文。

44　Aせず、Bせず

不《ず》ㇾA《未然形》、不《ず》ㇾB《未然形》

Aしないし、Bしない

例　君子《ハ》不ㇾ憂《ヘ》、不ㇾ懼《レ》。

〔訓読〕君子《クンシ》は憂《うれ》へず、懼《おそ》れず。

〔訳〕立派な人は、心に心配事がないし、恐れ脅えることがないものである。

語法　「Aしないし、Bしない」というときの否定の文型。並列して述べる表現である。同じ「ず」でも、上の「ず」は連用形中止法、下の「ず」は終止形で、そこで言い切られている。このように「不ㇾA、不ㇾB」で四字熟語となっているのが「不即不離」であり、「即《つ》かず離《はな》れず」というように訓読される。

典拠　『論語』「顔淵《がんえん》」。孔子の弟子の司馬牛が孔子に、君子とはどういう人かについて、質問したのに対して答えた一文。司馬牛は心の中では、君子とは徳の完全な人であるから、必ず普通の人とは違った特別なところがあるだろう、と思っていたのである。しかし、その答えは意外なように思える。そうではあっても、憂えないのは仁者にしかできないことであり、懼れないのは勇者にしかできないことなのである。

45　Aとなく、Bとなく

無《な》クレAト、無《な》クレBト

Aと Bの区別なく
（AもBもすべてみな）

例　無クレ長ト無クレ少ト、道之所ハレ存スル、師之所レ存スル也。

〔訓読〕　長《チヤウ》と無《な》く少《セウ》と無《な》く、道《みち》の存《ソン》する所《ところ》は師《シ》の存《ソン》する所《ところ》なり。

〔訳〕　年齢の高い低いの区別なく、すべて、道理のあるところは、師のあるところなのである。

語法　「AとBとの区別なし」「AもBもすべてみな」というときの否定の文型。並列して述べるときに用い、「…と無く…と無く」で、「道の存する所は」の「存する」を修飾している連用修飾語（副詞相当）となっている。この「Aとなく、Bとなく」の「と」は、一般には格助詞とされるが、時枝誠記の文法観では、指定の助動詞の連用形とされるものであろう。また「無く」も、非存在を表すものではなく、打ち消すはたらきのものとなっていよう。続いて現れる「道の存する所」「師の存する所」の「所」は、形式名詞といってよいもので、〈特定のことがら〉を意味し、現代語としては「ところ」と表記する用法のものである。

典拠　『古文真宝後集』「師説《しのせつ》」。「師説」は韓愈の文章。師道について、身分の上下（＝貴賤）や年の序列に関係なく、すべて道理のあるところは、師のあるところ、と述べている。

46　しからず（あらず）

不《しからず（あらず）》（否）

…ない
…そうでない

例　欲《スル》レ破《ラント》二王之軍《ヲ》一乎、其《レ》**不**《ル》邪。

〔訓読〕王《ワウ》の軍《グン》を破《やぶ》らんと欲《ほつ》するか、其《そ》れ**不**《しからざ》**る**か。

〔訳〕王さまの軍を打ち破る気でいるのか、それとも、そうでないのか。

語法　「ない」「そうでない」というときの否定の文型。「不」は多く否定の助字として用いるが、このように単独で、「あらず」「しからず」のように用いる場合もあるのである。この例文の「不る」は、〈欲せざる〉を意味している。

典拠　『戦国策』「趙《ちょう》」。「秦・趙戦《フ》二於長平《ニ》一」の一文。秦と趙が長平で戦い、趙は敗れて一人の都尉（＝兵制を司る長官）が戦死したとき、趙王が家来を呼び、秦に対する今後の対策を話し合っているところ。

例　孔子曰《ハク》、「丘也小人《ナリ》。不《ト》レ足《ラ》二以《ツテ》知《ルニ》一レ礼《ヲ》。」君曰《ハク》、「**否**、吾子言《ヘ》レ之《ヲ》也。」

〔訓読〕孔子《コウシ》曰《い》はく、「丘《キウ》や小人《セウジン》なり。以《も》つて礼《レイ》を知《し》るに足《た》らず。」と。君曰《きみい》はく、「**しからず**、吾子《ゴシ》之《これ》を言《い》へ。」と。

〔訳〕孔子が言うことには、「丘（＝孔子の名）は、つまらない人間である。そこで、礼をわきまえている者としては不十分である。」と。（すると）哀公は、「そうではない。（ぜひ）お前が話してくれ。」と言った。

語法　「しからず」は、〈そうではない〉ということである。前に述べたことを指示していう「しかり（＝然り）」というラ行変格活用動詞の未然形に打消の助動詞「ず」が付いたもので、そこで、〈そうではない〉という意味になるのである。この場合は、「非」字を用いて「非不足以知礼」といっているのと同じことである。

典拠　『礼記《らいき》』「哀公問《あいこうもん》」。魯の哀公が、孔子に、礼について問うたときの会話である。

例　句読之不《ル》レ知《ラ》、惑《ヒ》之不《ル》レ解《ケ》、或《イハ》師《トシ》焉、或《イハ》不焉。

〔訓読〕句読《クトウ》の知《し》らざる、惑《まど》ひの解《と》けざる、或《あ》るいは師《し》とし、或《あ》るいは**しからず**。

〔訳〕読書の仕方がわからない場合、悩みの解決方法が分からない場合、（今の人は）読書の仕方については先生を求めても、悩みの解決について先生を求めようとしない。

語法　この「或不焉」は、「或不師焉」ということである。「或いは師とせず」と読んだら、その意味するところは、直ちに見えてこよう。そこで、その「しからず」については、〈…とせず〉を意味するところから、「しかせず」と読む読み方も行われるのである。

典拠　『古文真宝後集』韓愈「師説《しせつ》」。師道は、読み方や解法を習うだけではない、といっているところの一部。

47 しからずんば

不者《しからずンバ》・不然《しからずンバ》

もしそうでないなら

例 不者《ンバ》 若《ガ》 属皆且《ニ》レ為《ラント》レ所《ト》レ虜《トスル》。

〔訓読〕 **不者《しからず》んば**、若《なんぢ》が属皆《ゾクみな》且《まさ》に虜《とりこ》とする所《ところ》と為《な》らんとす。

〔訳〕 もしそうでないなら、お前の一族は皆捕虜にされてしまうであろう。

語法 「もしそうでないなら」というときの否定語が独立して用いられているときの文型。「不（否）則」（しからずんばすなはち）も同じように用いられる。この「ずんば」は、順接仮定条件を表し、未然形「ず」に接続助詞「は」が付いた「ずは」が「ずば」となり、「ずんば」となったものである。

典拠 『史記』「項羽本紀」。「鴻門《こうもん》の会《かい》」の一文。范増が項荘を呼んで、項王に剣で舞うことを願い出て、機会をとらえて沛公を撃てと指示し、いま撃たないと項羽一族は皆捕虜の身となる、と言っているところ。

例 太子死《シ》、有《ラバ》二母弟一可《シ》レ立《ツ》。不《ンバ》 即《チ》 立《ツ》レ長《ヲ》。

〔訓読〕 太子《タイシ》死《シ》し、母弟《ボテイ》有《あ》らば、立《た》つべし。**不《しからず》んば**、即《すなは》ち長《チヤウ》を立《た》つ。

〔訳〕 太子が死んで、同母弟がいたら、それを君主に立てるべきである。そうでないなら、（庶子の）年長者を立てるべきである。

語法「不」字の下に「即ち」や「則ち」が来ている場合、その「不」字は「しからずんば」と読まれる。ただ、右の用例については、恒常条件を表すものかと思われるところで、「しからざれば」であってほしいように思えるが、このようなところも、「しからずんば」で読まれてきている。

典拠『史記』「魯周公世家」。魯の襄公が死ぬと、続いてその太子が死んだ。大夫の穆叔《ぼくしゅく》が、まだ童心の残る十九歳の後の昭公を君主にすることを嫌って言った言葉。

例　飲マバレ此ヲ則チ有リテレ後奉ゼンレ祀ヲ。不ンバレ然死シテ且ニレ無カラントレ後。

〔訓読〕此《これ》を飲《の》まば、則《すなは》ち後《のち》有《あ》りて祀《まつり》を奉《ホウ》ぜん。不然《しからず》んば、死《シ》して且《まさ》に後《のち》無《な》からんとす。

〔訳〕これを飲むなら、そのときは後継者を立ててあなたの祭祀をしよう。そうでないなら、死んでも後継者は立てないようになる（ので、あなたの家は断絶する）だろう。

語法「不然」で、〈もしそうでないなら〉の意の接続詞的な語句となっている。「しから」は、「然《しか》り」の未然形、それに「ず」の未然形と順接仮定条件を表す「は」が付いて「ずんば」というように変化したものである。

典拠『史記』「魯周公世家」。荘公は自分の死後の後継について弟の叔牙に相談した。叔牙は自分の兄を推薦した。荘公は叔牙の弟の季友にも相談した。季友は荘公の子を立てようと言った。そして季友が叔牙に言った。その言葉が例文である。叔牙は毒を飲まされて死んだ。

48 かならずしも…（せ）ず

不㆓必《かならズシモ》──㆒　未然形

必ずしも…だとは限らない

例　師ハ不㆔必ズシモ賢ナラ㆓於弟子ヨリ㆒。

〔訓読〕師《シ》は**必《かなら》ずしも**弟子《ティシ》より賢《ケン》なら**ず**。

〔訳〕先生が必ずしも弟子よりも立派だとは限らない。

語法　「必ず…だとは限らない」というときの部分否定の文型。否定語が副詞の前にあるので、その副詞の示す状態の一部を否定する形で、部分否定である。副詞が否定語の前にきたときには、副詞の示す状態の全部を否定する形、つまり、全部否定「必不㆑──」の文型で、「必不㆑賢〈必ず賢ならず＝必ず立派でない〉。」が、その例である。

典拠　『古文真宝後集』「師説《しせつ》」。「師説」は韓愈の文章。孔子が、師である郯子《たんし》などよりも賢かったように、弟子は師には及ばないとは決められないし、師も弟子より賢いとは限らない、と韓愈は述べている。

例　有㆑言ル者、不㆓必ズシモ有㆒㆑ラ徳。

〔訓読〕言《ゲン》有《あ》る者《もの》、**必《かなら》ずしも**徳《トク》有《あ》ら**ず**。

〔訳〕耳に聞こえのいい言葉をいう人が、必ずしも有徳の人だとは限らない。

語法　部分否定の代表的な表現形式である。現代語でも、「必ずしも…（し）ない」という。そして、英文 "All is not gold that gliilers" が、「光るところのもの必ずしも金ならず。」と訳されて、英語の部分否定の代表である。その部分否定の表現を構成するのに、副詞の下に助詞「しも」が添えられている点に注目したい。

典拠　『論語』「憲問《けんもん》」。孔子が言うのに、有徳者は必ずいい言葉を口するという。その言葉に続く一句である。孔子がなぜそのように言ったのかというと、耳に聞こえのいいことをいう人にはしばしば不仁者がいるという現実を理解していたからであろう。

例　勇者ハ **不**ニ**必**ズシモ 有レ仁ラ。

〔訓読〕　勇者《イウシャ》は **必《かなら》ずしも**仁有《ジンあ》**らず**。

〔訳〕　勇気のある者が必ずしも仁徳ある人とは限らない。

語法　「必ず…だとは限らない」というときの部分否定の文型。勇者のなかには、もちろん仁徳ある人もいるが、仁徳ない人もいるのである。

典拠　『論語』「憲問《けんもん》」。前例文に続いて「仁者必有勇」とあり、それに続いて、この例文がある。

49　つねには…（せ）ず

不ズ二**常**ニハ ―一　未然形

いつも…とは決まっていない

例　千里ノ馬ハ常ニ有レドモ、而伯楽ハ**不**二**常**ニハ有ラ一。

〔訓読〕　千里《センリ》の馬《うま》は常《つね》に有《あ》れども、伯楽《ハクラク》は**常《つね》には**有《あ》ら**ず**。

〔訳〕　一日に千里を走る名馬はいつの世にもいるけれども、名馬を見わける名人はいつもいるとは決まっていない。

語法　「いつも…とは決まっていない」というときの部分否定の文型。全部否定は、「常ニ不レ―」の文型で、「伯楽ハ常ニ不レ有ラ〈伯楽は常に有らず＝伯楽はいつもいない〉。」が、その例である。「常には」の係助詞「は」が、以下の「有らず」に関係して、全部を否定するのを制限して、部分否定を構成することになる。

典拠　『唐宋八大家文読本』の有名な韓愈の「雑説《ざっせつ》」。韓愈は伯楽の話が好きだったらしく、他にも引用している。千里の馬と伯楽のたとえをもちだして、人が才能を十分発揮するには、まず才能を見わける名君・賢相が不可欠、と隠喩で述べている。

例　天下ニ有リ二常ニ勝ツ之道一、有リ下**不**二**常**ニハ勝タ一之道上。

〔訓読〕　天下《テンカ》に常《つね》に勝《か》つの道《みち》有《あ》り、**常《つね》には**勝《か》た**ざる**の道《みち》有《あ》り。

〔訳〕世の中にはいつも勝つという道があるし、いつも勝つとは決まっていない道もある。

語法 「常に勝つの道」は、ずっと勝ち続けることであり、「常には勝たざるの道」は、いつも勝つとは限らないことで、勝つ場合もあり、勝たない場合もある、ということである。これもまた、部分否定である。その部分否定の表現を構成するのに、打ち消す動詞の上の連用修飾語の上に係助詞「は」を添えている点に注目したい。

典拠 『列子』「黄帝十七《こうていじゅうしち》」。音読して、「常勝道《じょうしょうどう》」と「不常勝道《ふじょうしょうどう》」といわれていて、前者が「柔」、後者が「強」だという。そして、「柔」に従えばすべてが思いのままになる、と述べているところである。柔弱の教え、といわれている教えで、一般には理解しがたい論理が裏に隠れている。『列子』は、荘子より前の道家である列子の著作とされているが、偽書ともいわれている。

例 性嗜メドモレ酒ヲ、家貧ニシテ不レ能ハ二常ニハ得ルコト一。

〔訓読〕性酒《セイさけ》を嗜《たしな》めども、家貧《いへヒン》にして**常《つね》には**得《う》ること能《あた》**はず**。

〔訳〕生来酒好きだが、家が貧乏でいつも酒を手に入れることができるとは決まっていなかった。

語法 「不常―」という部分否定の構文に、可能を表す「能」字が入っている。例文は、併せて、入手できる日もあり、入手できない日もあった、と、なっている表現である。

典拠 『古文真宝後集』「五柳先生伝《ごりゅうせんせいでん》」。陶潜の文章。五柳先生は穏和寡黙の人柄で読書好き。しかし、無理に解釈しようという気持ちも希薄で、意に従っての自由な読書であった。例文は、それに続く一文である。

例　家貧ニシテ 不二常ニハ得レ油ヲ。

〔**訓読**〕家貧《いへひん》にして**常《つね》には**油《あぶら》を得《え》**ず**。

〔**訳**〕家が貧しかったので、いつも油を手に入れられるとは決まっていなかった。

語法　「不常―」という部分否定の構文で、「能」字は入っていないが、その意の含まれているのが、右の例文である。「得」という動詞は、この場合〈手に入れる〉意であるが、併せて可能の意も感じとれる文である。

典拠　『蒙求《もうぎゅう》』。「蛍の光、窓の雪…」で有名な文章。晋の車胤《しゃいん》は真面目に勉学に励み、博覧強記であった。例文はそれに続く一文。なお、その小学唱歌「蛍の光」の作詞者は、稲垣千穎《いながきちかい》・加部厳夫《かべしずお》・里見義《さとみただし》のうちのだれかとされている。スコットランド民謡を原曲として制作されたのは、明治十四年で、大正から昭和二十年まで小学生にも知られていた、この一話である。

50　また…（せ）ず

不二復タ ―一（未然形）

二度とは…（し）ない

例 遂ニ去リテ不二復タ与ニ言ハ一。

〔訓読〕遂《つひ》に去《さ》りて**復《ま》た**与《とも》に言《い》は**ず**。

〔訳〕そのまま去って、両方とも二度とは言わなかった。

語法 「二度とは…（し）ない」というときの部分否定の文型。全部否定の文型は「復タ不レ―」で、「復タ不二与ニ言ハ一」（復た与に言はず＝二度とも言わない）が、その例である。

典拠 『古文真宝後集』「漁父辞《ぎょほのじ》」。屈原は、清廉潔白に過ぎて、讒言《ざんげん》を受け江畔に追放され、憂愁に沈んでいた時、年老いた漁師に会った。その漁師は屈原に世に順応すべきことを説いたが、屈原はこれを拒否した。漁師は、「滄浪《そうろう》の水」の歌をうたって去っていく。「漁父」の「父」は老人の意味で、「ホ」と読む。

例 兎不シテレ可カラ二復タ得一、而身ハ為レリ二宋国ノ笑ヒト一。

〔訓読〕兎《うさぎ》**復《ま》た**得《う》べから**ず**して、身《み》は宋国《ソウコク》の笑《わら》ひと為《な》れり。

〔訳〕兎は二度と得られず、自分自身は宋国の人々の笑いの種となった。

語法 「不復―」に、さらに「不復」の「不」字の下に「可」字を入れて、「不可復…」として、〈二度とは…することができない〉意を表すこともある。もちろん、この例文は、一度は手に入れることができたが、二度とはできなかった、ということである。

典拠 『韓非子』「五蠹《ごと》」。「守株」という故事成語の由来となった文の一節。宋の国に農夫がいた。畑に木の切り株があり、兎がそれにぶつかり首を折って死んだ。男は鍬を捨てて株を見守っていたが、兎は二度とは得られなかった、という話。

例 遂ニ迷ヒテ不二**復**タ得レ路ヲ。

〔訓読〕 遂《つひ》に迷《まよ》ひて**復**《ま》た路《みち》を得《え》**ず**。

〔訳〕 その結果、迷って二度とは道を見つけられなかった。

語法 例文についていうと、一度はその道を見つけて帰宅することができたのである。しかし、二度とは、その道を見つけることができず、帰宅することができなかった、ということになるのである。

典拠 「陶淵明集・桃花源記《とうかげんのき》」。作者陶潜が描いたユートピア物語。ある漁夫が桃林の川を遡り、水源の小口を中に入ると、そこに理想郷があった。いったん帰って再びそこを訪ねようとしたのだが、それはもはや適《かな》わなかった。

51　ともには…ず

不《ず》二倶《とも》ニハ　――（未然形）一

両方とも…とは限らない

例　今両虎共ニ闘ハバ、其ノ勢ヒ不二倶ニハ生キ一。

〔訓読〕　今《いま》両虎《りやうこ》共《とも》に闘《たたか》はば、其《そ》の勢《いきほ》ひ**倶《とも》には**生《い》き**ざら**ん。

〔訳〕　二匹の虎のようなわれわれ（廉頗《れんぱ》・藺相如《りんしょうじょ》）がともに戦ったら、成り行きとして、両方とも助かるとは限らない（どちらか一方は死ぬだろう）。

語法　「両方とも…とは限らない」というときの部分否定の文型。全部否定は「倶不」という文型で、「倶ニ不レ生」（倶に生きざらん＝両方とも死ぬだろう）が、その例である。「倶には」の係助詞「は」が末尾の「ず」に力を及ぼして、両者を否定するのを制限して、部分否定を構成することになるものと解せる。

典拠　『十八史略』「春秋戦国《しゅんじゅうせんごく》」。趙の恵文王が古参の廉頗将軍の上席家老に藺相如をとりたてたので、廉頗は不満を持ち、藺相如を辱《はずかし》めようとしたが、藺相如が争いを避け、家来に真意を述べた文。廉頗はこれを伝え聞き、二人は「刎頸《ふんけい》の交わり」（＝生死を共にするほどの親しい交わり）を結ぶことになる。

例　父之讎ハ、**弗**二**与共**ニハ戴カ一レ天ヲ。

〔訓読〕父《ちち》の讎《あだ》は、**与共《とも》には**天《テン》を戴《いただ》か**ず**。

〔訳〕父の仇《かたき》は、その仇とともに天を仰ぎ見て生きていくことはしない。

語法　「不俱―」の異表記「弗与共―」である。「弗」字は「不」字に同じであり、「与共」は「俱」に相当する。ここでは、「与共《とも》には」と読んでみたが、「与《とも》には共《とも》には」と読むこともあってよい。テキストによっては「与共《とも》に」としか読んでいないものもあろうが、現代の訓読としては、係助詞「は」が必要である。

典拠　『礼記《らいき》』「曲礼《きょくらい》上」。いま、四字熟語として「不俱戴天《ふぐたいてん》」といわれているものの原典の表現である。この後、「兄弟《けいてい》の讎《あだ》は、兵《へい》に反《かへ》らず〈＝兄弟の仇を討つには、武器を取りに引き返すことをしない〉。交遊《かういう》の讎《あだ》は、国《くに》を同《おな》じくせず〈＝朋友の仇は、これと同じ国に住まない〉。」と続くところである。

52 はなはだしくは…（せ）ず

不《ず》二甚《はなはダシクハ》 ――一 未然形

そうひどくは…（し）ない

例 秦人視《テ》レ之《ヲ》、亦**不**二**甚**《ダシクハ》惜《シマ》一。

〔訓読〕 秦人《シンひと》之《これ》を視《み》て、亦《また》**甚**《はなは》**だしくは**惜《を》し**まず**。

〔訳〕 秦の人々は、それを視ても、そうひどくは惜しそうな顔をしない。

語法 「そうひどくは…（し）ない」というときの部分否定の文型。全部否定は「甚《シク》不レ――」という文型で、「甚《シク》不レ惜《シマ》（甚しく惜しまず＝ひどく惜しまない）」が、その例である。「甚だしくは」の「は」が末尾の「惜しまず」に力を及ぼして、全部を否定するのを制限して、部分否定を構成している。

典拠 『文章軌範』の杜牧《とぼく》「阿房宮賦《あぼうきゅうのふ》」。秦が六国から略奪した財宝を阿房宮へ運び込んだが、あまりの多さに捨てられても惜しいとは思わなくなった、と述べているところである。「文章軌範」は、科挙（＝官吏採用試験）のための参考書として、模範となるべき文章六十九編を選んだもの。

例 好《メドモ》レ読《ムヲ》レ書《ヲ》、**不**レ求《メ》二**甚**《ダシクハ》解《センコトヲ》一。

〔訓読〕 書《ショ》を読《よ》むを好《この》めども、**甚**《はなは》**だしくは**解《カイ》せんことを求《もと》め**ず**。

〔訳〕読書を好むが、そうひどくは理解することを求めない。

語法 「甚だしく解することを求む」という徹底した姿勢もあろうが、そうではなく、ある程度解することができればよい、というのである。そこで、程度を表す連用修飾語「甚だしく」の下に係助詞「は」を添えて、全部を否定するのを制限して、部分否定を構成しているのである。

典拠 『古文真宝後集』「五柳先生伝」。五柳先生とは作者陶潜（＝陶淵明）のことである。元来淡泊な人柄で、栄達や栄利の念が希薄だった。官吏を辞して田舎で悠々自適の生活を送った。

例 雖モレ知ルト、**不**レ至ラ二**太**ダシクハ惜シムニ一。

〔訓読〕知《し》ると雖《いへど》も、**太《はなは》だしくは**惜《を》しむに至《いた》ら**ず**。

〔訳〕（時間を大切にしなければならないことを）知ってはいても、それほど惜しんでいるわけではない。

語法 『後漢書』の注に「太ハ猶《なほ》《ごと》キレ甚《はなは》ダシノ也。」とあって、「太」字は「甚」字と同じとされてきている。

典拠 佐藤一斎《さとういっさい》『言志録《げんしろく》』。修身や求道を説いているところである。

53　おなじくは…（せ）ず

不《ず》㆓同《おなジクハ》――㆒　未然形

おなじようには…（し）ない

例　猶ホ恐ル、清光不㆓同ジクハ見㆒ルヲ。

〔訓読〕猶《な》ほ恐《おそ》る、清光《セイクワウ》**同《おな》じくは見《み》ざる**を。

〔訳〕それでも私は心配する、この清らかな月光を、そちらでは、ここと同じようには見ていないのではないか、と。

語法　「同じようには…（し）ない」というときの部分否定の文型。全部否定は「同ジク不㆑―」という文型で、「同ジク不㆑見〈同じく見ず＝同じように見ることをしない〉」が、その例である。「同じくは」の「は」が、以下の「見ざる（を）」に力を及ぼして、全部を否定するのを制限して、部分否定を構成している。なお、詩であるので、先に「恐る」と読んでおいて「清光同じくは見ざるを。」で終わっているが、「清光同じくは見ざるを恐る。」というように理解する文である。

典拠　白居易「八月十五日ノ夜禁中ニ独リ直《ちよく》シ、対シテ㆑月ニ憶《おも》フ㆓元九㆒ヲ」という詩。中秋の名月の夜にひとり宿直した白居易が、月に対して親友の元稹《げんしん》を思って詠んだもの。このとき白居易は、皇帝の秘書翰林《かんりん》学士で、元稹は左遷されて湖北の江陵にいた。

54　かさねては…（せ）ず

不《ず》㆓重《かさネテハ》─㆒ 未然形

二度とは…（し）ない

例　盛年不㆓重《ネテハ》来《ラ》㆒。一日難《シ》㆓再《ビ》晨《ナリ》㆒。

〔訓読〕　盛年《セイネン》重《かさ》ねては来《きた》らず。一日《イチジツ》再《ふたた》び晨《あした》なり難《がた》し。

〔訳〕　盛んな若い時代は二度とは来ない。一日に二度の朝はないのだ。

語法　一度は…したが、「二度とは…（し）ない」というときの部分否定の文型。全部否定は「重《ネテ》不㆑─」という文型で、「重《ネテ》不㆑来《ラ》〈重ねて来らず＝二度とも来ない〉」が、その例である。「重ねては」の係助詞「は」が、以下の「来らず」に力を及ぼして、全部を否定するのを制限して、部分否定を構成している。若い時代は一度は来てくれたが、二度とは来てくれない、というのである。

典拠　陶潜の「雑詩《ざっし》」。この詩句の後に続く「及《ンデ》㆑時《ニ》当《ニ》㆓勉励《ス》㆒。歳月《ハ》不㆑待《タ》㆑人《ヲ》。」とともに格言として広く知られている。もともとは時を逃《のが》さずに楽しむことを勧めたものだが、現代では青少年に時を惜しんで勉学せよ、という時に用いる。

五　仮定の形

ある条件を設定して、その結果を予想したりして、自分の考えを明らかにしようとするときの文型。

仮定を表す語を用いる場合	若・如…	もし～（せ）ば	もし～なら（順接仮定条件）
	若・如…	もし～（す）とも	もし～としても（逆接仮定条件）
	苟	いやしくも～（せ）ば	かりにも～なら（強い順接仮定条件）
	縦・仮令…	たとひ～（す）とも	たとえ～であっても（逆接仮定条件）
「雖」「微」を用いる場合	雖	～といへども	現に～であるけれども（逆接確定条件）
	微	～なかりせば	もし～がなかったとしたら（打消仮定条件）
「使」を用いる場合	使《メバ》二―《ヲシテ》～《セ》一	―をして～せしめば	もし～させるなら（使役仮定条件）
「誠」「今」を用いる場合	誠	まことに～（せ）ば	もし～なら
	今	いま～（せ）ば	

55 もし…ば（もし…ならば）

如《もシ》 ― 未然形＋バ

若・即・仮・設・使＝如

もし…（なら）ば

例 **如**シ有ラバ二用ヰルレ我ヲ者一、吾ハ其レ為サン二東周ヲ一乎。

〔訓読〕 **如《も》し**我《われ》を用《もち》ゐる者《もの》**有《あ》らば**、吾《われ》は其《そ》れ東周《トウシウ》を為《な》さんか。

〔訳〕 もし私を採用してくれる者がいるなら、東方に西周の時のような盛大な周の国を興そう。

語法 「もし…（なら）ば」というときの仮定の文型。仮定を表す副詞「如《もシ》・若《もシ》」に「未然形＋ば」をつけて訓読するのが原則で、順接仮定条件を表す。「未然形＋ば」を強く印象づけるため、「有らば」を強調文字とすることとした。以下も同じである。

典拠 『論語』「陽貨《ようか》」。孔子の言葉で、もし自分を採用してくれるものがいたら、西周の盛時のような国をつくろうと、強い抱負を述べたところ。

例 **如**シ有ラバ二能ク信ブルレ之ヲ者一、則チ不レ遠シトセ二秦楚之路ヲモ一。

〔訓読〕 **如《も》し**能《よ》く之《これ》を信《の》ぶる者《もの》**有《あ》らば**、則《すなは》ち秦楚《シンソ》の路《みち》をも遠《とほ》しとせず。

〔訳〕 もしこれ（＝曲がった指）を伸ばすことができる人がいたなら、秦や楚のような遠国でも遠いと思わない

（で、その人の所に出掛けて治してもらおうとするだろう）。

語法　「則ち」は、一般には「レバ則」といわれて、已然形に接続助詞「ば」を添えた、いわゆる順接確定条件の下に位置するが、この場合は、文頭の「如《も》し」を受けて、「有」字は、「有れば」ではなく、未然形に接続助詞「ば」を添えていう順接仮定条件を表す「有らば」として読まれることになる。

典拠　『孟子』「告子上《こくし》」。孟子の言葉。例文の後、その理由が述べられる。それは指が曲がっていることが他人と同じ状態でないからだ、そして人の心も同じである、というのである。

例　王如シ改メバレ諸ヲ、則チ必ズ反サンレ予ヲ。

〔訓読〕王《ワウ》如《も》し諸《これ》を改《あらた》めば、則《すなは》ち必《かなら》ず予《われ》を反《かへ》さん。

〔訳〕王がもし過去の諸行を改めるというのなら、かならず私を呼び戻すだろう。

語法　「改む」は、未然形「改め」と読んで、已然形「改むれ」と読んではいけない。後件に「必ず」という副詞があり、その文末に推量の助動詞「ん」を添えて読むことにも注目したい。

典拠　『孟子』「公孫丑下《こうそんちゆう》」。孟子が斉王に面会したものの意見の一致を見ず、斉を去るとき、立ち去りがたく三日も昼（＝斉の西南にある村）というところにぐずぐずしていた。それを批判した男への孟子の反論の一節である。

56　いやしくも…ば

苟《いやシクモ》 ── 未然形＋バ

かりにも…ならば

例　苟《シクモ》為《サバ》二後《ニシテ》レ義《ヲ》而先《ニスルヲ》レ利《ヲ》、不《ンバ》レ奪《ハ》不レ饜《カ》。

〔訓読〕**苟《いや》しくも**義《ぎ》を後《のち》にして利《り》を先《さき》にするを**為《な》さば**、奪《うば》はずんば饜《あ》かず。

〔訳〕かりにも義を後まわしにして利益を優先するなら、相手のものを奪いつくさなければ満足しない。

語法　「かりにも…なら」というときの仮定の文型。強い順接仮定条件を表す。「そうあっては困るが、かりにそうであった場合には…」という気持ちを表す。なお、この場合、後件「奪はずんば饜かず」のなかにも、打消仮定「奪はずんば」が用いられていて、「饜かず」の「ず」は、打消推量の「じ」と解していきたい。

典拠　『孟子』「梁恵王《りょうのけいおう》」。孟子が梁の恵王に面会した時のことば。王が利益を優先する発言をしたのに対して、孟子は、国を治めるには「仁義」を重んじることが一番大切だ、と説いている。

例　苟《シクモ》能《ク》充《タサバ》レ之《ヲ》、足《ルモ》三以《ツテ》保《ンズルニ》二四海《ヲ》一、苟《シクモ》不《ンバ》レ充《タサ》レ之《ヲ》、不レ足《ラ》三以《ツテ》事《フルニ》二父母《ニ》一。

〔訓読〕**苟《いや》しくも**能《よ》く之《これ》を**充《み》たさば**、以《も》つて四海《シカイ》を保《やす》んずるに足《た》るも、**苟《いや》しくも**之《これ》を**充《み》たさずんば**、以《も》つて父母《フボ》に事《つか》ふるに足《た》らず。

〔訳〕もしこれ（＝四端。すなわち、惻隠・羞悪・辞譲・是非）を拡充していくなら、天下を安らかにするに十分であるが、もしこれを拡充していかなかったならば、父母に仕えることさえも十分にはできない。

語法 もちろん、この「いやしくも」を「もし」と読んでもよいし、また、そう読んでいるものもある。「いやしくも」は、形容詞「いやし」の連用形「いやしく」に係助詞「も」が付いたものだが、「いやしくも」で一語の副詞となっている。「充たさずんば」の「ずんば」は、打消仮定の「ずんば」である。

典拠 『孟子』「公孫丑上《こうそんちゅう》」。人間には慈悲心・悪を憎む心・謙譲の心・善悪を判断する心があり、すなわち仁・義・礼・智につながり、その拡充によって四徳に至ることができる、と孟子は言う。

例 苟シクモ有ラバ二能ク反スルレ是ニ者一、則チ又愛スルコトレ之ヲ太ダ恩シミ、憂フルコトレ之ヲ太ダ勤ム。

〔訓読〕**苟《いや》しくも**能《よ》く是《これ》に反《ハン》する者《もの》**有《あ》らば**、則《すなは》ち又之《またこれ》を愛《あい》すること太《はなは》だ恩《いつく》しみ、之《これ》を憂《うれ》ふること太《はなは》だ勤《つと》む。

〔訳〕かりにそのようでない方法をとることができる者がいるとするなら、（その人は）樹木を愛してたいそういつくしみ、心配してたいへんに世話をする（ことだろう）。

語法 「もし…ならば」「かりに…ならば」の意の典型的構文である。実際のことではなく、かりに想定している文脈である。

典拠 『古文真宝後集』「種樹郭橐駝伝《しゅじゅかくたくだ》」。柳宗元の文章。郭橐駝という植木職の名人がいた。植木の極意は植物の自然にまかせることだという。一般の職人はやたらと手を加える。それに続く一文である。

57　たとひ…（す）とも

縦《たとヒ》　――　終止形＋トモ

仮・就・縦令・仮如＝縦

たとえ…であっても

例　縦ヒ彼不トモレ言ハ、籍独リ不ランレ愧ヂ二於心一ニ乎。

〔訓読〕縦《たと》ひ彼言《かれい》はずとも、籍独《せきひと》り心《こころ》に愧《は》ぢざらんや。

〔訳〕たとえ彼ら（＝江東の父兄）が口に出さなくても、私はどうして心の中で恥じないでいられようか。（恥じないではいられない）。

語法　「たとえ…であっても」というときの仮定の文型。「縦」は副詞で、接続助詞の「とも」と呼応した形で逆接仮定条件を表す。「とも」は、動詞の場合は終止形に接続するが、形容詞や打消の助動詞については、未然形に接続するものと見ていきたい。いずれにしても、仮定条件を構成するので、上の活用語も含めて認識していくようにしたい。

典拠　『史記』「項羽本紀《こううほんぎ》」。項羽が沛公の軍に追われて烏江まで逃れ、そこを渡ろうとした時、宿駅の長が項羽を力づけて助けようとした。それに対して、項羽の言ったことば。なお、項羽は、故郷の江東から子弟八千人を引きつれて、沛公と戦ったが、ことごとく兵を失って敗走の途中である。

例 **縦**ヒ江東ノ父兄憐ミテ而王トストモレ我、我何ノ面目アリテ見エンレ之ニ。

〔訓読〕**縦《たと》ひ**江東《カウトウ》の父兄《フケイ》憐《あはれ》みて我《われ》を王《ワウ》と**すとも**、我何《われなん》の面目《メンボク》ありて之《これ》に見《まみ》えん。

〔訳〕たとえ江東の父兄が私を不憫《ふびん》に思って私を王とするとしても、私は何の面目があってこの人々に顔向けできようか。（顔向けできようはずがない。）

語法 「縦」が仮定を表す文字。逆接仮定条件を表す接続助詞「とも」と呼応する。したがって、「たとひ」は、呼応の副詞とか陳述の副詞とかいわれる副詞ということになる。その「たとひ」は、時代が下ると、「たとえ」というように変化して現代語になっている。

典拠 『史記』「項羽本紀《こううほんぎ》」。前例に続いての項羽の言葉の一節である。項羽は、自分が敗軍の将としての責任を感じているのである。

例 **縦令**ヒ然諾シテ暫ク相許ストモ。

〔訓読〕**縦令《たと》ひ**然諾《ゼンダク》して暫《しばら》く**相許《あひゆる》すとも**。

〔訳〕たとえ（交際することを）承諾して暫く交際していても。

語法 「縦令」が仮定を表す文字。「縦」と同様、接続助詞「とも」と呼応する。「令」字は、「縦令」のほか「仮令」「設令」などの形で仮定の意を表すことになる。「たとひ」は、古くハ行四段に活用した「たとふ」の連用形から生まれたものかと考えられているが、なお、不明な点が多い。

典拠 『唐詩選』「題ス二長安主人ノ壁ニ一」。張謂《ちょうい》の作。例文は「世の人は付き合いにも金を使う／金が多くないと交際も深まらない」に続く七言絶句の転句。結句は「金がなくなると見向きもしなくなって単なる通りすがりの人になる」である。下宿の主人に対する張謂の「ぼやき」か。

例 縦ヒ我不トモレ往カ、子寧ゾ不ルレ来ラ。

〔訓読〕 **縦《たと》ひ我《われ》往《ゆ》かずとも、**子《シ》寧《なん》ぞ来《きた》らざる。

〔訳〕 仮に私が訪ねていかなかったとしても、あなたはどうしてやって来ないのか。

語法 「たとひ…とも」というように、「たとひ」と訓読して〈たとえ〉と訳すのが原則だが、その「たとえ」は、〈仮に〉というように訳してもよい。その「仮に」は、「仮《かり》なり」という形容動詞の連用形だったものが副詞化したものであり、その「仮なり」は、現代語としては残らず、副詞「仮に」だけが残ったのである。その「かり」は、四段に活用した動詞「借る」の連用形だったかとされるが、なお、不明である。

典拠 『詩経《しきょう》』「鄭風《ていふう》」。「子衿《しきん》」（＝あなたのえり）という詩の一節である。

58 …といへども

雖《いへども》 ―― 名詞 終止形 ＋ト ―― たとえ…であっても（現に…であるけれども）

例 雖レモ覆ニスト一簣一ヲ、進ムハ吾ガ往ク也。

〔訓読〕一簣《イッキ》を覆《くつがへ》すと雖《いへど》も、進《すす》むは吾《わ》が往《ゆ》くなり。

〔訳〕たとえ一杯のもっこ（＝土を入れて運ぶ入れもの）の土をあけただけであっても、地上が埋まっていくのは、自分が進んでやったからである。

語法 「たとえ…であっても」というときの仮定の文型。「雖《モ》」は、ハ行四段活用の動詞の已然形に接続助詞「ども」のついた形。「雖」字には仮定条件を表す場合と確定条件を表す場合とがあるが、実際の用例は、仮定条件が圧倒的に多い。そこで、平安時代以降の和文では、「ど」「ども」は、確定条件を担うのが原則だが、漢文訓読の「…といへども」は、仮定条件の用例が多いことになる。

典拠 『論語』「子罕《しかん》」。孔子は言う、「人の学問修養は、たとえば山を築くようなものだ。もう一もっこで出来上がるのにやめてしまおうとする。これは誰のせいでもなく、自分がやめるのであって、山は絶対にできない。たとえば地ならしをするとき…。」に続く一文。

例 其ノ身不レバレ正シカラ、**雖**モレ令スト不レ従ハ。

〔訓読〕其《そ》の身正《みただ》しからざれば、令《れい》す**と雖《いへど》も**従《したが》はず。

〔訳〕その身が正しくない場合は、たとえ命令しても、（人民は）従わないものである。

語法 「其の身正しからざれば」が順接確定条件であるので、そうである以上、「令すと雖も」は、かりに…ても、という逆接仮定条件を担っている「といへども」と読みとれる。したがって、〈仮に…としても〉と訳出することになる。

典拠 『論語』「子路《しろ》」。孔子の言葉。「其の身正しければ、令せずして行はる〈（為政者の）身が正しい場合は、命令せずとも徳化が行われる〉。」に続く一文。

例 江東**雖**モレ小ナリト、地ハ方千里、衆ハ数十万人アリ。

〔訓読〕江東《カウトウ》小なり**と雖《いへど》も**、地《チ》は方千里《ハウセンリ》、衆《シユウ》は数十万人《スウジフマンニン》あり。

〔訳〕江東は小さな地域ではあるけれども、土地は千里四方、民衆は数十万人いるのである。

語法 逆接確定条件を担っている「といへども」であるが、類例はまれである。

典拠 『史記』「項羽本紀《こううほんぎ》」。漢軍に追いつめられた項羽が烏江《うこう》を渡ろうとした。烏江の駅長が項羽に早く渡河することを促して言った言葉の一節である。

59 …なかりせば

微《な》カリセバ二 ―― 一

もし…がなかったとしたら

例 噫微カリセバ二斯ノ人一、吾誰ト与ニカ帰セン。

〔訓読〕噫《ああ》、斯《こ》の人《ひと》**微《な》かりせば**、吾《われ》誰《たれ》と与《とも》にか帰《き》せん。

〔訳〕ああ、このような人がいなかったならば、私は誰といっしょに行動したらよかろうか。

語法 「もし…がなかったとしたら」というときの打消仮定の文型。「微」は「無」に同じ。古典文法の形容詞「無し」のカリ活用型の連用形に過去の助動詞「き」の未然形がつき、さらに接続助詞「ば」のついた形。「なかりせば」は順接仮定条件を表し、後件の末尾は「…か…ん〈…たらよかろうか〉」というためらいの表現となっている。

典拠 『文章軌範』。范文正公《はんぶんせいこう》（＝仲淹《ちゅうえん》）の「岳陽楼記《がくようろうのき》」の一文。岳州の太守（＝郡の長官）に左遷された滕子京《とうしけい》は、岳陽楼を修復した。また記念の文を范仲淹に依頼し、この文章が書かれた。例文の、このような人とは、「先憂後楽」の人のことで、天下の憂いに先立って憂え、天下の楽しみに遅れて楽しむ理想的政治家をいう。それは、暗に滕子京をさしているのである。

例 微カリセバ二管仲一、吾其レ被リレ髪ヲ左ニセンレ衽ヲ。

〔訓読〕管仲《クワンチユウ》**微《な》かりせば**、吾《われ》其《そ》れ髪《ハツ》を被《かうむ》り衽《ジン》を左《ひだり》にせん。

〔訳〕もし管仲がいなかったなら、わが国の人民は髪を結ばず着物を左前に着て（いるような文化の低い生活をして）いただろう。

語法「なかっせば」とも読まれる。「なかりせば」の「り」が促音便化したものである。この例文では、管仲はいるのだが、いなかったとしたら、というようにいないことを想定し、そのような場合の想像をしているのである。

典拠『論語』「憲問《けんもん》」。子貢《しこう》が「管仲は本当に仁者といえるのでしょうか。」と孔子に質《ただ》したのに対して答えた孔子の言葉の一節。

例　**微**《カリセバ》二先生一、不レ能《ハ》レ成《ス》二光武之大《ヲ》一。

〔訓読〕先生《センセイ》**微《な》かりせば**、光武《クワウブ》の大《ダイ》を成《な》す能《あた》はず。

〔訳〕もし先生がいなかったならば、光武帝の偉大さを形成することはできなかっただろう。

語法　時制のうえからは、「成す能はず」は、「成す能はざりけん」と解していくのがよい。

典拠『古文真宝後集』范希文《はんきぶん》「厳先生祠堂記《げんせんせいしどうのき》」。厳光の祠《ほこら》をつくったときの范希文の文章。

60　AをしてBせしめば

使《しメバ》二A《ヲシテ》B一　未然形

もし…AにB（さ）せていたならば
もし…AがBしていたならば

例　使《メバ》三我《ヲシテ》有《ラ》二洛陽負郭《ノ》田二頃一、豈《ニ》能《ク》佩《ビン》二六国《ノ》相印《ヲ》一乎。

〔訓読〕　我《われ》をして洛陽負郭《ラクヤウフクワク》の田《デン》二頃《ニケイ》有《あ》らしめば、豈《あ》に能《よ》く六国《リツコク》の相印《シヤウイン》を佩《お》びんや。

〔訳〕　わたしに、もし洛陽郊外に良い田畑の二頃（＝二百畝）も所有させてくれていたなら、どうして六国の宰相の印を身に付けることができただろうか、とても六国の宰相の印を身につけることなどできなかっただろう。

語法　「もし…（さ）せてくれていたなら」というときの仮定の文型。使役の順接仮定条件を表す。直訳を徹底させたうえで、意訳をして読み進めていきたい。「豈に」は〈どうして〉、「能く」は可能、「…んや」は、推量の助動詞の終止形に反語終助詞「や」が付いたものである。

典拠　『十八史略』「春秋戦国《しゅんじゅうせんごく》」。合従策を成功させて六国の宰相となった蘇秦が、道すがら故郷の洛陽に立ち寄ったときの嫂との対話の一文。

例　使《メ》三虎《ヲシテ》釈《テ》二其《ノ》爪牙《ヲ》一、而《シテ》使《メバ》二狗《ヲシテ》用《キ》レ之《ヲ》、則《チ》虎反《ツテ》服《セン》二於狗《ニ》一矣。

〔訓読〕　虎《とら》をして其《そ》の爪牙《サウガ》を釈《す》てしめ、而《しか》して狗《ク》をして之《これ》を用《もち》ゐしめば、則《すなは》ち虎反《とらかへ》つて狗《ク》に服《フク》せん。

〔訳〕もし虎にその爪《つめ》と牙《きば》を捨てさせ、そして狗にこれを使わせたなら、虎がかえって犬に服従するだろう。

語法 使役表現を順接仮定条件として用いた条件法の前件で、後件は推量表現となる。「…捨てしめ、…用ゐしめば」の「捨てしめ」も、「捨てしめば」として受けとめられる。順接仮定条件の対偶中止構文である。

典拠『韓非子』「二柄《にへい》」。韓非は言う。君主が臣下をうまく使うには二つの要素がある。刑罰と恩賞である。その判断を姦臣《かんしん》に任せると臣民は君主を軽視し姦臣におもねる。君主は刑罰と恩賞で臣下を使うものだ、と。そのなかで用いられた比喩表現である。

例 但ダ**教**メバ三心ヲシテ似二金鈿ノ堅キニ一、天上人間会ズ相見ン。

〔訓読〕但《た》だ心《こころ》**をして**金鈿《キンデン》の堅《かた》きに似《に》**しめば**、天上人間《テンジヤウジンカン》会《かなら》ず相見《あひみ》ん。

〔訳〕もし我々二人の心を金の螺鈿細工の箱のように堅く結びつかせるなら、天上界と人間世界と離れていても、きっと逢《あ》えるであろう。

語法「…をして…しめば、…ん」というように、後件まで含めてその構文を捉えたい。

典拠『白氏文集《はくしもんじゅう》』「長恨歌《ちょうごんか》」。楊貴妃が玄宗皇帝へのお礼を述べた言葉の一句である。

61 まことに…（せ）ば

誠《まことニ》 ― 未然形＋バ

ほんとうに…（するの）ならば

例 大王**誠**ニ能ク聴カバ二臣ノ計ヲ一、即チ帰セ二燕之十城ヲ一。

〔訓読〕大王《ダイワウ》**誠**《まこと》**に**能《よ》く臣《シン》の計《ケイ》を聴《き》か**ば**、即《すなは》ち燕《エン》の十城《ジフジヤウ》を帰《かへ》せ。

〔訳〕大王がほんとうに私の計略を聞くことができるのならば、即刻燕の十城を返しなされ。

語法 「誠聴―」で、〈聞き入れてくれるのならば〉という、前置きの表現となっている。相手が本当にしてくれるものなら、という懇願する前件を受けて、後件は、意志の助動詞であったり、命令形であったりすることになる。

典拠 『史記』「蘇秦《そしん》列伝」。燕《えん》の蘇秦が斉王に天下の覇者になる計略を授けた言葉の一節。燕と秦の両方を喜ばせることができたら覇王になれると蘇秦は言ったが、その蘇秦を非難する者がいたので、蘇秦は斉から燕に逃げ帰った。そこで、燕王は蘇秦を以前の地位にも就かせなかった。

例 **誠**ニ聴カバ二臣之計ヲ一、可シ二不シテレ攻メ而降シレ城ヲ、不シテレ戦ハ而略シレ地ヲ、伝ヘテレ檄ヲ而千里定マル一。

〔訓読〕**誠**《まこと》**に**臣《シン》の計《ケイ》を聴《き》か**ば**、攻《せ》めずして城《しろ》を降《くだ》し、戦《たたか》はずして地《チ》を略《リヤク》し、檄《ゲキ》を伝《つた》へて千里《センリ》定《さだ》まるべし。

〔訳〕　ほんとうに私の計略を聞き入れるなら、軍事攻撃せずに城を降伏させ、戦闘せずに国土を攻略し、檄文を伝えて千里の向こうまで平定できるにちがいない。

語法　「誠に＋未然形＋ば」は、相手に申し入れをする場面などで用いられ、定着した表現となっている。この順接仮定条件を前件として、後件末尾は可能推量の助動詞「べし」となっている。

典拠　『史記』「張耳陳余《ちょうじちんよ》列伝」。范陽の蒯通《かいとう》という人が范陽《はんよう》の令に言った。人心はあなたに背いている。武信君《ぶしんくん》が攻めてくれば若者は武信君に付く。そうならないまえに私を武信君に会わせなさい。蒯通は武信君に会って言った。その言葉が例文である。

62　いま…（せ）ば

今―（セ）バ

いま、かりに…（するの）ならば

例　今、王誠ニ聴カバレ之ヲ、彼必ズ以テレ国ヲ事ヘン二楚王ニ一。

〔訓読〕　今《いま》、王誠《ワウまこと》に之《これ》を聴《き》かば、彼必《かれかなら》ず国《くに》を以《も》つて楚王《ソワウ》に事《つか》へん。

〔訳〕　いま、王さまが、本当に楚王の願いを聞き入れ（てくれ）るのならば、彼は秦の国を挙げて楚王に仕えるにちがいない。

語法　「ほんとうに…ならば」というときの仮定の文型。「今―（ナラ）バ」〈今かりに…（なら）ば〉」も、「果タシテ―（ナラ）バ〈もし…（なら）ば〉」も同じように用いる。例文は、「今聴カバ」「誠ニ聴カバ」というように、「今」も「誠ニ」も、ともに、順接仮定条件の「聴カバ」にかかっている。後件の末尾は「…ん」という意志の助動詞となっている。なお、念のためにいえば、「今」は名詞であるが、このような用法のときは副詞である。

典拠　『戦国策』「秦《しん》」。張儀が巧みな謀略によって、自分の地位を保つ妨げとなる、同僚でライバルである樗里疾《ちょりしつ》という人物を秦王から遠ざけることに成功した話の一文。

六　比較の形

他のものと性質や状態・優劣などを比べるときの文型。単なる比較（単純比較）と、二つのものを比較して、その一方を選択する形（選択的比較）、とがある。

●単純比較

A《ハ》C《ナリ》二 于（於・乎）B《ヨリモ》一	AはBよりもCなり	AはBよりもCである
A《ハ》不レ如《カ》二B《ニ》一	AはBにしかず	AはBに及ばない
莫《シ》レ如《クハ》二―《ニ》一	―にしくはなし	…にまさるものはない
莫《シ》レ―《ナルハ》レ焉《ヨリ》	これより―なるはなし	これ以上…であるものはない（比較の最上級）

●選択的比較

寧《ロ》A《ストモ》、無《カレ》二B《スル》一	むしろAすとも、Bするなかれ	むしろAしても、Bするな〈前者選択〉
与《リハ》二其《ノ》A《セン（ナラン）》一、寧《ロ》B《セヨ（セン）》	そのAせん(ならん)よりは、むしろBせよ(せん)	Aするよりは、むしろBした方がよい〈後者選択〉
与《リハ》二其《ノ》A《セン》一、不レ如《カ》二B《スルニ》一	そのAせんよりは、むしろBするにしかず	Aするよりは、Bする方がよい〈後者選択〉
与《リハ》二其《ノ》A《セン》一、孰《いづレゾ》二若B《スルニ》一	そのAせんよりは、むしろBするにいづれぞ	Aするのは、Bするのに比べてどうか（Bのほうがよい）

63　AはBよりもCなり

Aハ C ナリ二 於 B ヨリモ一

于・乎＝於

AはBよりもCである

〔例〕 霜葉ハ紅ナリ二於二月ノ花ヨリモ一。

〔訓読〕 霜葉《サウエフ》は二月《ニグワツ》の花《はな》よりも紅《くれなゐ》なり。

〔訳〕 霜にうたれて紅葉した楓の葉は、二月の桃の花よりも鮮やかで美しい。

〔語法〕 「AはBよりもCである」というときの比較の文型。前置詞「於・于・乎」を用いて、AとBを単純比較し、Cと断定する。その「より」は、比較の基準を表す格助詞の「より」である。続く係助詞「も」は程度を強調しているが、添えないで読むこともある。

〔典拠〕 杜牧《とぼく》「山行《さんこう》」。杜牧は晩唐の詩人。盛唐の杜甫を大杜（または老杜）というのに対し、小杜といわれた。俗界から遠ざかった山の坂道でふと車を止め、燃えるような楓の林のあざやかな紅葉に見入っている。同じ作者の「江南春」とともにこの詩もわが国で古くから親しまれている。

〔例〕 青ハ取リテ二之ヲ於藍ヨリ一、而青シ二於藍ヨリモ一。氷ハ水為リテレ之ヲ、而寒シ二於水ヨリモ一。

〔訓読〕 青《あを》は之《これ》を藍《あゐ》より取《と》りて、藍《あゐ》よりも青《あを》し。氷《こほり》は水之《みづこれ》を為《つく》りて、水《みづ》よりも寒《つめた》し。

〔訳〕　青色はこれを藍という草から取って、藍色よりも青い。氷は水からできていて、水よりも冷たい。

語法　「…は…よりも…なり」の「なり」は、断定の助動詞「なり」の終止形と見ても、ナリ活用形容動詞の終止形活用語尾と見ても、いずれでもよい。そこが終止形で言い切られることを示そうとしたものである。したがって、この用例についていえば、形容詞の「青し」や「寒たし」が、それに当たる。なお、この場合は、「…は」が表出されていないので、文頭の「青は」や「氷は」を、それぞれ補って解することになる。

典拠　『荀子《じゅんし》』「勧学《かんがく》」。「青は…」は、弟子が先生よりも優っていることの譬《たと》え。「出藍の誉れ」という言葉がここから生まれた。「氷は…」も、弟子が先生より偉くなったことの譬え。

例　苛政ハ猛二於虎一ヨリモ也。

〔訓読〕　苛政《カセイ》は虎《とら》よりも猛《マウ》なり。

〔訳〕　むごい政治の害は虎の害よりも恐ろしいものである。

語法　この例文では、文末の「也」字を「なり」と読むことになるが、「猛」字の下に「ナリ」を送って、「也」字を不読字とする考え方もある。いずれにしても「猛なり」は、それで一語のナリ活用漢語形容動詞と見ることができる。

典拠　『礼記』「檀弓《だんぐう》下」。孔子が泰山の麓を通ったとき婦人が墓前で泣いていた。理由を訊いたところ、舅も夫も子供も虎に殺された、という。なぜ転地しないのかと訊いた。婦人は答えた。むごい政治が行われていないからだ、と。孔子は弟子たちに言った。例文はその孔子の言葉である。

64 …にしかず

不ず レ**如**しカ 二 ―― 一　名詞 連体形 ニ

…には及ばない

例 我嘗テ終日不レ食ラハ、終夜不レ寝ネ、以テ思フ。無レ益シ。**不**ル レ**如**カ レ学ブニ也。

〔訓読〕我嘗《われかつ》て終日《シュウジツ》食らはず、終夜《シュウヤ》寝《い》ねず、以《も》つて思《おも》ふ。益《エキ》無《な》し。学《まな》ぶ**に如**《し》**かざる**なり。

〔訳〕私はかつて一日中食事もとらず、一晩中一睡もせずに、思索してみたが、何も得るところがなかった。やはり、先哲の残した言葉を学んで、古《いにしえ》の聖賢の教えを手本にするのには及ばない。それが一番よいのである。

語法 「…には及ばない」というときの比較の文型。「如《し》く」は〈及ぶ〉〈匹敵する〉意のカ行四段活用動詞で、格助詞「に」（比較）から返り、次に打消の助動詞「ず」へと、さらに返って読む。「学ぶに」の「学ぶ」は、連体形準体法である。

典拠 『論語』「衛霊公《えいれいこう》」。孔子は学問と思索の両立平行を強調したが、『論語』は、学に始まって学に終わるといわれているように、孔子の最も力を入れたことは、まず「学ぶ」ということであった。学ばなくては思索も空転する。

例 天ノ時ハ**不**レ**如**カ二地ノ利ニ一、地ノ利ハ**不**レ**如**カ二人ノ和ニ一。

〔訓読〕天《テン》の時《とき》は地《チ》の利《リ》**に如**《し》**かず**、地《チ》の利《リ》は人《ひと》の和《ワ》**に如**《し》**かず**。

〔訳〕四季など天然条件を選ぶということは、地の利を選ぶことには及ばないし、地の利を選ぶことは、人民の心が和合していることに及ばない。

語法 「しく」という動詞は、きまって格助詞「に」の下に用いられる。その「に」は比較の基準を示すはたらきをもっていて、〈と比べて〉ぐらいに言い換えることができる。

典拠 『孟子』「公孫丑《こうそんちゅう》下」。君主が国事を執り行う際に最も大切な条件を述べた言葉。天の利や地の利よりも人の和を最重要視した孟子の考え方。

例 其ノ心不レ如カレ禽ニモ。

〔訓読〕其《そ》の心《こころ》禽《キン》にも如《し》かず。

〔訳〕その心は鳥にも及ばない。

語法 前二例と違って、比較の基準を示す格助詞「に」の下に、さらに、程度を強調する係助詞「も」を添えて読んでいる用例である。現代語訳で、さらに、それを強めると、〈…にさえも及ばない〉ということになろうか。

典拠 『古文真宝前集』「慈烏夜啼《じうやてい》」。作者は晩唐の詩人白居易。作者四十歳の時、慈母に死別した悲しみを詠んだ詩の一句。呉起《ごき》という兵法家が母の死後帰郷しなかったことを批判したもの。

65 …にしくはなし

莫㆑如《なシクハ》 ― 名詞 連体詞ニ ― 無如・無若＝莫如 ― …に及ぶものはない

例 為ニ㆓大王ノ㆒計ルニ、**莫**シ㆑**如**クハ㆓安ンジ㆑民ヲ無キニ㆒㆑事。

〔訓読〕大王《ダイワウ》の為《ため》に計《はか》るに、民《たみ》を安《やす》んじ、事無《ことな》きに**如《し》くは莫《な》し**。

〔訳〕大王さまのために考えてみますのに、人民を安堵させて、もめごとがないのに及ぶものはありません。

語法 「…に及ぶものはない」というときの比較の文型。比較形で最上級を表す。〈及ぶ〉〈匹敵する〉を意味する「如《し》く」は、カ行四段活用動詞の連体形で、準体法である。係助詞「は」が付いて、下の「莫し」の主語で、〈及ぶものは〉となる。「莫し」は形容詞の終止形。「無㆑如・無㆑若」も同じように用いる。

典拠 『戦国策』「蘇秦《そしん》従《より》㆑燕《えん》之《ゆく》㆑趙《てうニ》」。蘇秦が合従策（六国同盟）を勧《すす》めようとして、趙王に説いている言葉である。

例 一年之計ハ、**莫**シ㆑**如**クハ㆑樹ウルニ㆑穀ヲ。十年之計ハ、**莫**シ㆑**如**クハ㆑樹ウルニ㆑木ヲ。終身之計ハ、**莫**シ㆑**如**クハ㆑樹ウルニ㆑人ヲ。

〔訓読〕一年《イチネン》の計《ケイ》は、穀《コク》を樹《う》うるに**如《し》くは莫《な》し**。十年《ジフネン》の計《ケイ》は、木《き》を樹《う》うるに**如《し》くは莫《な》し**。終身《シユウシン》の計《ケイ》は、人《ひと》を樹《う》うるに**如《し》くは莫《な》し**。

〔訳〕一年の間の計画は穀物を植えることに及ぶものはない。十年の間の計画は樹木を植えることに及ぶものはない。一生涯の間の計画は人を植えることに及ぶものはない。

語法　「しくはなし」は、「しくものはなし」というように、「もの」を入れて読んでもよい。その「しく」が連体形準体法だからである。「に如くは莫し」の「に如く」の上の活用語も、連体形準体法である。ワ行下二段活用動詞「樹う」が「樹うる」となっているのは、そのためである。「…にしくはなし」は、〈…に及ぶものはない〉〈…に勝るものはない〉ということで、結果的に、〈…が一番よい〉ということになる。人生の計画として、どうするのが一番よいかというと、人間を育てるのが一番だ、といっているのである。

典拠　『管子《かんし》』「権修《けんしゅう》」。よい政治ができない条件に三つある。一は君主の独断専横、二は経済の貧困、三は政治の多忙。例文はそれに続く一文。賢人政治の必要を説いた文章である。

例　如シ悪マバレ之ヲ、**莫**シレ**如**クハ二貴ビレ徳ヲ而シテ尊ブニレ士ヲ。

〔訓読〕如《も》し之《これ》を悪《にく》まば、徳《トク》を尊《たつと》び、而《しか》して士《シ》を尊《たつと》ぶ**に如《し》くは莫《な》し**。

〔訳〕もしこれ（=辱めを受けること）がいやだと思うのなら、徳のある人を貴び、そして、才能のある人を尊ぶに越したことはない。

語法　「…に越したことはない」というときの比較の文型。例文は、徳のある人を貴び、才能のある人を尊ぶのが一番よい、といっているのである。さて、この例文には二つの「如」字があるが、初めの「如」は「若」などと同じように仮定を表す文字で、「もし」と読まれる。

典拠　『孟子』「公孫丑上《こうそんちゅう》」。孟子の言葉の一節。仁に基づく政治を行えば国は栄え、その反対なら他から辱められる。他から辱められたくないにもかかわらず仁政を行わないのは、湿気を嫌っているにもかかわらず低地にいるようなものだ、の一句に続く言葉。

例　刻削之道、鼻《ハ》**莫**《ク》レ**如**《クハ》レ大《ナルニ》、目《ハ》**莫**《シ》レ**如**《クハ》レ小《ナルニ》。

〔訓読〕　刻削《コクサク》の道《みち》、鼻《はな》は大《ダイ》なる**に如《し》くは莫《な》く**、目《め》は小《セウ》なる**に如《し》くは莫《な》し**。

〔訳〕　人形彫刻の際には、鼻は大きくするに越したことはなく、目は小さめにするに越したことはない。

語法　「に如くは莫く」の上の「大なる」も、「に如くは莫し」の上の「小なる」も、ともにナリ活用形容動詞連体形準体法である。それぞれを、名詞「大」「小」に断定の助動詞「なり」の連体形が付いたものと見ても、誤りではない。いずれにしても、そのような過程を経て、漢語形容動詞として成立したのである。

典拠　『韓《かん》非《び》子《し》』「説林《せつりん》下」。桓赫《かんかく》が言った言葉。その理由は、鼻は大きめにしておくなら、あとで小さくすることはできる。同じように目も小さめにしておくならあとで大きくすることができる。後刻の対処を考慮に入れた彫刻法を述べたもの。

66 むしろAすともBするなかれ

寧ロ A ストモ **無**カレ二 B一 連体形
勿・毋・莫＝無

むしろAしてもBするな

例 **寧**ロ為ルトモ二鶏口ト一**無**カレ為ル二牛後ト一。

〔訓読〕**寧**《むし》**ろ**鶏口《ケイコウ》と為《な》る**とも**、牛後《ギウゴ》と為《な》る**無**《な》**かれ**。

〔訳〕むしろ鶏の口（＝小国の君主）となっても、牛の尻（＝大国の臣下）にはなるな。

語法 「むしろAしてもBするな」というときの比較の文型。選択的比較で前者を選択する形。「Aすとも」の「とも」は、逆接仮定条件を示す接続助詞。「為る無かれ」は、「為ること無かれ」ということで、その「為《な》る」は、「なる」の連体形準体法、「なかれ」は、形容詞「なし」の命令形で、禁止の意を表す。「むしろ」は、そのまま訳語として用いてもよいが、あえていえば、〈どちらかといえば〉〈いっそ〉ということである。

典拠 『十八史略』「春秋戦国《しゅんじゅうせんごく》」。蘇秦は、世俗のことわざをもって諸侯に「それぞれの国（小国）の君主のほうが得ですよ、大国（秦）の属国になるよりも。」と説得し、六国同盟を結ばせた。

例 「此ノ亀ナル者、**寧**ロ其レ死シテ為サン二留メテレ骨ヲ而貴バルルヲ一乎、**寧**ロ其レ生キテ而曳カン二尾ヲ於塗中ニ一乎ト」。二大夫曰ハク、「**寧**ロ生キテ而曳カント二尾ヲ於塗中ニ一」。

〔訓読〕「此《こ》の亀《かめ》なる者《もの》、**寧《むし》ろ**其《そ》れ死《シ》して骨《ほね》を留《とど》めて貴《たふと》ばるるを為《な》さ**んか**、**寧《むし》ろ**其《そ》れ生《い》きて尾《を》を塗中《トチユウ》に曳《ひ》かん**か**。」と。二大夫《ニタイフ》曰《い》はく、「**寧《むし》ろ**生《い》きて尾《を》を塗中《トチユウ》に曳《ひ》か**ん**。」と。

〔訳〕「この亀にとっては、むしろ死んで骨を残して大切にされることを望むか、むしろ生きていて尾を泥の中に引きずっていることを望むか。」と。二人の大夫は言った。「むしろ生きて尾を泥の中に引きずっているほうがよい。」と。

語法　右の用例の「むしろ…んか、むしろ…ん」は、比較して選択することを前提とした疑問文である。そこで、「むしろ…ん」は、その比較選択した結果の意思表明である。その二大夫の発言の「寧ろ」の上には、「死して骨を留めて貴ばるるよりも」を補って、その文末の「曳かん」の「ん」は、はっきり意志の助動詞と判断していくところである。

典拠　『荘子《そうじ》』「秋水《しゅうすい》」。荘子《そうし》が濮水《ぼくすい》で釣りをしていた。楚の王が派遣した二人の大夫がやって来て荘子に、国政をあなたに任せたい、と言った。荘子は振り向きもせずに言った。楚では死後三千年にもなる神亀を大切に保存しているということだ、と。例文はそれに続く荘子の言葉である。

67 そのAならんよりはむしろBせよ

与《よ》リハ二**其**ノA（セン）ナラン一**寧**《むし》ロB（命令形）セヨ

そのAするよりは、むしろBしたほうがよい

例　礼ハ**与**リハ二**其**ノ奢ラン一**寧**ロ倹セヨ。

〔訓読〕　礼《レイ》は**其**《そ》**の**奢《おご》らん**よりは**、**寧**《むし》**ろ**倹《ケン》**せよ**。

〔訳〕　礼は、派手に華やかにするよりは、むしろ質素にしたほうがよい。

語法　「Aするよりは、むしろBしたほうがよい」というときの比較の文型。選択的比較で、後者を選択する表現形式。「Aならんよりは」の「ん」は、助動詞「む（＝ん）」の連体形で仮定・婉曲の用法。「Bせよ」とは、そこを命令形で読め、ということである。

典拠　『論語』「八佾《はちいつ》」。礼楽に関する篇の中の一文。礼の本質はまことである。心の中に誠意がなくては、形式がどんなに整っても、礼の本質から遠く離れている。孔子は奢《しゃ》を退け、倹《けん》を強調している。

例　喪ハ**与**リハ二**其**ノ易ナラン一也**寧**ロ戚セヨ。

〔訓読〕　喪《も》は**其**《そ》**の**易《イ》ならん**よりは**、**寧**《むし》**ろ**戚《セキ》**せよ**。

〔訳〕　喪礼は、儀式が整うよりも哀悼の心をもって悼《いた》むようにせよ。

語法　例文の文末は、単語としては「戚せよ」というサ変複合動詞の命令形であるが、他の動詞ということもありうるので活用語尾だけを太字にした。

典拠　『論語』「八佾《はちいつ》」。前例に続いての一文である。

例　与リハ三其ノ媚ビン二於奥ニ一、寧ロ媚ビヨ二於竈ニ一。

〔訓読〕**其《そ》の**奥《アウ》に媚《こ》びん**よりは**、**寧《むし》ろ**竈《サウ》に媚《こ》び**よ**。

〔訳〕奥（＝家の西南隅に祀《まつ》る神）に媚びるよりはむしろ竈《かまど》（の神）に仕えよ。

語法　「…んよりは、むしろ…命令形」という構文で、その漢文本文は、「与…、寧…。」である。その「より」と「むしろ」の組み合わせが比較選択を意味していて、その「より」は、比較の基準を示す格助詞である。なお、例文の文末は、単語としては「媚びよ」という命令形であるが、いろいろな単語がありうるので、命令形の最後の一音節「よ」だけを太字にしておいた。

典拠　『論語』「八佾《はちいつ》」。王孫賈《おうそんか》が孔子に質問した。例文に示した諺があるが、どういう意味か、と。孔子は答えた。「そういう考え方は間違いだ。道に外れたことをすれば天罰が下る。そんなことをする者が何を祈ろうと無益だ。」と。

68　そのＡせんよりはＢするにしかず

与《よ》リハ二其ノＡ一セン不レ如《し》カレＢニ（若）（連体形）

Ａするよりは Ｂするほうがよい

例　与リハ二其ノ生キテ而無カランレ義、固ヨリ不レ如カレ烹ラレンニ。

〔訓読〕**其《そ》の**生《い》きて義《ぎ》無《な》からん**よりは**、固《もと》より烹《に》られんに**如《し》かず**。

〔訳〕生きていて不正であるよりは、もちろん、釜茹《かまゆ》でにされて殺されるに越したことがないのは申すまでもない。

語法　「Ａするよりは（いっそ）Ｂするほうがよい」というときの比較の文型。後者を選択する表現形式。「よりは」の上は、仮定・婉曲の助動詞「ん」の連体形にして読むのが一般的だが、その上の用言を連体形準体法にして読むことも許される。例文に即していうと、「義無きよりは」とも読まれてきている、ということである。「…にしかず」は、直訳すると、〈…に及ばない〉ということだが、意訳すると、〈…に越したことはない〉となる。「烹られんに如かず」は、釜茹でで殺されたほうがましだ、ということである。

典拠　『史記』「田単《でんたん》列伝」。斉《せい》に王蠋《おうしょく》という者がいた。賢者であった。燕《えん》は王蠋に高い地位を与えて招こうとした。しかし、王蠋は、忠臣は二君に仕えずと言って固辞した。例文はそのときの王蠋の言葉である。その後、王蠋は自ら縊死《いし》した。

例　喪礼ハ与リハ二其ノ哀不シテレ足ラ而礼有ルレ余リ也、不ルレ若カ二礼不シテレ足ラ而哀有ルニ一レ余リ也。
祭礼ハ与リハ二其ノ敬不シテレ足ラ而礼有ルレ余リ也、不ルレ若カ二礼不シテレ足ラ而敬有ルニ一レ余リ也。

〔訓読〕喪礼《サウレイ》は、**其の**《そ》哀足《アイた》らずして礼余《レイあま》り有《あ》る**よりは**、礼足《レイた》らずして哀余《アイあま》り有《あ》るに**若かざる**《し》なり。祭礼《サイレイ》は、**其の**《そ》敬足《ケイた》らずして礼余《レイあま》り有《あ》る**よりは**、礼足《レイた》らずして敬余《ケイあま》り有《あ》るに**若かざる**《し》なり。

〔訳〕喪《も》というものは、その哀悼の気持ちも十分でないのに礼儀が過ぎるより、礼儀に欠けるところがあって哀悼の気持ちが深いほうがよい。祭りというものは、その神への敬意が十分でないのに礼儀が過ぎるより、礼儀に欠けるところがあって敬意が深いほうがよい。

語法　前例に同じく後者選択である。「也」字が文末にあるので、「若かず」ではなく、「若かざるなり」と読まれることになる。「…にしかざるなり」は、直訳すると、〈…には及ばないのである〉ということだが、それは結果的に〈…のほうがよい〉となるので、例文はそのように訳してある。

典拠　『礼記』「檀弓上《だんぐう》」。子路が孔子から教わった言葉として述べている文である。

例　与リハ三其ノ従ハン二辟クルレ人ヲ之士ニ一也、豈ニ若カンレ従フニ二辟クルレ世ヲ之士ニ一哉。

〔訓読〕**其の**《そ》人《ひと》を辟《さ》くるの士《シ》に従《したが》はん**よりは**、豈《あ》に世《よ》を辟《さ》くるの士《シ》に従《したが》ふに**若かんや**《し》。

〔訳〕あの（つまらない）人を避けて（立派な人を選り好みして）いる男（＝孔子）につき従うよりは、いっそ超然と世を避けて隠棲している男（＝われわれ）につき従うほうがよいだろう。

語法　前二例に同じく、後者選択だが、この場合は、一般には「しかず」となるところが、「若かんや」というように、反語表現となっている。〈及ぶだろうか、いや、及ばないだろう〉ということで、結局、〈及ばない〉を意味することになる。つまり、「若かんや」は「若かず」と同じことなのである。

典拠　『論語』「微子《びし》」。隠者である長沮《ちょうそ》と桀溺《けつじょう》の二人が、並んで土地を耕していたところへ、たまたま楚から蔡への旅行中の孔子が馬車で通りかかった話の一文。済世救民の志を孔子は述べる。「もし天下に道があったら、世の中を変えようなどと東奔西走する必要はない。」と。

69 そのAせんよりはBするにいづれぞ

与《よ》リハ二 其《そ》ノ A一セン 孰《いづ》-若レゾ二 B一（連体形）ニ

Aするのと、Bするのと、どちらがまさっているか。Bがまさっている

例 与リハ二其ノ有ランレ誉二於前ニ一、孰-若レゾ二無キニレ毀二於其ノ後ニ一。

〔訓読〕 **其《そ》の**前《さき》に誉《ほまれ》有《あ》らん**よりは**、其《そ》の後《のち》に毀《そしり》無《な》きに**孰若《いづ》れぞ**。

〔訳〕 生きているうちに名誉を得るのと、死後にそしられないのと、どちらがよいであろうか。もちろん後者がまさっている。

語法 「Aするのと、Bするのとどちらがまさっているか、もちろんBがまさっている」というときの比較の文型。後者を選択する表現形式。「不レ若シカ（如）（しかず）」と同じく、後者がよりすぐれているの意。「いづれぞ」は、「どちらか」という疑問の表現だが、文旨から後者がよいことが明らかだからである。

典拠 『唐宋八大家文読本』。韓愈の「送ル三李愿《りげん》ノ帰ルヲ二盤谷《ばんこく》ニ一序」の一文。積極的に名誉とか快楽とかを有するよりも、消極的に非難や憂愁がないのを、よりすぐれたこととしている。

例 与リハ二其ノ有ランレ楽二於身ニ一、孰-若レゾ二無キニレ憂二其ノ心ニ一。

〔訓読〕 **其《そ》の**身《み》に楽《たのしみ》有《あ》らん**よりは**、其《そ》の心《こころ》に憂《うれへ》無《な》きに**孰若《いづ》れぞ**。

〔訳〕その身に楽しみがあるのと、その心に心配事がないのと、どちらがよいであろうか。

語法　前例に同じく、後者を評価した主張である。「無きに」は、「無からんに」と読んでもよいが、仮定・婉曲の「ん」が付くと、表現が和らげられてしまうので、避けてきているのであろう。逆に「楽しみ有らんよりは」は、「楽しみ有るよりは」と読んでもよいわけだが、こちらは「有らんよりは」が定着している。

典拠　『唐宋八大家文読本』。韓愈の「送ル三李愿《りげん》ノ帰ルヲ二盤谷《ばんこく》ニ一序」の一文。前例の例文に続く一文である。

例　**与**リハ下**其**ノ伝フルニ不レ得シテ二聖人ヲ一、而争ヒテ且ツ乱レン上、**孰**下**若**レゾ伝フルニ二諸ヲ子ニ一、雖モレ不トレ得レ賢ヲ、猶ホ可キニ中守ル上法ヲ。

〔訓読〕**其《そ》の**伝《つた》ふるに聖人《セイジン》を得《え》ずして、争《あらそ》ひて且《か》つ乱れん**よりは**、諸《これ》を子《こ》に伝《つた》ふるに、賢《ケン》を得《え》ずと雖《いへど》も、猶《な》ほ法を守るべきに**孰《いづ》若れぞ**。

〔訳〕（天下に）伝えるのに、聖人を得ないで、争って、そのうえ国が乱れるよりは、これ（＝天下）を子に伝えるのに、賢人を得なくても、それでもやはり法度を守ることができるのと、どっちがよいだろうか。

語法　この例文から、「その…んよりは、…べきに、いづれぞ」という文構造が見えてくるであろう。

典拠　『唐宋八大家文読本』韓愈《かんゆ》「対《こた》フ二禹《う》ノ問ヒニ一」。夏の禹王が子に王権を譲った疑問に答えた、問答体の文章。

七　比況の形

比況も、比較と同じように比べる意の単語であるが、文法概念として、動作・状態を比較したうえで、たとえていう意を表すようになった。実は、日本古典文法では、比況の助動詞というと、「ごとし」と「やうなり」とであるが、その「如《ごと》し」「若《ごと》し」は漢文訓読語と見てよいものであり、和文に用いられる「やうなり」も、漢語「様《やう》」に断定の助動詞「なり」が付いて成立したものである。漢文には、その「ごとし」と「似る」という動詞に存続の助動詞「たり」が付いた「にたり」とがある。

Aハ如(＝若)Bノ(スルガ)	AはBのごとし AはBするがごとし	AはBのようである AはBするようなものである
Aハ似タリBニ	AはBに似たり	AはBに似ている

70
AはBのごとし
AはBするがごとし

A ハ 如（＝若）B ノ(スルガ)

AはBのようである
AはBするようなものである

例 柴扉暁ニ出ヅレバ霜**如**シ㆑雪ノ　君ハ汲メ㆓川流ニ㆒我ハ拾ハン㆑薪ヲ

〔訓読〕柴扉《サイヒ》 暁《あかつき》に出《い》づれば霜《しも》雪《ゆき》**のごとし**　君《きみ》は川流《センリウ》に汲《く》め我《われ》は薪《たきぎ》を拾《ひろ》はん

〔訳〕明け方、粗末な柴折《しお》り戸の門を出てみると霜が雪のように真っ白だ。君は川で水を汲め、私は薪を拾って来よう。

語法 暁に出てみると、雪が降っていたわけではなく、霜が降っていただけである。その霜が現実には存在しない、雪のようだといっているのである。

典拠 日本漢詩「桂林荘雑詠《けいりんさうざつえい》示ス㆓諸生ニ㆒」。作者は広瀬淡窓。自分の許に集まった門弟に示した七言絶句。この前に「道《い》ふことを休《や》めよ他郷《タキヤウ》苦辛《クシン》多《おほ》しと　同袍《ドウハウ》友《とも》有《あ》り 自《おのづか》ら相親《あひした》しむ〈＝弱音を吐くことはやめよ、他国は（なにかと）苦しいこと辛いことが多いと。共用のどてらを着るような親友もいて、自然と互いに親しくなるだろう〉。」の一句がある。

例 富貴ニシテ不ルハ㆑帰ラ㆓故郷ニ㆒、**如**シ㆓衣テ㆑繍ヲ夜行クガ㆒。

〔訓読〕富貴《フウキ》にして故郷《コキヤウ》に帰《かへ》らざるは、繡《シウ》を衣《き》て夜行《よるゆ》くがごとし。

〔訳〕富貴の身となって故郷に帰らないのは、刺繡をした服を着て夜歩くようなものである。

語法　事実として存在する状況「富貴にして帰らざる」ことを、現実には存在しないわかりやすい状況「繡を衣て夜行く」さまを引いて、たとえとして表現している。

典拠　『史記』「項羽本紀《こううほんぎ》」。ある人が項羽に、咸陽《かんよう》に都を置くべきことを進言した。帰郷の意志が強かった項羽が言った言葉である。

例　**若シ二火之始メテ燃エ、泉之始メテ達スルガ一。**

〔訓読〕火《ひ》の始《はじ》めて燃《も》え、泉《いづみ》の始《はじ》めて達《タツ》するがごとし。

〔訳〕火が燃え始め、泉の水が流れ始めるのと同じである。

語法　前文において、四端を拡充していくことが述べられている。それに続いて、「火之始燃、泉之始達」という状況だ、といっているのである。現実には存在しないさまを比況としていっているのである。

典拠　『孟子』「公孫丑上《こうそんちゅう》」。「四端《したん》」（惻隠《そくいん》・羞悪《しゅうお》・辞譲・是非）をおし広めたら、それはどんどん拡充されていく。そのさまを形容した孟子の言葉。

71　AはBに似たり

Aハ似タリBニ

（Aは）Bのようである

例　壱ニ似タリ二重ネテ有ルレ憂ヒ者ニ一。

〔訓読〕　壱《イツ》に重《かさ》ねて憂《うれ》ひ有《あ》る者《もの》**に似たり。**

〔訳〕　（あなたの泣き方は）ひとえに悲しいことが重なっているように見受けられる。

語法　目の前で泣いている人を見て、その悲しみようが一通りではないので、複数の悲しみがあるようだと付け加えていっているのである。「重有レ憂者」は、現実には確かに存在するものではなく、あくまでも比況としていっている表現である。

典拠　『礼記《らいき》』「檀弓下《だんぐう》」。「苛政は虎よりも猛なり」の話の一節。孔子が泰山の側を通ったとき、一人の婦人が泣いていた。孔子はその理由を子路に問わせた。そのときの子路の言葉の一節である。

八　限定の形

ものごとの程度や分量について、それに限る、というように限定して強調するときの文型である。

限定の副詞を用いる場合	唯《ダ》—《ノミ》 惟《ダ》—《ノミ》 只《ダ》—《ノミ》 但《ダ》—《ノミ》	ただ—のみ	ただ〜だけ（だ）
	独《リ》—《ノミ》	ひとり—のみ	
	纔《ニ》—《ノミ》	わづかに—のみ	
限定の終尾詞を用いる場合	—耳 —已 —爾 —而已 —而已矣	—のみ	〜だけだ 〜にすぎない
限定の副詞と限定の終尾詞とを併せ用いる場合	唯《ダ》—耳 直《ダ》—耳	ただ—のみ	ただ〜だけだ
	独《リ》—耳	ひとり—のみ	ただ〜にすぎない
「自」＋否定語「非」の形をとる場合	自《よリハ》レ非《ザル》二—《ニ》一	—にあらざるよりは	〜でない限りは 〜しない以上は

72 ただ…のみ（せよ）

唯《たダ》―《ノミ》

惟・只・徒・特・直＝唯

ただ…だけである

例 **唯**《ダ》聖者《ノミ》能《クス》レ之《ヲ》。

〔訓読〕**唯《た》だ**聖者《セイジヤ》**のみ**之《これ》を能《よ》くす。

〔訳〕ただ聖者だけがこれを行うことができる。

語法 「ただ…だけである」というときの限定の文型。原則として呼応する語に副助詞「のみ」を添えて読むが、韻文の場合、リズムを重んじて「のみ」をつけないこともある。李白「唯見《ダル》長江《ノ》天際《ニ》流《ルルヲ》」〈唯だ見る長江の天際に流るるを〉が、その例である。

典拠 『中庸《ちゅうよう》』「第二節」。君子（＝道徳を修め備えた人）は中庸をよりどころにする。たとえ世間から身を隠して、人々に知られないということがあっても、人を咎《とが》めず、運命を恨まずに、中庸を全《まっと》うしているのは、ただ聖者だけである。私も聖者を学ぼうとしている、と孔子は言う。

例 **唯**《ダ》聞《クノミ》二女《ノ》嘆息《ヲ》一。

〔訓読〕**唯《た》だ**女《をんな》の嘆息《タンソク》を聞《き》く**のみ**。

〔訳〕ただ女性のため息が聞こえてくるだけだ。

語法　行為がある範囲内に限定されることを示す表現である。その限定の副助詞「のみ」は、副詞「ただ」の直下の動詞を連体形準体法にして、その末尾に添えて、そこを文末とすることになる。

典拠　『古楽府《こがふ》』「木蘭詩《もくらんのし》」。木蘭という名の女性が機を織っている。何を考えているかと木蘭に聞く者がいる。木蘭が言う。「昨夜見た徴兵書類に父の名が出ているが、父には長男がいない。だからこの私を出征させてほしい。」と。例文は、機を織りながら木蘭がため息を漏らす場面である。

例　唯ダ大王与二群臣一熟-計二議セヨ之ヲ一。

〔訓読〕唯《た》だ、大王《ダイワウ》、群臣《グンシン》と熟《つらつら》之《これ》を計議《ケイギ》せよ。

〔訳〕ただ、大王よ、家臣の方々とこのことについてよくよく議論せよ。

語法　希望や願望を表す表現で、文末は命令形となる。副詞「ただ」は、呼びかけの独立部といってよい「大王」よりも上に位置し、さらに「群臣と熟之を計議せよ」全体を修飾している。なお、この場合の命令形は、「計議せよ」というサ変複合動詞が、それに相当する。

典拠　『史記』「廉頗《れんぱ》藺相如《りんしょうじょ》列伝」。秦王に謁見した趙《ちょう》の藺相如は言った。秦の君主に約束を守った君主は未だないが、趙との約束を守って、十五城と和氏《かし》の璧《へき》とを交換するのがよいか、どうするか。例文はその後に続く藺相如の言葉である。

73 ひとり…のみ

独《ひと》リ ― ノミ

ただ…だけである

例 今独リ臣ノミ有レ船。

〔訓読〕 今《いま》**独《ひと》り**臣《シン》**のみ**船《ふね》有《あ》り。

〔訳〕 いまはただ私だけが船を持っている。

語法 「ただ…だけが…である」というときの限定の文型。原則として副詞「独り」に呼応する語に副助詞「のみ」を添えて読む。この例文についていうと、「独り」に呼応しているのは「臣」であって、「船」でも「有り」でもない。
なお、口調の関係から「のみ」を省くこともある。

典拠 『史記』「項羽本紀」。沛公との戦いで項羽が敗走し、烏江の宿駅（＝揚子江北岸の渡し場）まで来たとき、船の準備をして待っていた亭長のことば。亭長に「故郷の江東に還りなさい。」と暖かい言葉で勧められるが、項羽は江東出身の子弟八千人もの犠牲者を出しているので、自責の念にかられ、その好意をことわる。

例 独リ其ノ言在ル耳。

〔訓読〕 **独《ひと》り**其《そ》の言《ゲン》在《あ》る**のみ**。

〔訳〕　その言葉が現存しているだけだ。

語法　数量や度合いなどの極めて少ない状況を示すための表現である。この例文において、副詞「独り」に呼応しているのは、「其の言」でも「在り」でもなく、「其の言在り」である。その「在り」を連体形準体法「在る」にして、続く「耳」を副助詞「のみ」として読んでいるのである。

典拠　『史記』「老子韓非《ろうしかんぴ》列伝」。周の国の図書室の役人だった老子に孔子が礼ということについて質問しようとした。老子は言った。礼ということを実践していた人たちはもうこの世に存在しない、と。例文はそれに続く一文である。

例　顧《フニ》為《ナリ》二王《ハ》実《ニ》不《シテ》レ反《セ》、独《リ》吾等《ノミ》為《シタルガ》レ之《ヲ》。

〔訓読〕　顧《おも》ふに、王《ワウ》は実《ジツ》に反《ハン》せずして、**独《ひと》り**吾等《われら》**のみ**之《これ》を為《な》したるが為《ため》なり。

〔訳〕　思うに、王はほんとうに反乱を起こしていないのであって、私たちだけが謀反《むほん》など考えたためである。

語法　副詞「独り」に呼応しているのは「吾等」であって、その「吾等」の下に副助詞「のみ」を読み添えることになる。なお、「之を為したる」の「為」字は動詞、「…たるが為なり」の「為」字は名詞である。「為したる」の「たる」は完了の助動詞「たり」の連体形準体法で、「たること」の意味、「が」は連体格助詞で、「たることのため」と解していくところである。

典拠　『史記』「張耳陳余《ちょうじちんよ》列伝」。趙《ちょう》の貫高《かんこう》が漢の高祖に謀反を企てた。漢の高祖は貫高を問い詰めさせた。貫高は、趙王は何も知らない、自分らが企てたのだ、と言った。例文はその時の貫高の言葉の一節である。

74 …のみ

——耳《のみ》

已・爾・而已・也已＝耳

…だけ
…にすぎない
…なのだ（強い断定）

例 従リ二此ノ道一至ラバ二吾ガ軍ニ一、不ル レ過ギ二二十里ニ一耳。

〔訓読〕此《こ》の道《みち》より吾《わ》が軍《グン》に至《いた》らば、二十里《ニジフリ》に過《す》ぎざる**のみ**。

〔訳〕この道からわが軍のところに行くとしたら、せいぜい二十里（＝十キロ弱）に過ぎない。

語法 「…だけ」「…に過ぎない」「…なのだ」というときの限定の終尾詞を用いる文型。「耳」と同じものとして掲げた「已・爾・而已・也已」のほかに、「而已矣・也已焉」などの場合もある。限定の終尾詞に断定の終尾詞「矣・焉」などを添えて強い限定を表しているのである。副助詞「のみ」が、限定の意だけでなく、強意にも用いられる点も併せ認識していきたい。なお、この例文に見る「…に過ぎざるのみ」という訓読は、現代語の文末慣用連語「…に過ぎない」となるものである。

典拠 『史記』「項羽本紀《こううほんぎ》」。「鴻門《こうもん》の会《かい》」で命を狙《ねら》われていると知った沛公が、宴席を抜け出し、側近の四人とともに自分の陣地めざして裏道を逃げ去るところ。

例 偃之言是也、前言ハ戯レシ レ之ニ耳。

〔訓読〕偃《エン》の言《ゲン》是《ぜ》なり、前言《ゼンゲン》は之《これ》に戯《たはむ》れし**のみ**。

〔訳〕偃の言葉が正しい、私が先ほど言った言葉は戯《ざ》れ言《ごと》を言っただけだ。

語法 強い限定であり、併せて、断定の意も担っている表現である。

典拠 『論語』「陽貨《ようか》」。孔子が子游《しゆう》（＝偃）の治めている国に行って「鶏を割《さ》くに焉《いづく》んぞ牛刀を用ゐん。」と言った。それを聞いた偃は昔孔子から教わった君主としての心構えの話をした。その偃の言葉を受けた孔子の言葉である。

例 術業ニ有リテ二専攻一、如キレ斯ノ**而已**。

〔訓読〕術業《ジュツゲフ》に専攻《センコウ》有《あ》りて、斯《かく》の如《ごと》き**のみ**。

〔訳〕学術や業務に専門性を持っているので、このような師であるだけのことだ。

語法 「而已」を「のみ」と読む、限定を表す構文である。単にそうであるだけで、そうであるにすぎない、というニュアンスをもっている。

典拠 『古文真宝後集』「師説《しのせつ》」。韓愈の文。この前に「師は必ずしも弟子以上とは限らず、弟子以下のこともあり得る。」という文がある。師が師である所以を述べた文である。

75　わづかに…のみ

纔《わづかニ》――《ノミ》

ただ…だけである

例　初《メハ》極《メテ》狭《ク》、纔《ニ》通《ズルノミ》レ人《ヲ》。

〔訓読〕初《はじ》めは極《きは》めて狭《せま》く、**纔《わづか》に**人《ひと》を通《つう》ずる**のみ**。

〔訳〕その穴は、初めのほうはたいへん狭く、やっと人が通れるだけだった。

語法　「ただ…だけである」というときの限定の文型。限定の副詞には「唯《ダ》――《ノミ》」「独《リ》――《ノミ》」などがある。ここでは、程度や数量の少ないときをいう形容動詞「わづかなり」の連用形「わづかに」を副詞法として用いて読んだものである。

典拠　陶潜《とうせん》（陶淵明《とうえんめい》）の「桃花源記《とうかげんのき》」の一文。漁師がある日川沿いに進んで行って、どれほど遠くまで来たか忘れてしまった。ふと桃の花の美しく咲きほこっている林にぶつかり、林の尽きた川の源まで行ってみると、そこに一つの山があり、小さな入り口があって、ぼんやりと光が射している。そこを入っていくと桃源郷（＝中国のユートピア）だったという話。

76 …のみ

—ノミ

文の前後関係から　…だけ

例 茆茨不レ剪ラ、土階三等ノミ。

〔訓読〕茆茨《バウシ》剪《き》らず、土階三等《ドカイサントウ》**のみ**。

〔訳〕宮殿は、茅ぶきで先を切りそろえず、土の階段はわずか三段であった。

語法 前後の文意から「…だけ」というときの限定の文型。限定の副詞や終尾詞がない場合でも、前後の文意から判断して「のみ」を送って読まなければならない場合もある。

典拠 『十八史略』「五帝《ごてい》」。帝堯陶唐氏《ていぎょうとうとうし》、すなわち古代の聖天子の宮殿の質素なさまを述べた一文。ちがやで屋根を葺き、その先を切りそろえず、宮殿に上る階段は土で作られ、わずか三段だけであったという。

例 臨ミテレ別レニ殷勤ニ重ネテ寄スレ詞ヲ。詞中有リレ誓ヒ両心ノミ知ル。

〔訓読〕別《わか》れに臨《のぞ》みて殷勤《インギン》に重《かさ》ねて詞《ことば》を寄《よ》す。詞中《シチユウ》誓《ちか》ひ有《あ》り、両心《リヤウシン》**のみ**知《し》る。

〔訳〕別れに臨んで丁寧に重ねて言葉があった。その言葉の中には誓詞《せいし》があり、それは皇帝と楊貴妃だけが知るものであった。

語法 右の例文についていうと、楊貴妃が玄宗皇帝からの使者と別れるに際して、伝言を拒んだことは広く知られているし、その伝言のなかに誓いの言葉があることも知られているが、その言葉の内容なり意味するところなりは、二人の心だけが、つまり玄宗皇帝と楊貴妃とだけが理解できるものであった、というのである。二人の心以外は、知る人がいないことを読みとりたい。

典拠 『古文真宝前集』白居易《はくきょい》「長恨歌《ちょうごんか》」。安禄山の乱により楊貴妃が死んだ。玄宗皇帝は悲しんで道士にその魂を探させた。道士は探しあてた。道士が帰り間際に楊貴妃から言葉があった。その場面である。

例 空山不㆑見㆑人ヲ　但聞クノミ㆓人語ノ響キヲ㆒

〔**訓読**〕空山《クウザン》人《ひと》を見《み》ず　但《ただ》人語《ジンゴ》の響《ひび》きを聞《き》く**のみ**

〔**訳**〕山中どこにも人影が見えない　ただ人の話し声だけが響いてくる

語法 「但」に呼応する「のみ」と読む字はないが、一般に「のみ」を補って読んできている。もちろん「但人語の響きを聞く」と読む読み方もある。

典拠 『唐詩選』「鹿柴《ろくさい》」。王維の作。五言絶句。転句と結句は、「返景《へんけい》深林《しんりん》に入《い》り　復《ま》た青苔《せいたい》の上《うへ》を照《て》らす〈＝夕陽が林の奥まで射し込み、さらに青苔の上を照らしている〉」である。

77　…にあらざるよりは

自《よリハ》レ非《あらザル》二――一ニ

…でない限りは（…（し）ない以上は）

例　自《リハ》レ非《ザル》二聖人《ニ》一、外寧《ケレバ》必《ズ》有《ラン》二内憂一。

〔訓読〕聖人《セイジン》に非《あら》ざるよりは、外寧《そとやす》ければ必《かなら》ず内憂《ナイイウ》有《あ》らん。

〔訳〕聖人でない以上は、外敵の心配がないと、必ず国内のもめごとが起こるであろう。

語法　「…でない限りは」「…しない以上は」というときの限定の文型。「に」は断定の助動詞「なり」の連用形で、「にあらざる」で〈でないこと〉の意となる。「ざる」は、打消の助動詞「ず」の連体形で準体法である。次の格助詞「より」は比較の基準を示し、全体で〈…でないのよりは〉、つまり、〈…ない限りは〉〈…（し）ない以上は〉の意となる。

典拠　『春秋左氏伝《しゅんじゅうさしでん》』「成公《せいこう》十六年」。范文子《はんぶんし》と郤至《げきし》との対話の一文。聖人だけは、国の内外を問わずに心配ないものだが、聖人でない者には、外敵の心配がないと必ず国内のもめごとがあるという内容。『春秋左氏伝』は略して『左伝』とも言い、孔子が魯の国の歴史書をもとにして書いたといわれる書物『春秋』の解釈書である。

九　累加の形

「累加」とは重ね加えることで、「ただAだけでなく、Bである」という意を表すときに用いる文型である。否定語を用いるものと、反語の形をとるものとがある。

不二惟《ダニ》A一《ノミナラ》、(亦)B《ナリ》	ただにAのみならず、(また)Bなり	単にAだけではなく、さらにまたBである
非《ズ》二惟《ダニ》A一《ノミニ》、(亦)B《ナリ》	ただにAのみにあらず、(また)Bなり	
不二独《リ》A一《ノミナラ》、(亦)B《ナリ》	ひとりAのみならず、(また)Bなり	
非《ズ》二独《リ》A一《ノミニ》、(亦)B《ナリ》	ひとりAのみにならず、(また)Bなり	
豈《ニ》徒《ダニ》A(哉)《ノミナランヤ》、(亦)B《ナリ》	あにただにAのみならんや、(また)Bなり	どうして単にAだけであろうか、さらにまたBである

78

ただにAのみにあらず（また）Bなり

非《ズ》二徒《ダニ》A《ノミニ》一（亦）B《ナリ》

たんにAだけでなく、さらに（また）Bである

例 非《ズ》二徒《ダニ》無《キノミニ》レ益　而《モ》又害《ス》レ之《ヲ》。

〔訓読〕 **徒《た》だに**益《エキ》無《な》き**のみに非《あら》ず**、而《しか》も又之《またこれ》を害《ガイ》す。

〔訳〕 たんに利益がないばかりでなく、さらに（かえって）害をなすものである。

語法 「たんにAだけでなく、さらに（また）Bである」というときの累加の文型。限定の副詞「徒」字の上に否定語「非」字を置き、〈ただ…でなく〉の意を表し、さらにその後に他のことがらをつけ加える形。「而《しか》も又之《またこれ》を害《ガイ》す」が累加部分で、「しかも」は、累加の接続詞である。英熟語の“not only – but also”を〈―のみならず〉と訳すのは、この句法を受けたものである。

典拠 『孟子』「公孫丑《こうそんちゅう》上」。浩然の気（＝天地間にみちている元気）の養い方について述べた一文。無理に成長させてはいけないと、「助長」の出典となっている、宋人の話が文中で引用されている。「助長」とは宋人が苗を成長させようとして引っ張ったことから出たことば。

例 非《ザル》二惟《ダ》百乗之家為《スノミニ》レ然《リト》也。雖《モ》二小国之君《ト》一、亦有《リ》レ之。

〔訓読〕**惟《た》だ**百乗《ヒヤクジヨウ》の家然《いへしか》りと為《な》す**のみに非《あら》ざる**なり。小国《セウコク》の君《きみ》と雖《いへど》も亦之《またこれ》有《あ》り。

〔訳〕ただ兵車百乗を所有する大夫の家柄にある人だけがこのように（有徳の人と交際）したのではない。小国の君ではあっても、またこういうことがある。

語法　「ただに」の「に」は、副詞性を際立たせるためのもので、「惟」字は、「ただ」と読まれてきているようである。「ただ…のみ」「ただ…のままならん」と訓読されてきている。もちろん「ただに」と読んでいるものもある。さて、右の例文のなかの「然り」は、前文に述べられている〈徳高い人と交際できる〉意を受けている。したがって、第二文のなかの、「之」も、それと同じ意を指している。そこで、その「有之」も、「然り」と見られる。なお、「…のみにあらず」の「にあら」は、「なら」と同じで、だから、「に」は断定の助動詞「なり」の連用形、「あら」は、補助動詞ということになるのである。

典拠　『孟子』「万章下」。万章が友人としての交際について孟子に問うた。孟子は言った。年齢の差、身分の差、兄弟の差を超えた交友であるべきだ、と。その例として魯の大夫献子《けんし》を挙げた。例文はそれに続く一文である。

79　ひとりAのみにあらず（また）Bなり

非ズ㆓独リA㆒ノミニ（亦）Bナリ

ただAだけでなく、さらに（また）Bである

例　非ザル㆔独リ賢者ノミ有ルニ㆓是ノ心㆒也。人皆有リ㆑之。

〔訓読〕**独《ひと》り**賢者《ケンジャ》**のみ**是《こ》の心《こころ》有《あ》る**に非《あら》ざる**なり。人皆之有《ひとみなこれあ》り。

〔訳〕ただすぐれた人物だけが、このような心をもっているのではない。人は皆この心があるのである。

語法　「ただAだけでなく、さらに（また）Bである」というときの累加の文型。この例文の「独り」は、あくまでも〈ただ〉の意の副詞であって、〈一人〉の意ではないが、「一人」がそのような用法に転じたものである。その「独り」に呼応しているのは「賢者」で、その下に副助詞「のみ」を読み添え、その賢者だけが「是の心」をもつものではない、とする。人は、みんな「之（＝是の心）」をもっている、というのである。

典拠　『孟子』「告子上《こくし》」。魚の肉と熊の掌の比喩を用いて、「生」と「義」のどちらが大事かと尋ねる有名な一文。人の欲しいものには生命よりももっと大切なものがある。それは「義」である。

80

あにただにAのみならんや（また）Bなり

豈《あ》ニ惟《ただ》ニA《ノミナランヤ》（又）B《ナリ》

どうしてただAだけであろうか、さらにまたBである

例　**豈《ニ》惟《ニ》**怠《ルノミナランヤ》レ之《ヲ》、又従《ヒテ》而盗《ム》レ之《ヲ》。

〔訓読〕**豈《あ》に惟《ただ》に**之《これ》を怠《おこた》る**のみならんや**、又従《またしたが》ひて之《これ》を盗《ぬす》む。

〔訳〕どうしてただ仕事を怠けるだけであろうか、また、その上に職務に便乗して盗み取っているのである。

語法　「どうしてただAだけであろうか、さらに（また）Bである」というときの累加の文型。反語を使って累加する形。「あに」は、反語の副詞で、推量の助動詞「ん」の終止形に付いた反語の終助詞「や」がこれに呼応する。その「んや」の上に、限定して断定する「のみなり」が未然形として位置する。厳密には、〈どうして…だけであろうか、いやそうではない、さらに…である〉というように解していくのがよい。

典拠　柳宗元《りゅうそうげん》「送《ルノ》二薛存義《せつそんぎ》《ヲ》一序」。柳宗元が、役人として任地におもむく薛存義に役人たるものの心得を説いた部分。役人が絶対的権力を握っていた唐代において、役人の横暴を非難し、役人は人民の公僕たれと諭した文である。

例　**豈《ニ》惟《ニ》**口腹《ニ》有《ルノミナランヤ》二飢渇之害一。人心《モ》亦皆有《リ》レ害。

〔訓読〕**豈《あ》に惟《ただ》に**口腹《コウフク》に飢渇《キカツ》の害《ガイ》有《あ》る**のみならんや**。人心《ジンシン》も亦皆害有《またみなガイあ》り。

〔訳〕 どうしてただ口と腹に飢えと渇きの害があるだけだろうか。人心もまた皆飢えと渇きとの害を受けるのだ。

語法 限定の副助詞「のみ」をどこに添えて限定するかが、日本語文として悩まされるところである。前例にあっては、「怠之」が「A」だったが、この場合は、「口腹有飢渇之害」が「A」である。いずれについても、「A」を「Aすること」として認識していくとよい。動詞の連体形準体法に付くということで、名詞に付くのと同じことである。口腹に害があるだけでなく、心に害が及ぶのだ、といっているのである。

典拠 『孟子』「尽心上《じんしん》」。孟子は例文の後で、こういう。ある人が、たとえお腹《なか》を減らし喉が渇いていても、そのことの影響を心にまで及ぼさない人がいたとしたら、その人はそれだけで立派な人だ、と。

例 王如シ用ヰバレ予ヲ、則チ**豈**ニ**徒**斉ノ民安キノミナランヤ。天下之民挙安カラン。

〔訓読〕 王《ワウ》如《も》し予《われ》を用《もち》ゐば、則《すなは》ち豈《あ》に徒斉《ただセイ》の民安《たみやす》きのみならんや。天下《テンカ》の民挙安《たみみなやす》からん。

〔訳〕 王がもし私を重用してくれるなら、どうして斉の国民が安らかでいられるだけだろうか。それだけでなく、さらに天下の人民が、みな安らかでいられるだろう。

語法 この場合は、「A」が「斉民安〈斉の民安き〉」である。その「斉の民安き」は、〈斉の民が安らかでいられること〉で、「…安き」が形容詞連体形準体法であるので、全体が名詞的になるのである。

典拠 『孟子』「公孫丑上《こうそんちゅう》」。斉の王に対して、自分（=孟子）を任用して、仁に基づく政治を執り行ってほしい、そうすれば斉一国だけでなく天下万民が安らかになれる、と望んでいる孟子の言葉の一節である。

81 あにひとり…のみならんや

豈《ニ》独《リ》―《ノミナランヤ》

どうして…だけであろうか（…だけではない）

例 豈《ニ》独《リ》為《スノミナランヤ》二楚之盛衰《ト》一、亦増之所三与《ニ》同《ジウスル》二禍福《ヲ》一也。

〔訓読〕**豈《あ》に独《ひと》り**楚《ソ》の盛衰《セイスイ》と為《な》す**のみならんや**、亦《また》、増《ゾウ》の与《とも》に禍福《クワフク》を同《おな》じうする所《ところ》なり。

〔訳〕どうして楚の盛衰を示すだけであろうか、それだけでなく、さらに、范増《はんぞう》もそれと運命をともにしていたのである。

語法 「どうして…だけであろうか（…だけではない）」というときの累加の文型。「あにひとり…のみならんや」に続く部分が強く主張したい表現となるのである。ここでは、「亦た、増の与に禍福を同じうする所なり」が強く主張したい部分である。

典拠 『文章軌範』蘇軾《そしょく》「范増論《はんぞうろん》」。（義帝の生死は）楚の盛衰を示すだけでなく、范増も運命をともにしていたし、義帝が滅んで范増だけが生きながらえられるはずはなかったという一文。

十　抑揚の形

文の前半で、まず、「Aでさえも、Bである」と低く、軽く抑《おさ》えておき、次にそれに続く後半で「ましてCなら、なおさらBである」と、大切なことを高く持ち揚げて、強調する文型である。特に「いはんや～をや」という、抑揚の基本の形をしっかり押さえておくとよい。

A《ハ》B。(而《しかルヲ》)況《いはンヤ》C《ヲ》乎《や》	AはB。(しかるを)いはんやCをや	AはBだ。ましてCはなおさらBである
A《スラ》且《かツ》B《ス》、(而《しかルヲ》)況《いはンヤ》C《ヲ》乎《や》	AすらかつBす、(しかるを)いはんやCをや	AでさえもBする、ましてCはなおさらのことである
A《スラ》猶《なホ》B《ス》、(而《しかルヲ》)況《いはンヤ》C《ヲ》乎《や》	AすらなほBす、(しかるを)いはんやCをや	
A《スラ》且《かツ》B《ス》、安《いづクンゾ》C《セン》哉《や》	AすらかつBす、いづくんぞCせんや	AでさえもBする、それなのに、どうしてCしようか
以《ツテスラ》㆓―㆒《ヲ》、且《かツ》～《ス》	―をもつてすら、かつ～す	…でさえも～する、(まして…)
以《ツテシテモ》㆓―㆒《ヲ》、而《しかモ》～	―をもつてしても、しかも～	

82

Aすらかつ B、いはんやCをや

A 且《スラかツ》 B、況《いはンヤ》 C 乎《ヲや》

AでさえもBする、ましてCはなおさらのことである

例 死馬且《スラツ》買《フ》レ之《ヲ》、況《ンヤ》生《ケル》者《ヲ》乎。

〔訓読〕死馬《シバ》すら且《か》つ之《これ》を買《か》ふ、況《いは》んや生《い》ける者《もの》をや。

〔訳〕死んだ馬でさえも買うのだから、まして生きている（名）馬だったら、なおさら買うだろう。

語法 「AでさえもBする、ましてCはなおさらのことだ」というときの抑揚の文型。「且」は「かツ」と読むが、抑揚の形の場合は、上の語に「スラ」を送って、「スラかツ」となる。「いはんや」は、「言はむや」で、〈いおうか、いや、いわない〉、つまり、〈いうまでもない〉を意味し、さらに、〈まして〉を意味することになる。

典拠 『十八史略』「春秋戦国《しゅんじゅうせんごく》」。燕《えん》の昭王が家来の郭隗《かくかい》に賢者を集めたいと相談したところ、郭隗は、昔、ある王が死馬の骨を五百金で買ったところ、名馬が争って売り込まれ、その中から良馬を求めることができたという話を引いて、まず自分を優遇することから始めなさい、と言った。「従《ヨリ》レ隗始《メヨ》〈＝賢者を招くにはまず身近な者から任用せよ〉」という故事はここから出た。

83

Aすらかつなほ B、(しかるを) いはんやCをや

A 且《スラかツ》猶《なホ》B、(而)《しかルヲ》況《いはンヤ》C乎《ヲや》

AでさえもBなのだから、ましてCはなおさらである

例 管仲 且《スラ》猶《ホ》不ㇾ可《カラ》ㇾ召《ス》、而《ルヲ》況《ンヤ》不ㇾ為《ラ》二管仲一者《ヲ》乎。

〔訓読〕 管仲《クワンチユウ》**すら且《か》つ猶《な》ほ**召《め》すべからず、**而《しか》るを況《いは》んや**管仲《クワンチユウ》為《た》らざる者《もの》**をや**。

〔訳〕 管仲のような人物でさえもやはり呼び出すべきでない、とするのだから、まして管仲より立派な者（＝孟子）は、なおさら呼び出すべきでない。

語法 「AでさえもBなのだから、ましてCはなおさらである」は、さらにいうと、「AでさえBなのだから、ましてCは、いっそうBである」ということになる。「召すべからず」は、〈呼び出すのは当然ではない〉ということであり、「べから」は当然の助動詞で、それを「ず」で打ち消している。「管仲為《た》らざる者」とは、覇者を助けた管仲などではない、王道を唱える者、つまり孟子自身ということである。「管仲為《た》らざる者」の「為《た》ら」は、断定の助動詞「たり」の未然形で、それを「ざる」で打ち消しているので、〈管仲ではない者〉ということになる。

典拠 『孟子』「公孫丑《こうそんちゅう》下」。孟子が斉に滞在していたとき、斉王が孟子を呼びつけようとしたが、礼にかなわぬ行為だとして応じなかった。そのときの言葉である。

例　恐懼殊《ニ》甚《ダシ》。且《ツ》庸人《スラ》尚《ホ》羞《ヅ》レ之《ヲ》。**況**《ンヤ》於《イテヲ》二将相《ニ》一**乎**。

〔訓読〕恐懼《キヨウク》殊《こと》に甚《はなは》だし。且《か》つ庸人《ヨウジン》**すら**尚《な》ほ之《これ》を羞《は》づ。**況**《いは》**んや**将相《シヤウシヤウ》に於《お》いて**をや**。

〔訳〕（廉頗《れんぱ》将軍に）恐懼するさまはとりわけ甚だしい。普通人でさえこういう態度を恥じるものだ。ましてや、将軍とか大臣とかにおいてはなおさらである。

語法　「且」字が主語の上に位置している場合もあって、「かつ…すらなほ…、いはんや…をや」となっているのが、右の例文である。「…すらかつなほ…」が「かつ…すらなほ…」となっているのである。次に、「況」字の下に前置詞「於」字が位置していて、「いはんや…においてをや」と読ませる構文である。その意味するところは、〈まして…の場合にはそうであるなあ〉ということになる。その「そうである」は、〈恥ずかしいことである〉ということである。前文の「羞《ヅ》レ之《ヲ》」を深層において受けているのである。

典拠　『史記』「廉頗藺相如列伝《れんぱりんしょうじょ》」。「刎頸《ふんけい》の交わり」の話。廉頗が藺相如に地位を超えられたのを恨み、辱めようとしたのを藺相如は避けた。その態度を藺相如の家臣たちが批判した言葉の一節である。

84

Aすらかつ B、いづくんぞC（せ）んや

A **且**《スラかツ》B、**安**《いづクンゾ》 C（セ）ンヤ（哉）

Aでさえも Bする、それなのにどうしてCしようか

例　臣死《スラ》 **且**《ツ》不レ避《ケ》、卮酒**安**《クンゾ》 足レ《ランヤ》 辞。《スルニ》

〔訓読〕　臣死《シンシ》**すら且**《か》**つ**避《さ》けず、卮酒《シシュ》**安**《いづ》**くんぞ**辞《ジ》するに足《た》ら**んや**。

〔訳〕　私は死ぬことでさえ何とも思っていない、それなのに、大杯の酒ぐらい、どうして辞退するに足りようか、いや、辞退するには足りない。

語法　「Aでさえも Bする、それなのに、どうしてCしようか」というときの抑揚の文型。「…すら且つ」に反語の「安くんぞ…や」の形が重なったもの。「すら」は軽いことを挙げて重いことを類推させる意を表す副助詞。この例文では、その「B」が、打消の助動詞を伴っていて、「避けず」までが一概念なのである。死すら避けないのだから、酒など問題ではない、というのである。

典拠　『十八史略』「西漢《せいかん》」。鴻門《こうもん》の会《かい》の場面で、沛公《はいこう》の家来の樊噲《はんかい》が、事が切迫していることを張良に告げられて、番兵を押し倒して中に入り、目を怒らして項羽を睨《にら》みつけ、斗卮酒《とししゅ》（＝一斗入りの盃の酒）を立ったまま飲み干す。もっと飲むかとの項羽の問いに対し、吐いたせりふである。

85 …をもってすらかつ…す

以《ツテスラ》二　――一《ヲ》且《かツ》

…でさえもなお…

例　陶《ノ》**以**《ツテ》寡《キスラ》**且**《ツ》不レ可《カラ》二以《ツテ》為《ム》一レ国《ヲ》。

〔訓読〕陶《タウ》の**以**《も》**って**寡《すくな》き**すら且**《か》**つ**以《も》って国《くに》を為《をさ》むべからず。

〔訳〕陶工が少ないことでさえも、なお、国家をうまく治めることができない。（まして…）

語法　「…でさえもなお…」というときの抑揚の文型。同じ文型に、「以《ツテシテモ》二　――一而《ヲモ》」〈…をもってしても、しかも〉や「以《ツテスルモ》二　――一猶《ヲホ》」〈…をもってするも、なお〉がある。ここに引いてある部分は軽い例である。この例でもわかるようにという気持ちで、よくこの主張を相手に理解させ、さらに続く重い部分を強調しようとしている。したがって、〔訳〕の次文冒頭の「(まして…)」は、実はこの文のなかにあったのである。

典拠　『孟子』「告子《こくし》下」。白圭と孟子との対話で税率について論じた一文。先王の残した法として十分の一の税よりも重くても軽くてもいけない理由を述べた部分である。

例　若《クンバ》レ是《クノ》、則《チ》弟子之惑《ヒ》滋甚《ダシ》。且《ツ》**以**《ツテスラ》二文王之徳、百年《ニシテ》而後崩《ズルヲ》一**猶**《ホ》未《ダ》レ洽《カラ》二於天下《ニ》一。

〔訓読〕是《か》くの若《ごと》くんば、則《すなは》ち弟子《テイシ》の惑《まど》ひ滋《ますます》甚《はなは》だし。且《か》つ文王《ブンワウ》の徳《トク》、百年《ヒャクネン》にして後《のち》崩《ホウ》ずるを以《も》ってすら猶《な》ほ未《いま》だ天下《テンカ》に洽《あまね》からず。

〔訳〕このように言われるなら、弟子（である私）の疑問はますます大きくなる。そのうえ、文王の（偉大な）徳は、百年生存してもなお、天下に行きわたら（ず、王者になることができ）なかった。

語法　例文の「百年にして後崩ずる（こと）」は、〈百年生きていること〉で、〈年月の長いこと〉を表しており、そうであってさえ、文王の徳は行きわたっていなかった、というのである。「是くの若くんば」の「若くんば」は、「若くは」が変化したものである。「若く」は、比況の助動詞の「ごとし」の未然形、「は」は、順接仮定条件を構成する接続助詞である。それが「んば」となったのである。

典拠　『孟子』「公孫丑《こうそんちゅう》上」。例文の前で、弟子の公孫丑が孟子に質問し、それに答えた孟子の答えがある。それを聞いた公孫丑がさらに孟子に質問した言葉の一節である。先生のお答えを聞くと、ますます疑問が深まるというのである。それならこういう場合はどうかと、疑問に思う事例を出したその言葉が例文である。

十一　反語の形

自分の述べたいことを強調していう場合に、その内容や事実と反対のことを疑問の形で表現するときの文型。もとの形と意味が反対になるので、肯定の表現の反語は否定の意味になり、否定の表現の反語は肯定の意味になる。

疑問詞を用いる場合	何《ゾ》(胡・奚・曷)―《(セ)ン(ヤ)》	なんぞ―(せ)んや	どうして～か、いや～でない
	誰《カ》(孰)―《(セ)ン(ヤ)》	たれか―(せ)んや	だれが～か、だれも～ない
	孰《カ》(奚)―《(セ)ン(ヤ)》	いづれか―(せ)んや	どれが～か、どれも～ない
	何《ヲカ》―	なにをか―	何が～か、何もない
	安《いづクンゾ》(焉・悪・寧)―也 …《(セ)ンや》乎(也・哉…)	いづくんぞ―(せ)んや	どうして～か、いや～でない
疑問の終尾詞を用いる場合	―《(セ)ンや》乎(也・与・哉…)	―(せ)んや	～(し)ようか、いや～(し)ない
	豈《あニ》―《(セ)ンや》乎	あに―(せ)んや	どうして～(し)ようか、いや～(し)ない
	独《リ》―《(セ)ンや》乎	ひとり―(せ)んや	どうして～(し)ようか、いや～(し)ない

86　なんぞ…（せ）んや

何《なんゾ》――（セ）ンヤ

胡・奚・庸・曷＝何

どうして…か、いや…でない

例　二三子何《ゾ》患《ヘン》二於喪《フコトヲ》一乎。

〔訓読〕二三子《ニサンシ》、**何《なん》ぞ**喪《うしな》ふことを患《うれ》へ**んや**。

〔訳〕あなた方は（先生が位を失って本国を去ったのを）どうして悲しむ必要があろうか、いや悲しむ必要はない。

語法　「どうして…か、いや…でない」というときの反語の文型。「何ぞ」は、「なにぞ」から転じた反語の副詞である。反語の終助詞「や」が、推量の助動詞「ん」の終止形の下に付いて、常にこの「なんぞ」に応じることになっている。この場合は、「乎」を「や」と読むが、「乎」字がない場合は、「（セ）ンヤ」というように、送り仮名を送って読んでいく。

典拠　『論語』「八佾《はちいつ》」。孔子が天下周遊の途中、衛の国境にある儀の町に泊まった。国境の役人がお目にかかりたいと申し出て、孔子の門人たちを激励したときの言葉。

例　天之亡《ボスニ》レ我《ヲ》、我何《ゾ》渡《ラン》為。

〔訓読〕天《テン》の我《われ》を亡《ほろ》ぼすに、我《われ》**何《なん》ぞ**渡《わた》ら**んや**。

〔訳〕天が私を滅ぼそうとしているのに、私はどうしてこの川を渡ろうか、いや渡らない。

語法「何…乎」という漢文本文が代表的な「なんぞ…んや」だが、「何…為」で「なんぞ…んや」と訓読することもあり、ここは、その例である。ただ、「何為…」となると、102の「なんすれぞ…ん（や）」となる。また、「なんぞ…（せ）んや」と訓読する熟字として「何遽」「何詎」「何渠」がある。

典拠『史記』「項羽本紀《こううほんぎ》」。項羽が沛公に追いつめられ、烏江《うこう》を渡ろうとした。烏江の駅長が船を用意して待っていて、早く渡るよう項羽を促す。その時、項羽が言った言葉の一節である。

例 吾ニ又何ゾ能ク為サン哉。

〔訓読〕吾《われ》に又《また》何《なん》ぞ能《よ》く為《な》さんや。

〔訳〕私に、これ以上、どうしてすることができようか（、いや、できない）。

語法「何…哉」で「なんぞ…んや」と読み、反語を表す。さらに、この場合は、可能の意の副詞「能く」が上にあって、「能く…んや」ともなっているので、〈…することができようか、いや、できない〉ということになる。

典拠『古文真宝後集』「種樹郭橐駝伝《しゅじゅかくたくだでん》」。柳宗元の文章。郭橐駝という名植木職人がいた。その極意を問われ、樹の本性を大切にし、生長の邪魔をしないことである、と答えた。その話のまとめの部分。

87　いづくんぞ…（せ）んや

安《いづクンゾ》 ―― （セ）ンや 也

焉・悪・烏・寧＝安

どうして…であろうか、いや…でない

例 安クンゾ求メン二其ノ能ノ千里ナルヲ一也。

〔訓読〕 **安《いづ》くんぞ**其《そ》の能《のう》の千里《せんり》なるを求《もと》め**んや**。

〔訳〕 どうしてその千里も走ることができる力を、（粗末に扱われている名馬に）要求できようか、いやできない。

語法 「どうして…であろうか、いや…でない」というときの反語の文型。疑問の副詞と疑問の終尾詞を用いる。「安」のほかに、「焉・悪・烏・寧」なども同じように用いる。不定称代名詞「いづく」に格助詞「に」と係助詞「ぞ」が付いた「いづくにぞ」が転じて一語化したのが、この「いづくんぞ」である。反語の副詞として、常に「（せ）んや」がその文末に現れる。なお、一文として可能の意が読みとれる。

典拠 『唐宋八大家文読本』中の韓愈《かんゆ》「雑説《ざっせつ》」。韓愈は名馬にことよせて、すぐれた人材の発掘には、まずその人材を見分ける目利き（＝名君・賢相）の存在が不可欠であると述べ、粗末な扱いを受ければ、どんな天才もその力を発揮できないといっている。

例 臣死スラ且ツ不レ避ケ。卮酒**安**クンゾ足ランヤレ辞スルニ。

〔訓読〕臣死《シシ》すら且《か》つ避《さ》けず、卮酒《シシュ》**安《いづ》くんぞ**辞《ジ》するに足《た》ら**んや**。

〔訳〕私は死ぬことでさえ何とも思っていない、それなのに大杯の酒ぐらいどうして辞退するに足りようか、いや足りない。

語法　「AすらかつB、いづくんぞ…（C）んや」の構文。「いづくんぞ…（せ）んや」の前に、「…すらかつ」があらかじめ配されていて、〈…でさえも…〉というように、述べようとする本論が登場するという展開になっている。一旦抑えておいて、次に大きく揚げて取り上げる表現、つまり抑揚の表現が構成されていて、そこに反語の「いづくんぞ…（せ）んや」が結びついているのである。

典拠　『史記』「項羽本紀《こううほんぎ》」。84の例文に同じ。

例　爾焉《クンゾ》能《ク》浼《サン》レ我《ヲ》哉。

〔訓読〕爾《なんぢ》**焉《いづ》くんぞ**能《よ》く我《われ》を浼《けが》さ**んや**。

〔訳〕あなたはどうして私をけがすことができようか、いや、けがすことはできない。

語法　「焉」は、音「エン」で、鳥の名を意味するが、発音が通うところから、疑問・反語を表す字となった。ここも、「いづくんぞ…（せ）んや」の間に可能の意の副詞「能く」が入っているので、「…することができようか、いや、できない」となる。

典拠　『孟子』「公孫丑上《こうそんちゅう》」。柳下恵《りゅうかけい》という人は、他人の思惑に左右されず、自分の信念に基づいて生きた人。その彼は言った。「君は君、自分は自分。君が私の側で不作法をしても、私の関知するところではない。」と。それに続く言葉である。

例 子曰《ハク》、「視ニ其《ノ》所《ヲ》レ以《ツテスル》、観ニ其《ノ》所《ヲ》レ由《ル》、察《スレバ》ニ其《ノ》所《ヲ》レ安《ンズル》、人焉《クンゾ》廋《サン》哉。」。

〔訓読〕子曰《しい》はく、「其《そ》の以《も》ってする所《ところ》を視《み》、其《そ》の由《よ》る所《ところ》を観《み》、其《そ》の安《やす》んずる所《ところ》を察《さつ》すれば、人焉《ひといづ》くんぞ廋《かく》さんや。」と。

〔訳〕孔子が言うのに、「人の行為を視、その行為の根本を観、その行為に心安んじているかを察する場合には、人は（その真実を）どうして隠すことができるであろうか、いや、隠すことはできないであろう。」と。

語法「焉くんぞ…（せ）んや」であって、「能く」はないが、この文にも可能の意が読みとれる。〈隠すことができるであろうか、いや、隠すことはできないであろう〉とは、〈すっかりわかってしまう〉ということである。

典拠『論語』「為政《いせい》」。人をよく見る、その見方を述べた一文である。

88　……（せ）んや　……（す）べけんや

―乎《センや》
也・哉・耶・邪・与・歟＝乎

…しようか、いや…しない

例　尚《ホ》取《ラン》二鶏鳴狗吠之力《ヲ》一**哉**。

〔訓読〕尚《な》ほ鶏鳴狗吠《ケイメイコウハイ》の力《ちから》を取《と》ら**んや**。

〔訳〕そのうえに、鶏の鳴きまねの名手や狗の鳴きまねの名手（＝こそ泥）の力を借りる必要があろうか（、いや必要としないであろう）。

語法　この文の場合、「哉」が反語を表す。「哉」は、音は「サイ」で、「かな」と読んで詠嘆を表す助字であるが、このように、疑問や反語を表す助字ともなるのである。現行の漢文訓読では、反語表現には、もっぱら「んや」という、推量の助動詞「ん」の終止形に反語の終助詞「や」を添えた連語が採用されるが、古く『万葉集』などの題詞の漢文を読み下すときには、「めや」が用いられる。奈良時代、反語の終助詞「や」は、推量の助動詞「む」の已然形「め」に付いたからである。

典拠　『古文真宝後集』「読《ム》二孟嘗君《もうしょうくんノ》伝《ヲ》一」。王安石の文章。孟嘗君は戦国時代の斉の人。食客をたくさん身近に置いて養い、その取るに足りないような能力でも上手に活用したということで名高い。

例 父死《シテ》不レ葬《ラ》、爰《ニ》及《ブ》二干戈《ニ》一、可《ケン》レ謂《フ》レ孝《ト》乎。

〔**訓読**〕父死《ちちし》して葬《はうむ》らず、爰《ここ》に干戈《カンクワ》に及《およ》ぶ、孝《カウ》と謂《い》ふ**べけんや**。

〔**訳**〕父君が亡くなってまだ喪もあけないのに、戦争を始めようとする、これでは孝ということができようか。いや、できない。

語法 「…しようか、いや…しない」というときの反語の文型。疑問の終尾詞を用いて反語を表す。疑問の副詞と併せて用いる場合も多い。この例の場合、「んや」の上の「べけ」は、「べし」の古い未然形で、奈良時代の語法である。後世の「べし」の未然形は「べから」であるが、漢文では、古形を用いて読む。

典拠 『十八史略』「巻一・周」。武王は暴君の紂王を討とうと立ち上がったが、伯夷・叔斉の二人がこれを諌め、武王の馬をひきとめて言った言葉。しかし二人の忠告は入れられなかった。武王の天下となり、周王朝となったが、二人はこれに仕えることなく、山に隠れてとうとう餓死した。

例 以《ツテ》レ臣《ヲ》弑《ス》レ君《ヲ》、可《ケン》レ謂《フ》レ仁《ト》乎。

〔**訓読**〕臣《シン》を以《も》って君《きみ》を弑《シイ》す、仁《ジン》と謂《い》ふ**べけんや**。

〔**訳**〕臣下の身でありながら君主を殺そうとするのは、仁者（＝徳の備わった人物）と言うことができようか、言うことはできない。

語法 「…（す）べけんや」という構文。「乎」などの助字は、疑問や反語に関係し、疑問や反語の副詞とともに用いられる。そこで、ここでは、一般には助動詞として読まれる「可」字と反語の「乎」字とがセットになっていて、「…べけんや」と訓読されて、可能推量の反語の定着した表現となっている。

典拠 『十八史略』「巻一・周」。前例を参照されたい。

例 子曰《ハク》、「為《スコト》レ之《ヲ》難《シ》。言《フコト》レ之《ヲ》得《ンヤト》レ無《キヲ》レ訒《スル》乎。」。

〔訓読〕 子《シ》曰《い》はく、「之《これ》を為《な》すこと難《かた》し。之《これ》を言《い》ふこと訒《ジン》する無《な》きを得《え》んや。」と。

〔訳〕 孔子が言うのに、「何でも実行することは難しいものだ。（それなら発言を控えていたらいいのに）発言も控えないでいられようか（、控えずにはいられない）。」と。

語法 「之」は、ここでは、「仁」をさしている。「訒」は〈言いたいことを忍んで口に出さないこと〉で、「言ふこと訒する」で〈発言を控える〉意となる。「無きを得んや」で、〈…（し）ないでいられようか、いや、いられない〉意となる。

典拠 『論語』「顔淵《がんえん》」。司馬牛が「仁」について孔子に質問した。孔子は「言葉を慎むことだ。」と答えた。司馬牛は、「それが仁ですか。」と反問した。それに対する孔子の言葉である。

89　たれか…(せ)ん(や)

誰《たれ》カ ―(セ)ン(ヤ)

孰＝誰

だれが…か、だれも…でない

例 誰カ堪ヘン二登望ニ一雲烟ノ裏。

〔訓読〕 **誰《たれ》か**登望《トウバウ》に堪《た》へ**ん**、雲烟《ウンエン》の裏《うち》。

〔訳〕 だれが耐えられようか、誰も耐えられない。夕もやの立ちこめるなか、この楼に登って眺めるさびしい思いに。

語法 「だれが…か、だれも…でない」というときの反語の文型。疑問の副詞に「(セ)ン」または「(セ)ンヤ」が送り仮名として付くと反語になる。疑問のときは、「―カ」「―ヤ」だけで読まれる。「孰カ」とあっても同じである。なお、疑問代名詞があるときは、「たれか」「いづれか」などのように「か」を用いて、「や」を用いることはない。

典拠 『唐詩選』。詩人の王昌齢《おうしょうれい》が長江のほとりにそびえ立つ万歳楼に登った時の詩。彼は当時江南に来て不遇を嘆いていたといわれ、あたりはたそがれの色に包まれ、いっそう旅愁をかき立てられるなかで詠んだものであろう。

例 誰カ得テ而族滅セン也。

〔訓読〕 **誰《たれ》か**得《え》て族滅《ゾクメツ》せ**んや**。

〔訳〕その一族をすべて滅ぼしてしまうことなど、誰ができようか（、だれにもできない）。

語法 「誰…也」を「たれか…せんや」と読んだ反語の文型。「得」は可能を表す字で、「得て」と読んでいるが、副詞的なものと解される。

典拠 『古文真宝後集』「阿房宮賦《あぼうきゅうのふ》」。作者は杜牧。阿房宮《あぼうきゅう》は、秦の始皇帝の建てた宮殿。しかし、その死後、いくばくもなく秦は滅び、阿房宮も灰燼に帰した。それは、だれのせいでもない、その因果は秦自身にある、というもの。

例 赤也為《ラバ》㆓之《ガ》小㆒、孰《カ》能《ク》為《ランヤ》㆓之《ガ》大㆒。

〔訓読〕赤《セキ》や之《これ》が小為《せうた》らば、**孰《たれ》か**能《よ》く之《これ》が大為《ダイた》らん**や**。

〔訳〕赤が補佐役として（礼を）助けるというのなら、誰が大相たる長官役を務められるか。いや、務められないだろう。

語法 「孰か能く之が大為らんや」の「之」は、「赤」をさし、〈誰が赤の上司としての長官であることができようか、いや、できない〉ということになる。「為」字は、二字とも、断定の助動詞「たり」として読まれてきている。

典拠 『論語』「先進《せんしん》」。孔子が赤（=公西華）が立派な大相たるべき人物であることを述べた文章の一節。

90 ひとり…（せ）んや

独《ひとり》 ― 哉《（セ）ンや》
乎・也＝哉

どうして…か、いや、…しない

例 独《リ》畏《レン》二廉将軍《ヲ》一哉。

〔訓読〕 独《ひと》り廉将軍《レンシヤウグン》を畏《おそ》れんや。

〔訳〕 どうして廉将軍を恐れたりしようか、いや、恐れたりはしない。

語法 「どうして…か、いや…ない」というときの反語の文型。「独《リ》」はもともと限定・強意を表す字であり、「何《ゾ》」などよりやや強い表現である。〈どうして〉と訳してきている「独り」で、「ひとり」と読んでも、「一人《ひとり》」の意味ではない。「ひとり」は、それだけと限定されることであり、だから強調となるのである。

典拠 『史記』「廉頗《れんぱ》藺相如《りんしょうじょ》列伝」。「刎頸《ふんけい》之《の》交《まじわり》」のところ。藺相如は廉頗将軍との争いを好まず、いつも顔を合わせないようにしていた。藺相如に仕えている者たちがこれを見て不満に思い、暇をとりたいといったのに対して藺相如が言ったことば。のちに廉頗将軍は藺相如の偉大さを知り、二人は「刎頸の交わり」を結ぶことになる。「刎頸の交わり」とは、首（＝頸）を刎《は》ねられても変わらないほどの堅い親交のことである。

例 縦《ヒ》彼不《トモ》レ言《ハ》、籍独《リ》不《ラン》レ愧《ヂ》二於心《ニ》一乎。

〔訓読〕縦《たと》ひ彼《かれ》言《い》はずとも、**籍**《セキ》**独**《ひと》**り**心《こころ》に愧《は》ぢざら**んや**。

〔訳〕たとえ彼ら（＝江東の父兄たち）が何も言わなくても、籍（＝項羽の名まえ）はどうして心中恥じないことがあろうか、いや恥じる。

語法 「縦ひ…とも」は、逆接仮定条件を表し、これを受けて、後続する主語が「独り」によって限定され、強調される。他の人はともかく、自分だけは恥じる、と言っているのである。「独り」は、「一人」ではないといったが、人物を取り上げて限定・強調する点では、「一人」から派生したものであること、いうまでもない。

典拠 『史記』「項《こう》羽《う》本《ほん》紀《ぎ》」。項羽が沛公に追いつめられ、烏江を渡ろうとした。烏江の駅長が船を用意して待っていて、早く渡るよう項羽を促す。その時項羽は烏江を渡ることを拒み、その理由を説明した。その言葉の一節である。

91　あへて…（せ）ざらんや

敢《あへテ》不《ざラン》レ ―― 乎《（セ）や》

どうして…しないことがあろうか、いやきっと…する

例 百獣之見《テ》レ我《ヲ》而敢《ヘテ》不《ラン》レ走《ラ》乎。

〔訓読〕百獣《ヒヤクジウ》の我《われ》を見《み》て**敢《あ》へて**走《はし》ら**ざらんや**。

〔訳〕どんな獣でも私の姿を見て逃げ出さないことがあろうか、いやきっと逃げだすだろう。

語法 「どうして…しないことがあろうか、いやきっと…する」というときの反語の文型。主張しようとすることを、否定の形を借り、併せて反語の表現を借りて表現したものである。「敢不」（副詞＋否定語）は例文のように反語の文型であり、「不敢」（否定語＋副詞）は否定の文型であることについても、併せて注意しておきたい。

典拠 『戦国策』「楚策《そさく》」。「虎の威を借る狐」で有名な一文。楚の宣王が家来に向かって、北方諸国が昭奚恤《しょうけいじゅう》（＝楚の宰相）を恐れているのは事実か、と尋ねた。家来はだれも答えなかったが、魏の使者が「虎の威を借りた狐」の比喩で答えたという話。昭奚恤を恐れるのは、実は背後にいる宣王の軍隊を恐れているからだという。

例 行《フ》二父母之遺体《ヲ》一、敢《ヘテ》不《ラン》レ敬《セ》乎。

〔訓読〕父母《フボ》の遺体《キタイ》を行《おこな》ふ、**敢《あ》へて**敬《ケイ》せ**ざらんや**。

〔訳〕父母の遺してくれたこの体を取り扱うのに、どうして真心をもって取り扱わないでよいことがあろうか、いや、必ず（そのように）取り扱うべきである。

語法 「敢へて」は、もともと、物理的にも精神的にも〈押しきってする〉意を表す。それが打消反語の「…（せ）ざらんや」と呼応して、結局、肯定を強めることになるのである。

典拠 『礼記《らいき》』「祭義《さいぎ》」。曾子の言葉の一節である。曾子は、人間の身体は父母の形見だという。それだから慎み深く心を込めて大切に取り扱うべきだという。

例 子帥キルニ以ツテセバレ正ヲ、孰カ敢ヘテ不ランレ正シカラ。

〔訓読〕子《シ》帥《ひき》ゐるに正《セイ》を以《も》つてせば、孰《たれ》か**敢《あ》へて**正《ただ》しから**ざらん**。

〔訳〕あなたが正しいことを率先垂範するなら、誰がどうして正しくならないことがあろうか、いやきっと正しくなるだろう。

語法 「正を以ってせば」の「せば」は、上の「帥ゐる」を受けて、「帥ゐば」の意となる。この一文には、終尾詞としての「哉」がないので、終助詞「や」は添えずに読まれる。

典拠 『論語』「顔淵」。魯の季康子《きこうし》が政治について孔子に質問した。それに対する孔子の答えの言葉である。

92　あに…（せ）んや

豈《あ》ニ ― （セ）ンや 哉
乎・也＝哉

どうして…（し）ようか、いや、…（し）ない

例　世豈ニ知ランレ有ルヲ二此ノ物一哉。

〔訓読〕世《よ》、豈《あ》に此《こ》の物《もの》有《あ》るを知《し》らんや。

〔訳〕世間の人は、このような物がいるということはどうして知ろうか、いや、知るはずはない。

語法　「どうして…か、いや、…ない」というときの反語の文型。反語の中でももっとも多く使われる形。「豈」で始まる文の末尾に「ヤ」と読む漢字がなくても「豈ニ―ンヤ」と読むことになっている。この「ン」は古典文法の推量の助動詞「む」の終止形で、「…しようか」の「よう」に当たる。「ヤ」は反語の終助詞。

典拠　『列子《れっし》』「湯問《とうもん》」。北方に溟海《めいかい》と呼ばれる海があり、そこに幅が五六千里、長さもそれにつり合う「鯤《こん》」という魚が住むという。また「鵬《ほう》」という鳥がいて、羽は空一面にたれる雲のように広く、からだは羽につりあっている。世間の人はこんな物がいるとは、とうてい知るまいという文である。

例　夫レ召クレ我ヲ者ハ、而豈ニ徒ラナラン哉。

〔訓読〕夫《そ》れ我《われ》を召《まね》く者《もの》は、豈《あ》に徒《いたづ》らならんや。

〔訳〕そもそも私を招くのは、どうして悪い戯れであろうか、いやそんなことはあるまい。

語法　この場合、「豈に…んや」で反語となる対象が「徒らなら（徒らなり）」というネガティブな内容なので、その究極的に意味するところは、肯定的な内容ということになってこよう。例文に即していえば、「徒らなり」は〈悪い戯れ〉〈意味ない招き〉〈単なる虚礼〉などを指すことになろう。それが反語で逆になるのだから、孔子の意見を聞くための意味ある招きということになってこよう。

典拠　『論語』「陽貨《ようか》」。公山弗擾《こうざんふつじょう》が主人に謀反をおこした。公山が孔子を招いたので孔子は行く気になった。子路は反対した。それに対して言った孔子の言葉の一節である。

例　激シテ而行レバレ之ヲ、可シレ使ムレ在ラレ山ニ。是レ豈ニ水之性ナラン哉。

〔訓読〕激《ゲキ》して之《これ》を行《や》れば、山《やま》に在《あ》らしむべし。是《こ》れ豈《あ》に水《みづ》の性《セイ》ならんや。

〔訳〕水はこれを堰《せ》き止めると、山の頂上にまで逆流する。これがどうして水の本性といえようか、いえない。

語法　「あに」は、もともとの日本語としては、打消表現と呼応して〈決して〉の意を表す副詞であった。それが反語表現と呼応するようになったのである。そこで、例文に即していうと、「水の性なり」を打ち消すと、その「水の性ならず」が究極の文意となるというように、おのずから見えてこよう。

典拠　『孟子』「告子《こくし》上」。孟子の言葉の一節である。孟子は、善である人間の本性は、水が低い方に向かって流れるようなものだという。また、孟子は、水は手で打つとしぶきが高く上がって額《ひたい》を越えることもある、という。例文はそれに続く一文である。

93　なにをか…(せ)ん(や)

(奚)何ヲカ ―― (セ)ン(ヤ)

なにを…(し)ようか、いやなにも…(し)ない

例 内ニ省リミテ不ンバレ疚シカラ、夫何ヲカ憂ヘ何ヲカ懼レン。

〔訓読〕 内《うち》に省《かへ》りみて疚《やま》しからずんば、夫《そ》れ**何《なに》をか**憂《うれ》へ**何《なに》をか**懼《おそ》れ**ん**。

〔訳〕 自分で反省してみて、何も気が咎《とが》めることがないなら、何を心配し、何を恐れようか、いや、何も心配したり、恐れたりすることはない。

語法 「何を…(し)ようか、いや何も…(し)ない」というときの反語の文型。疑問代名詞「なに」を格助詞「を」が受け、その下に反語の係助詞「か」が付いているので、文末は「…(せ)ん」でよいはずである。そのように、「なにをか…(せ)ん」でよいのだが、反語の意味を強めるために終助詞「や」が付くことがあるのである。

典拠 『論語』「顔淵《がんえん》」。司馬牛が孔子に、君子とはどういう人か、について質問したのに対して、孔子が、憂えず懼れず、と答えたところ。それだけで君子といえるのですか、と不満げに重ねて質問されたのに対して答えた一文である。

例 而シテ又何ヲカ羨マン乎。

〔訓読〕而《しか》して又何《またなに》をか羨《うらや》まんや。

〔訳〕それなのに、また何を羨むことがあろうか（、いやなにも羨むことなどない）。

語法　「何…乎」が「なにを…（し）ようか、いやなにも…（し）ない」の意の反語の文型である。「而」は接続を表す字で、順接にも逆接にも用いられるが、ここは逆接の意となっている。

典拠　『古文真宝後集』「前赤壁賦《ぜんせきへきのふ》」。「赤壁賦」には「前」「後」二つの文章があり、ここは、「前」に属する文章。作者自身を思わせる蘇子《そし》が赤壁の下に舟を浮かべ、客と交わす会話のなかの一節である。

例　求メテレ仁ヲ而得タリレ仁ヲ、又何ヲカ怨マン。

〔訓読〕仁《じん》を求《もと》めて仁《じん》を得《え》たり。又何《またなに》をか怨《うら》まん。

〔訳〕仁の精神を求めて、仁の精神を得たのである。また、何を怨むことがあろうか（、いや、怨むことなどない）。

語法　この例文は、「何―乎」の「乎」のない形なので、「何をか…ん」と読み、「や」を伴わない。そもそも日本語としても、本来は、「や」がなくて成立する反語の表現なのである。

典拠　『論語』「述而《じゅつじ》」。子貢《しこう》が孔子に「伯夷《はくい》・叔斉《しゅくせい》は父の後継者になるのを遠慮し合って餓死したけれども、そのことを悔い怨むところがあったでしょうか。」と質問した。それに対する孔子の答えである。

94
べけんや
といふべけんや

可《ベケン》レ ― 乎《や》
可《ベケン》レ謂《フ》レ ―《ト》乎《や》

…ということができようか（できない）
…といってよいだろうか（よくない）

例 以《ツテ》レ臣《ヲ》弑《ス》レ君《ヲ》、**可**《ケン》レ**謂**《フ》レ仁《ト》**乎**。

〔訓読〕臣《シン》を以《も》つて君《きみ》を弑《シイ》す、仁《ジン》と謂《い》**ふべけんや**。

〔訳〕臣下の身でありながら君主を殺そうとするのは、仁者（＝徳の備わった人物）と言うことができようか、言うことはできない。

語法 「…できようか（できない）」「…でよいだろうか（よくない）」というときの反語の文型。「べけんや」については、既に86において、「…（せ）んや」と併せて触れたところではあるが、この94として、「…べけんや」に限って、いま少しいくつかの例文を観察していくこととする。さて、その「べけんや」は不可能も表し、不許可も表す。そして、この例文は、不可能にも不許可にも解せる用例である。

典拠 『十八史略』「巻一・周《しゅう》」。武王は、暴虐な政治で人民を苦しめる紂王《ちゅうおう》を武力で倒そうと立ちあがった。伯夷と叔斉の二人が武王の行為を思いとどまらせようとして言った言葉。臣下でありながら、君主を討つのは秩序を乱すことであり、認められない、と言って二人は反対しているのである。

例　治ムルコトノミ二 天下ヲ一、独リ可ケン二耕シ且ツ為ス一与。

〔訓読〕天下《テンカ》を治《をさ》むることのみ、独《ひと》り耕《たがや》し、且《か》つ為《な》すべけんや。

〔訳〕天下を治めるという事業だけが、（いろいろな事業のなかで）その事業だけ、一方で耕作しつつ天下を治めることができる事業というものであろうか（、いや、そんなことはない）。

語法　「…できようか（できない）」「…でよいだろうか（よくない）」というときの反語の文型。「可…乎」の「乎」字が「与」字となっている「可…与」という構文で、読み方は、同じく「べけんや」である。「べけんや」の「べけ」は、「べから」がつまったものなどではなく、助動詞「べし」の奈良時代の未然形で、「べから」という未然形が生れる以前の古形である。

典拠　『孟子』「滕文公《とうのぶんこう》上」。世の中は、農業に携わる者が工業に携わる者から農具を買うというように、それぞれ分業によって成り立っているものだ、ということを述べた孟子の言葉の一節である。

例　不仁者ハ可ケン二与ニ言フ一哉。

〔訓読〕不仁者《フジンシャ》は与《とも》に言《い》ふべけんや。

〔訳〕不仁者は一緒に語り合うことができるであろうか（、いや、できない）。

語法　「…できようか（できない）」というときの反語の文型。例文において、何ができないかというと、語ることができないのではなく、一緒に語り合うことができないのである。

典拠 『孟子』「離婁《りろう》上」。孟子は例文の言葉に続けてその理由を言う。「不仁者は危険を安全と言い、災いが予測されることを有利だと考える。考え方が逆だ。自分が亡びるようなことを逆に楽しんでいる。」と。

例 為スニレ政ヲ不レ因ラ二先王之道一ニ、**可**ケンレ**謂**フレ智ト**乎**。

〔訓読〕 政《まつりごと》を為《な》すに先王《センワウ》の道《みち》に因《よ》らずんば、智《チ》**と謂《い》ふべけんや**。

〔訳〕 政治を執り行うに、先王の道に因らないならば、智者といっていいであろうか（、いや、よくない）。

語法 「…でよいだろうか（よくない）」というときの反語の文型。これは不適切をいう表現といえようか。実はこの94の第一例もそうであったように、「…と謂ふべけんや」となっている用例が多いのである。

典拠 『孟子』「離婁上」。孟子は言う。「（だれの目にも見える）高い物を作るときは丘陵を利用するがよい。また（人目につきにくい）低い溝など作るときには川や沢を利用するがよい」と。引用文はそれに続けての言葉である。

例 身為リ二天子一ト、弟為ラバ二匹夫一、**可**ケンレ**謂**フ三親‐二愛スト之一ヲ**乎**。

〔訓読〕 身《み》天子《テンシ》と為《な》り、弟《おとうと》匹夫《ヒップ》為《た》らば、之《これ》を親愛《シンアイ》す**と謂《い》ふべけんや**。

〔訳〕 自分が天子となって、弟がいやしい身分の男というなら、どうして弟を親愛しているといえようか（、いや、いえない）。

語法 「可謂―乎」となっていて、この例文も、「…と謂ふ可けんや」と読む用例である。「謂ふ」は、〈評価していう〉、また、〈表現や事物の究極の意味を述べる〉などを意味する。「と謂ふべけんや」が頻用される理由も理解できよう。

典拠 『孟子』「万章上」。万章《ばんしょう》が孟子に問うた。「舜《しゅん》の弟の象《しょう》は兄を殺すことばかりたくらんでいたが、舜は自分が天子となった時、弟を遠方に追放しただけだったのはどう理解すべきか。」と。例文は、それに対する孟子の答えである。

例 **其レ可ケンレ忘ル乎。**

〔訓読〕其《そ》れ忘《わす》る**べけんや。**

〔訳〕どうして、それ（肉親）を忘れることができようか（、いや、できない）。

語法 「其れ」は発辞といわれる用法のものであって、指示語ではない。〔訳〕において「それ（肉親）を」としたのは、文脈のうえで補ったものである。なお、この「其れ…べけんや」は、それで定着していて、時に現れる文型である。

典拠 『古文真宝後集』「思亭記《していのき》」。陳師道《ちんしどう》の文章。人は肉親を忘れないために墳墓をつくり、祭祀をおこない、喪服をつくる。それ、みな、肉親への思いを続けるためである。そういう文章の中の一節。

95　…（するを）えんや

得《ン》二──《（スル）ヲ》一乎《や》

…（する）ことができようか、…できない

例　言《フコト》之《ヲ》得《ン》レ無《キヲ》レ訒《ブコト》乎。

〔訓読〕之《これ》を言《い》ふこと、訒《しの》ぶこと無《な》きを**得**《え》**んや**。

〔訳〕言葉に出すことを耐え忍ばないでいられようか（、耐え忍ばないでいられなくはない（＝耐え忍んで控えめにしていられる。））。

語法　「…することができようか、できない」というときの反語の文型。「え」は、ア行下二段活用動詞「得」の未然形で、可能の意を表す。現代語でも、「…せざるをえない」などという、その「え」も、同じものである。この例文、我慢しないでいられようか、我慢しないでいられなくはない、つまり我慢しないでいられる、ということをいっているのである。

典拠　『論語』「顔淵《がんえん》」。司馬牛が孔子に「仁」について質問したのに対して、孔子の答えた言葉。「仁者《ハ》其《ノ》言《フ》也《や》訒《しのブ》〈＝仁者は、言う時には耐え忍んで控えめにする〉。」と最初に答えて、「言ったことを実践するのは難しい。それを知っていれば、言葉も自然と控えめになろう。」と言っているところ。

96 なんぞ…（せ）ざる

何《ゾ》不《ル》二――《（セ）》一

どうして…（し）ないのか（したほうがよい）

例 何《ゾ》不《ル》二秉《リテ》レ燭《ヲ》遊《バ》一。

〔訓読〕**何**《なん》**ぞ**燭《しょく》を秉《と》りて遊《あそ》ば**ざる**。

〔訳〕どうして明かりをつけて遊ばないのか（、遊んだほうがよい）。

語法 「どうして…（し）ないのか（、したほうがよい）」というときの反語の文型。再読文字「盍」（なんぞ…ざる）と同じである。この反語の形式は、結果的には「…したほうがよい」と相手にすすめる勧誘の表現を構成することになるのである。

典拠 『文選《もんぜん》』「古詩十九首第十五《こしじゅうくしゅだいじゅうご》」無名氏（作者不明）の作品の一種。歳月のうつろいやすいことを嘆き、青春は再び得がたいから機会をのがさずに楽しめと謳う。「生年百に満たず」で始まる有名な作品。

例 世人皆濁《ラバ》、何《ゾ》不《ル》下淈《シテ》二其《ノ》泥《ヲ》一而揚《ゲ》中其《ノ》波《ヲ》上。

〔訓読〕世人皆濁《せじんみなにご》らば、**何**《なん》**ぞ**其《そ》の泥《どろ》を淈《にご》して、其《そ》の波《なみ》を揚《あ》げ**ざる**。

〔訳〕世の人々が皆濁っているというなら、どうして（あなたも）世の泥を濁して泥を掻き立てないのか。

語法 この「なんぞ…ざる」という訓読表現は、日本の文章表現としても定着していて、あの兼好も「老いぬと知らば、**なんぞ**閑《しづ》かに身をやすくせ**ざる**。行ひ愚かなりと知らば、**なんぞ**茲《これ》を思ふこと茲にあら**ざる**」（『徒然草』一三四段）というように用いている。

典拠 『古文真宝後集』屈原《くつげん》「漁父辞《ぎょほのじ》」。屈原が追放されて湘江《しょうこう》のほとりを放浪していたとき、漁夫が尋ねた。「どうしてこんな境遇におなりか」と。屈原が「世の中みな汚れているが自分だけは清らかだからだ」と答える。例文は、それに続く漁夫の言葉。

例 田園将ニ蕪セントス、**胡**ゾ**不**ルレ帰ラ。

〔訓読〕田園《デンエン》将《まさ》に蕪《ブ》せんとす、**胡**《なん》**ぞ**帰《かへ》ら**ざる**。

〔訳〕田園は荒れようとしている、どうして帰らないのか（、帰ったほうがよい）。

語法 「胡」字が「何」と同じ疑問詞で、「不」字とセットになって反語の表現を構成している。「胡」字は「何」字と同じだが、用法が狭く、用例も限られる。「蕪せんとす」の「蕪」字は、訓で読んで、「蕪《あ》れんとす」としてもよい。

典拠 『古文真宝後集』「帰去来辞《ききょらいのじ》」。陶潜の有名な「辞」の冒頭の一句である。陶潜が任地の潯陽道彭沢県《じんようどうほうたくけん》を去るに当たって、その心の内を述べたものとされる。辞職理由は、役人という職務に不向きであるという判断によるもの等の説があるが、未詳。

97　…をいかんせん

如《いか》二―一何《ヲんセン》

どうしようか…どうすることもできない

例　天之未ダルレ喪サ二斯ノ文ヲ一也、匡人其レ**如**レ予ヲ**何**セン。

〔訓読〕天《テン》の未《いま》だ斯《こ》の文《ブン》を喪《ほろぼ》さざるや、匡《キヤウ》人《ひと》其《そ》れ予《われ》を**如何《いかん》せん**。

〔訳〕天の加護のあるこのわたしを、匡人のごとき者が一体どうしようとするのか、どうすることもできない。

語法　「どうしようか、…どうすることもできない」というときの反語の文型。「如何」は、118において述べるように、「いかん（せん）」と読まれて疑問も表すので、注意したい。訓読文だけを見たときには、疑問か反語か一瞬迷わせられようので、警戒することである。文脈に沿って疑問か反語かを判断するように努めたい。「いかんせん」は「いかにせむ」が転じたもので、日本古典の古文にも、殊に和歌にも、用例を見るのである。反語の用法が定着して、「いかんせん、火の回りが早かった」など、現代語にも見られる。その場合、〈どうしようもないことに〉〈残念ながら〉の意の一語の副詞のようになっている。

典拠　『論語』「子罕《しかん》」。孔子が匡《きょう》で大難に遭い、殺されそうになった時、落ち着きはらって言った言葉。難に臨んでの、大人物の従容《しょうよう》たる態度、道を伝える者の毅然たる信念があらわれている。

例　不ンバㇾ能ハ下以ッテ二礼譲ヲ一為ムルコト上国ヲ、如ㇾ礼ヲ何セン。

〔訓読〕礼譲《レイジヤウ》を以《も》つて国《くに》を為《をさ》むること能《あた》はずんば、礼《レイ》を**如何《いかん》せん**。

〔訳〕礼譲の心でもって国家の政治に当たることができないならば、制度など、形式的な礼があったとしてもどうしようもない。

語法　この例文は、順接仮定条件の「…こと能はずんば」が前件となっていて、その後件として、「…（を）いかんせん」とあるのである。形式的な礼など、そんなものがあったとしても、どうしようか、どうしようもない、というのである。

典拠　『論語』「里仁《りじん》」。礼儀と謙譲の心で政治に当たるならば、政治にとって困難はない、と孔子はいう。例文はそれに続く一文である。

例　騅ノ不ルㇾ逝カ兮、可キ二奈何ス一、虞ヤ兮虞ヤ兮奈ㇾ若ヲ何セン。

〔訓読〕騅《スイ》の逝《ゆ》かざる奈何《いかん》すべき、虞《グ》や虞《グ》や若《なんぢ》を**奈何《いかん》せん**。

〔訳〕名馬の騅《すい》が動かないのはどのようにすべきであろう、虞よ虞よお前をどうしようか（、どうしようもない）。

語法　この例文は、七言の詩の二句である。「虞や虞や」と呼びかけて、お前を〈どうしようか、どうしようもない〉という、反語の「いかんせん」ということになる。「奈」は漢音「ダイ」、呉音「ナイ」で、この「奈何《いかん》」以外は、「奈落（＝地獄）」という仏教語と地名「奈良」に限られる字である。なお、「奈何」は、同じ疑問・反語でも、手段・

方法についていう場合が多いようである。さて、上の七言の句末に「可《キ》㆓奈何《ス》㆒」とあって、連体形「べき」となっているのは、「いかん」が不定語（＝疑問語）であるためで、結びとなっているのである。

典拠　『史記』「項羽本紀《こううほんぎ》」。項羽の軍が垓下《がいか》にたてこもった。漢の軍隊や諸侯の兵がこれを何重にも包囲した。「四面楚歌」であった。項羽は詩を作った。例文は、その詩の第三句と第四句とである。

例　子曰《ハク》、「人《ニシテ》而不仁《ナラバ》、**如**㆑礼《ヲ》**何**《セント》。」

〔**訓読**〕子曰《シい》はく、「人《ひと》にして不仁《フジン》ならば、礼《レイ》を**如何**《いかん》**せん**。」と。

〔**訳**〕孔子が言うのに、「人間にして仁徳のない人なら、礼式を学習したとしてどうなろうか、どうなるものでもないだろう。」と。

語法　「人にして不仁ならば」という順態仮定条件を受けて、「礼を如何せん」が後件となって推量していることになる。その後件は、〈どうにもならないだろう〉といっているのである。

典拠　『論語』「八佾《はちいつ》」。孔子が「礼」と「楽」とについて述べた文章の一節。

98

いかんぞ…（せ）ん（や）
いかんぞ…べけんや

如何ゾ ―（セ）ン（ヤ）
如何ゾ可ケン ―也ヤ

どうして…しようか、いや…しない
どうぞ…できようか、いやできない

例 対シテレ此レニ如何ゾ不ラン二涙垂レ一。

〔訓読〕此《こ》れに対《たい》して**如何《いかん》ぞ**涙《なみだ》垂《た》れざら**ん**。

〔訳〕これに（面と）向かって、どうして涙が流れないだろうか、いや、流れるに決まっている。

語法 「どうして…しようか、いや…しない」というときの反語の文型。「いかに…（せ）ん」に、強意の係助詞「ぞ」を入れて強調した表現としたもので、「…（せ）ん」の「ん」は、連体形と判断される。この用例は、自動詞「垂る」を「不」で打ち消しているので、結果的には「涙が流れる」ことを強調していることになる。ただ、その意味するところは、涙を流さずにいられようか、いや、流さずにはいられない、である。

典拠 白居易「長恨歌《ちょうごんか》」の一句。「長恨歌」は唐の玄宗皇帝と楊貴妃との悲恋をうたいあげた一大長編叙事詩。「長恨」とは玄宗皇帝の愛人楊貴妃に対する尽きない恋の恨みという意味である。楊貴妃が没して五十年後、白居易が三十五歳の時の作品といわれる。

例 **如レ之ヲ何ゾ其レ可ケンレ及ブ也。**

〔訓読〕 之《これ》を**如何《いかん》ぞ**其《そ》れ及《およ》ぶ**べけんや**。

〔訳〕 どうしてこれ（＝孔子大先生の偉大さ）に及ぶことができようか（、いや及ぶことはできない）。

語法 「どうして……できようか、いや…できない」というときの反語の文型。「可」字が加わって、可能の反語表現となっている例である。反語の意を強調するために、さらに反語の終助詞を添えているのである。

典拠 『論語』「子張《しちょう》」。子貢《しこう》の弟子の陳子禽《ちんしきん》が子貢に「孔子も先生に比べて際立って偉かったわけではありますまいに。」と言った。子貢はたしなめて、昔の例を挙げて孔子の偉大さを説明した。その最後の子貢のコメントである。

例 子曰《ハク》、「有《リ》二父兄在《ス》一、**如**レ之《ヲ》**何**《ゾ》其《レ》聞《クガママニ》斯《ニ》行《ハント》レ之《ヲ》」。

〔訓読〕 子曰《しい》はく、「父兄在《ふけいいま》す有《あ》り、之《これ》を**如何《いかん》ぞ**其《そ》れ聞《き》くがままに斯《ここ》に之《これ》を行《おこな》は**ん**。」と。

〔訳〕 孔子が言うのに、「父兄もいらっしゃる。どうして、聞いたことを直ちに実行してよいだろうか（、よいわけがない）。」と。

語法 「之」は、上の「之」も下の「之」も、前文までのところで子路が述べたことを受けていて、窮乏する民に穀物を与えて救うことをさしている。「如何ぞ」は副詞化していて、「如何ぞ…之を行はん」で、〈どうしてこのことを実行してよいだろうか〉ということになる。

典拠 『論語』「先進《せんしん》」。子路がよいことを聞いたらすぐ実行してよいか、と言ったのに対して、孔子が答えた言葉。この「父兄」については、宗族の長者とも解されている。

99　また…（なら）ずや

不二亦マタ――一（ナラ）ヤ乎

なんと…ではないか（、まことに…である）

例　学ビテ而時ニ習レフ之ヲ、**不二亦**説一バシカラ**乎**。

〔訓読〕学《まな》びて時《とき》に之《これ》を習《なら》ふ、**亦**《また》説《よろこ》ばしから**ずや**。

〔訳〕学んだことを機会あるたびに復習する（と、いつのまにか理解が深まって自分のものとなるので、それは）、なんと嬉しいことではないか（、まことにうれしいことである）。

語法　「なんと…ではないか（、まことに…である）」というときの詠嘆的反語の文型。反語の特殊形の一つで、「どうだ…ではないか」と話しかけ、相手の同意を促す意味がある。「亦」は詠嘆の意味をもって語調を整えるもので、「もまた」ではない。なお、この文に続いて、同じ『論語』の次の文に、「不二亦楽一シカラ乎」と出てくる。もちろん「楽しいではないか（、楽しいだろう）」の意である。

典拠　『論語』「学而《がくじ》」。論語の冒頭文である。「学ぶ」は、人のまねをするところから始めて、なるほどと納得するところまで行くことで、ここでは、昔の聖人の教えや詩経・書経・礼楽を学んで実践することである。

例　仁以ツテ為ス二己ガ任一ト、**不二亦**重一カラ**乎**。死シテ而後已ム、**不二亦**遠一カラ**乎**。

〔訓読〕仁《ジン》以《も》つて己《おのれ》が任《ニン》と為《な》す、**亦**《また》重《おも》から**ずや**。死《シ》して後《のち》已《や》む、**亦**《また》遠《とほ》から**ずや**。

〔訳〕仁の追究を自分の任務としているのだから、なんと、荷の重いことではないか。死んでやっとその責務が終止するのだから、なんと道《みち》のりの遠いことではないか。

語法　「不亦―乎」の「―」には、形容詞に訓読みされる一字が入ることになる。その形容詞は、補助活用の未然形をもって読まれることになる。「重から」「遠から」が、それである。

典拠　『論語』「泰伯《たいはく》」。曾子《そうし》が言うことに、道を追究しようとする者は広い心と強固な意志力をもたなければならない、なぜなら、その任務は重く、道は遙かだからだ、と言う。用例文は、それに続く言葉である。

例　**不㆓亦善㆒カラ夫。**

〔訓読〕**亦**《また》善《よ》から**ずや**。

〔訳〕なんと、よい話ではないか。

語法　「不亦―夫」を「また…ならずや」と読んで、「なんと…ではないか（、まことに…である）」の意を表す反語の文型である。「夫」の字は「や」と読むが、この字の代わりに「乎」という文字を用いても同じである。

典拠　『古文真宝後集』「種樹郭橐駝伝《しゅじゅかくたくだでん》」。柳宗元の文章。植樹の名人郭橐駝《かくたくだ》に、あなたのやり方を政治に応用してはどうか、と言ったのに対して、郭橐駝が答えた言葉を聞いて、質問者が発した言葉である。

100 なんの…かこれあらん

何《なん》ノ―カ之《こ》レ有ラン

なんの…があるだろうか、いや…は決してない

例　是レ何ノ難キコトカ之レ有ラン焉。

〔訓読〕是《こ》れ何《なん》の難《かた》きことか之《こ》れ有《あ》らん。

〔訳〕このことは、どうして難しいことがあろうか、いや、難しいことは決してない。

語法　「なんの…があるだろうか、いや…は決してない」というときの反語の文型。「有二何―一」の倒置形で、強調の形。「なんの」の下には名詞が来る。この例文の「難」字は、形容詞「難し」の連体形に読んで、さらに形式名詞「こと」を添えて名詞相当語句となっている。その下に反語の係助詞「か」が付いて、文末「有らん」の「ん」が連体形となって応じている。なお、「之れ有らん」の「之れ」は助字で、代名詞ではない。

典拠　『墨子《ぼくし》』「兼愛《けんあい》」。戦国時代の墨子の学説。人間の争乱の原因は、自分だけを愛して他人を愛さないことにあるとし、それを防ぐには自分や自分の家族同様に他人を愛すべきであるとする兼愛説を主張した。

例　君子居レバ之ニ、何ノ陋カ之レ有ラン。

〔訓読〕君子《クンシ》之《これ》に居《を》らば、何《なん》の陋《ロウ》か之《こ》れ有《あ》らん。

〔訳〕　君子がここ（夷国《いこく》＝えびすの国）に住むなら、（その国は君子に感化されてよくなろう）、なんの野鄙《やひ》なところがあろうか（、いや決してない）。

語法　「之」字は、音「シ」、訓「これ」で、指示代名詞である。「之に居らば」の「之」は、その代名詞で、前文を受けて、〈その地〉を指している。「何の陋か之れ有らん」の「之れ」は、代名詞用法から転じて、強調の助字となっているものである。送り仮名を送って区別することとした。

典拠　『論語』「子罕《しかん》」。孔子があるとき、文化の開けていないえびすの地にでも暮らそうか、と言った。それを聞いたある人が、えびすの国は未開地です、と言った。それに対する孔子の言葉である。

例　縦ヒ江東ノ父兄憐ミテ而王トストモレ我ヲ、我何ノ面目アリテカ見エンレ之ニ。

〔訓読〕縦《たと》ひ江東《カウトウ》の父兄《フケイ》憐《あはれ》みて我《われ》を王《ワウ》とすとも、我何《われなん》の面目《メンボク》ありてか之《これ》に見《まみ》えん。

〔訳〕かりに江東の父兄が気の毒がって、私を王にしたとしても、私は、どのような世間への体面をもって、その人たち（＝江東の父兄）にお目にかかることができようか（、いや、とてもできない）。

語法　例文の「我何面目見之」は、「我何の面目ありてか之れを見ん」とも読まれる。ただ、「見る」だと、自分を支援してくれる江東の父兄への敬意が表せないことになってしまう。「見《まみ》ゆ」と読むと、〈お目にかかる〉という謙譲語になるのである。

典拠　『史記』「項《こう》羽《う》本《ほん》紀《ぎ》」。漢軍に負け、烏江に来た時、亭長が早く川を渡るよう項羽に勧める。それに対して答えた項羽の言葉である。

101　なにをもってか…んや

何ヲ以ツテカ ―― 耶ンや

どうして…（し）ようか、いや、…（し）ない

例　何ヲ以ツテカ蓄クシテ二吾ガ生ヲ一、安ンゼン二吾ガ性ヲ一耶。

〔訓読〕**何《なに》を以《も》つてか**吾《わ》が生《セイ》を蓄《しげ》くして、吾《わ》が性《セイ》を安《やす》んぜん**や**。

〔訳〕どうしてわれわれの暮らしを豊富にして、われわれの本性を安んずることなどできようか（、いやできない）。

語法　「何…耶」で「どうして…か（、いや…ない）」の意の反語を表す文型である。「何を以って」に係助詞「か」が付いて、本来は疑問の文型となっていたものが、反語にも採用されたのである。日本語の古典文としては「何を以ってか…ん」で反語の一文としては成立しているのに、さらに反語の終助詞「や」が添えられたものと解せる。もちろん、終尾詞の「耶」を終助詞の「や」として読んだ結果でもある。

典拠　『古文真宝後集』「種樹郭橐駝伝《しゅじゅかくたくだでん》」。柳宗元の文章である。ある人が植樹の名人郭橐駝に質問した。あなたのやり方を政治に応用してはどうか、と。答えて言うに、最近の政治はひどい、こんなやり方では人民の安寧は不可能だ、と。

102 なんすれぞ…ん（や）

何為《なんす》レゾ ―― セン（ヤ）

どうして…（し）ようか、いや…（し）ない

例 何為レゾ寸歩モ出デテレ門ヲ行カン。

〔訓読〕 **何為《なんす》れぞ**寸歩《すんぽ》も門《もん》を出《い》でて行《ゆ》か**ん**。

〔訳〕 どうして寸歩（＝少しの歩み）として門を出て行く気になれようか、出て行く気になどなれない。

語法 「どうして…（し）ようか、いや…（し）ない」というときの反語の文型。「胡為《なんす》レゾ」も同じように用いる。

「なんすれぞ」は、「なにすれぞ」が転じたもので、疑問代名詞「なに」にサ変動詞「す」の已然形「すれ」、それに係助詞「ぞ」が付いたものである。「すれ」の下に「ば」がなくても、確定条件を表しているのである。

典拠 『菅家後集《かんけこうしゅう》』。菅原道真の詩「不レ出レ門」（＝門を出でず）七言律詩の一句。左遷された筑紫太宰府の地にあって、ひたすら謹慎している作者の心情を詠んだ詩。

例 予何為レゾ不ランレ受ケ。

〔訓読〕 予《われ》**何為《なんす》れぞ**受《う》けざら**ん**。

〔訳〕 私はどうして受けないことがあろうか、いや受けるつもりである。

語法　「何すれぞ」の「すれ」は、サ変動詞「す」の已然形であるが、奈良時代や、それ以前にあっては、その已然形だけで確定条件を表したのである。漢文訓読には、その用法が、この場合に限って残ったのである。

典拠　『孟子』「公孫丑下《こうそんちゅう》」。孟子の弟子が孟子に質問した。斉の国で送られたお金を受け取らなかったのに宋《そう》・薛《せつ》ではお金を受け取ったのは利にあわない、と。孟子が答えた。宋・薛では受け取る理由があったからだ、と。それに続く孟子の言葉である。

例　何為レゾ勧メンレ之ヲ哉。

〔訓読〕**何為《なんす》れぞ之《これ》を勧《すす》めんや。**

〔訳〕どうして、これ（＝燕を伐つこと）を勧めようか、いや、勧めない。

語法　『万葉集』には、「なにすれそ」とある。疑問表現として用いられ、やがて、その疑問表現が反語表現にも転用されて、この「なんすれぞ…（せ）ん（や）」などとなったものと思われる。そもそも、「なんすれぞ…（せ）ん」だけで、その「ん」は「ぞ」の結びとして連体形のはずである。さて、終助詞「や」は、原則として終止形に接続することになっている。矛盾していること、明らかである。もちろん、それは、「哉」を「や」と読ませた結果でもある。

典拠　『孟子』「公孫丑下《こうそんちゅう》」。斉が燕を伐った。ある人が孟子に質問した。「先生が燕を伐つことを斉に勧めたのか。」と。孟子が答えた。「伐つには伐つ理由とその資格があろう。」と。それに続く言葉である。

103　みずや　きかずや

不ヤレ見
不ヤレ聞カ

知っているだろう（ご存じだろう）

例 ①　君不ヤレ見黄河之水天上ヨリ来ルヲ。

〔訓読〕君《きみ》見《み》ずや、黄河《クワウガ》の水《みづ》天上《テンジヤウ》より来《きた》るを。

〔訳〕知っているだろう。黄河の水が遙《はる》かな上流、天の上からすばらしい勢いで流れ下ってくるのを。

語法　①の語法については、次の②の後に併せて解説する。「見ずや」「聞かずや」というように併せて認識するところに意味があるからである。さて、「見ずや」に続く「黄河の水上より来るを」は、倒置法として後に位置している。そして、その「来《きた》る」は、「来たる」ではない。「来《きた》る」は「来至《きいた》る」が語源のラ行四段活用動詞である。「来たる」とすると、完了の助動詞「なり」の連体形が付いていることになってしまうのである。

例 ②　君不ヤレ聞カ漢家山東ノ二百州。千村万落生ズルヲ二荊杞ヲ一。

〔訓読〕君《きみ》聞《き》かずや、漢家《カンカ》山東《サントウ》の二百州《ニヒヤクシウ》。千村万落《センソンバンラク》荊杞《ケイキ》を生《シヤウ》ずるを。

〔訳〕ご存じだろう。漢の武帝が遠征に人民を徴兵したために、田畑を耕す人がなく函谷関から地方二百州の千万の村落には、荊《いばら》や杞《くこ》などの雑木が生い茂ってしまったということを。

語法　「ご覧なさい」「お聞きなさい」というときの反語の文型。詩の慣用句。「君見ずや…を」「君聞かずや…を」の形で、あなたは見た（聞いた）ことがないか、「見て（聞いて）知っているだろう、…を」ということで、「知っているだろう」と訳す。「見る」も「聞く」も、知覚に関する動詞であるので、このように共通する表現を構成することになるのであろうか。

典拠　①・②とも『古文真宝前集』。①は李白の「将進酒《しょうしんしゅ》」。②は杜甫の「兵車行《へいしゃこう》」。

例　君不レ見ヤ青海ノ頭、古来白骨無シ二人ノ収ムル一。

〔訓読〕君《きみ》見《み》ずや、青海《セイカイ》の頭《ほとり》、古来《コライ》白骨《ハッコツ》人《ひと》の収《をさ》むる無《な》し。

〔訳〕みなさん、ご覧なさい、青海のあたりでは、昔から白骨を拾う人はいない。

語法　額田王《ぬかたのおおきみ》の「あかねさす 紫《むらさき》野《の》行き標野《しめの》行き野守《のもり》は見ずや君が袖振る（＝（あかねさす）紫野のなかを行き、標野のなかを行って、野守が見ているではないか、あなたが袖を振るのを）」という歌のその「見ずや」も、打消の反語を表すものではあるが、漢文訓読の「見ずや」は、勧誘の姿勢となっている点で、大きく異なる。

典拠　杜甫《とほ》「兵車行《へいしゃこう》」。「兵車行」は、作者の杜甫が、為政者の国盗り合戦のために駆り出される兵士になりかわって、その精神的苦痛を歌った詩である。「白骨」とは死んだ兵士の白骨である。

十二　疑問の形

相手に対して、疑問の気持ちを表し、問いたずねるときの文型。反語・詠嘆を表す場合もあるので、注意する。

疑問の代名詞・疑問の副詞を用いる場合	誰(孰)《カ》—《スル》	たれか—する	だれが〜するのか（人物を尋ねる）
	何(奚)《ヲカ》—《スル》	なにをか—する	なにを〜するのか（物を尋ねる）
	孰(奚)《レカ》—《スル》	いづれか—する	どちらが〜するのか（比較して尋ねる）
	安(焉)《ニカ》—《スル》	いづくにか—する	どこで〜するのか（場所を尋ねる）
	何(奚)《ゾ》—	なんぞ	どうして〜するのか（理由を尋ねる）
	安(悪)《クンゾ》—	いづくんぞ	
疑問の終尾詞を用いる場合	—乎《スルか》	—か・—や（連体形に続くときは「か」と読み、助動詞「ず」の終止形に続くときは「や」と読む。）	〜するか 〜ではないのか
	—与《スや》		
疑問詞と他の語とを併せ用いる場合	何為《レゾ》—《スル》	なんすれぞ—する（や）	どうして〜するのか（理由・方法を尋ねる）
	何以《ヲ》《ッテ》—《ス》也《や》《（スルか）》	なにをもって—すや（するか）	
	幾何《ゾ》—	いくばくぞ	どれくらいか（数量・程度を尋ねる）

如何《セン》	いかん（せん）	どうしたらよいか（手段・方法を尋ねる）
何如	いかん	どのようであるか（状態・程度・是非・真偽を尋ねる）

疑問の意を表す各漢字を日本の古典語のどのような不定語（＝疑問語）に当てて読んできているかを結びつけて認識していくことである。対象が人間である場合は「たれ」で、「誰」「孰」がそう読まれる。連体修飾語となるときは、「た（が）」となる。その他の不定語は、まず、「なに」系か「いづれ」系か、である。「なに」は、「何」「曷」「胡」「奚」などを読むのに用いられる。「なん」ともなって、「なんぞ」は、「何」「曷」「胡」「奚」「焉」「寧」「蓋」などを読むのに用いられ、さらに、熟字「何為」などの訓として「なんすれぞ」とも読まれることになっている。理由を述べるところでは、「何」が「なんとなれば」と読まれ、連体修飾語となるときは、「何」が「なんの」となるのである。「いづれ」と読むことになるのも、「何」「奚」「孰」である。その「いづれ」が接尾語「れ」を場所を表す接尾語「く」に替えて、「いづく」「いづくに」を経て「いづくんぞ」という訓読語が定着したのである。「安」「曷」「胡」「烏」「悪」「焉」「寧」などがそう読まれてきているのである。

他に「いく」系があるが、これは「幾」字に限られる。名詞の上について、「いくとき（時）」「いくひと（人）」もあるが、「いくばかり（許）」が語源かと思われる「いくばく」は、訓読語として定着したものである。その「いく」との関係は、なお不明であるが、「いか」系が他にあって、「いかなり」の連用形「いかに」を経た「いかん」が、「如何」「何如」「奈如」などの読みとしてこれまた定着してきているのである。

104 たれか…する

誰《たれ》カ ―― スル

孰＝誰

だれが…するのか

例 誰カ加フルレ衣ヲ者ゾ。

〔訓読〕**誰《たれ》か**衣《ころも》を加《くは》ふる者《もの》ぞ。

〔訳〕だれが衣服をかけてくれたのか。

語法 「だれが…するのか」というときの疑問の文型。「誰カ」「孰カ」は、濁らずに「たれ」と読む。「誰カ」は、人物を尋ねるときに用いる。また「孰レカ」とあるときは、「いづれか」とも読み、〈どちらか〉という比較選択の意ともなる。どちらも、疑問の係助詞は、「か」を用いて、「や」を用いることはない。文末の終助詞「ぞ」も、疑問の意を表している。

典拠 『韓非子』「二柄《にへい》」。むかし、韓の昭侯が酔って寝た折、冠《かんむり》の担当の家来が殿様が寒そうな様子を見て着物をかけてやった。昭侯は目がさめてそれをうれしく思い、そばの家来に「誰が衣をかけてくれたのか。」と尋ねた。「冠の係です。」と答えると、衣服の係と冠の係の両方を罰した。一方は職務を怠り、一方は出過ぎたと認めたからである。その話のなかの一文。

例　孰カ能ク与セン レ 之ニ。

〔訓読〕　**孰**《たれ》**か**能《よ》く之《これ》に与《くみ》せん。

〔訳〕　だれがこのような君主に味方することができるだろうか。

語法　例文は、大勢いる人のなかで、だれが、そのような君主（＝之）に味方することができるかを問うている文である。「与す」は、「組む」という動詞の連用形「くみ」に「す」が付いたサ変複合動詞である。「能く」は、可能の意を含みもつ副詞、「ん」は、推量の助動詞の連体形である。「孰か」の「か」の結びとしての連体形である。

典拠　『孟子』「梁恵王《りょうのけいおう》上」。孟子が梁の襄王に面会した。王は孟子に尋ねた。「天下はどこに落ち着くか。」と。「誰が天下を統一するか。」と。孟子は言った。「人を殺さない君主が統一するだろう。」と。それに続けて孟子に尋ねた王の言葉である。

例　弟子孰カ為スカ レ 好ムト レ 学ヲ。

〔訓読〕　弟子《テイシ》**孰**《たれ》**か**学《ガク》を好《この》むと為《な》すか。

〔訳〕　弟子のうちで、だれがいちばん学問を好むとしてよいか。

語法　「たれか」の文末は「ぞ」である場合も「ん」である場合もあるが、この例文の場合は、さらに、終助詞の「か」を読み添えている表現である。104の代表訓読は、「たれか…する」というように、動詞の連体形で、「たれか」の「か」に呼応したものとしたが、実際の訓読文は多様である。この例文は、実は、「孰か好むと為す」であるなら、代表訓読と一致することになるわけだが、そのうえに、さらに、疑問の終助詞「か」をつけ加えた、ということになるのである。

【典拠】『論語』「雍也《ようや》」。魯の哀公が孔子に尋ねた言葉である。孔子は「顔回という者がいた。彼は人格者で、同じ過ちを二度としなかった。ただ、彼は、もう他界してしまっている。しかし、顔回以外に好学の弟子はいない。」と答えた。

例　山阿寂寥トシテ、千載誰カ賞セン。

〔訓読〕山阿寂寥《サンアセキレウ》として、千載《センザイ》**誰《たれ》か**賞《シヤウ》**せ**ん。

〔訳〕山の一角は静まりかえっていて、千年の後、誰がこの山の一角を楽しみ賞するのか。

【語法】「誰か賞せん」の「ん」は、当然、連体形である。なお、この一文は、疑問文として読んでおくことになるが、反語文としても読めるものであって、その場合は、〈誰がこの山の一角を楽しみ賞するのか（、楽しみ賞したりはしない）〉ということになるわけである。

【典拠】『古文真宝後集』「北山移文《ほくざんいぶん》」。孔徳璋《こうとくしょう》の文章。近ごろは、偽隠者と思われる人たちがいる。昔は真の隠者がいたが、そういう人たちも今は死んでこの世にいない。そういう内容の文に続く一節である。

105 なにをか…する

何《ヲカ》 ― 《スル》

なにを…するのか

例 大王《ノ》来《ルトキ》何《ヲカ》操《レル》。

〔訓読〕大王《ダイワウ》の来《きた》るとき**何《なに》をか**操《と》れ**る**。

〔訳〕大王（沛公）が来られるとき、何をみやげに持参なさったのか。

語法 「なにを…するのか（物を尋ねる）」というときの疑問の文型。「奚《なにヲカ》」も同じ用法。「なにをか」の「か」という係助詞を受けて、文末は連体形で結ばれる。「する」は、動詞の代表としてサ変動詞「す」の連体形をもって示したもので、例文は、「操る」の已然形についた完了の助動詞「り」が、連体形「る」という結びの形となっている。

典拠 『史記』「項羽本紀《こううほんぎ》」。鴻門の会で、沛公が危険を感じ、項羽の陣地をひそかに立ち去るとき、あとに残った張良が沛公に尋ねた言葉。沛公は、項羽に白璧一対、項羽の参謀范増《はんぞう》に玉斗一対のみやげをたずさえて、謝罪にきていたのである。

例 必不《ズ》レ得《シテ》レ已《ムヲ》而去《ラバ》、於《イテ》二斯《ノ》三者《ニ》一何《ヲカ》先《ニセン》。

〔訓読〕必《かなら》ず已《や》むを得《え》ずして去《さ》らば、斯《こ》の三者《サンシャ》に於《お》いて**何《なに》をか**先《さき》にせ**ん**。

〔訳〕　きっとやむを得ず割愛するとしたら、この三者のうち何を先に割愛するのがよいか。

語法　例文は、何を優先するのが適切かを問うている一文である。「先にす」は、名詞「先」、格助詞「に」、それに動詞「す」が付いて、一語の複合動詞となったものである。上に「…去らば」という順接仮定条件が前件となっているので、「先にせん」というように、適当推量の助動詞「ん」を採用するのは、十分に理解できるところである。「何をか…」も受けることになるので、その「ん」は、当然、連体形である。

典拠　『論語』「顔淵《がんえん》」。子貢が孔子に政治の要諦を質問した。孔子が言うには、「食べ物と軍備の充実をはかり、臣民が信義の心を持つようにさせることだ。」と。また、子貢が問うた、その言葉が、これである。

例　孔子奚ヲカ取レル焉。

〔訓読〕孔子《コウシ》奚《なに》をか取《と》れる。

〔訳〕　孔子は、（その役人の）どのような点を取り上げ（て褒め）たのか。

語法　「奚」は音「ケイ」で、種族名をいう字だが、音を借りて疑問の助字となったものである。「なにをか」を受けて、「取れり」の「り」という完了の助動詞が連体形「る」となっている。この105文型の諸用例を見た結果、その代表訓読「なにをか…する」の「する」は、動詞の代表というよりは、活用語の連体形の代表ということになってくる。実際のところ、「なにをか…る」といっていいくらい、完了の助動詞「り」の連体形で結ばれている用例が多かったこと、言い添えておこう。

典拠　『孟子』「滕文公下《とうのぶんこう》」。孟子の弟子が孟子に、自分から進んで諸侯に面会しようとしない理由を質問した。孟子は、招き方が違っているとして王の招きに応じなかった役人を褒めた孔子の言葉を引用して答えた。その孟子の言葉の一節である。

例 子路曰《ハク》、「衛君待《チテ》レ子《ヲ》而為《サバ》レ政《ヲ》、子将《ニ》奚《ヲカ》先《ニセントスルト》。」。

〔訓読〕子路《シロ》曰《い》はく、「衛君子《エイクンシ》を待《ま》ちて政《まつりごと》を為《な》さば、子《シ》将《まさ》に**奚《なに》をか**先《さき》にせんと**する**。」と。

〔訳〕子路が言うことには、「衛君が先生を招いて政治を行うとしたら、先生は何を率先して行おうとするか。」と。

語法「子将奚先」で「子奚をか先にせんとす」と読むテキストも見るが、いかがであろうか。「奚をか」の「か」を受けているのだから、「先にせんとする」というように、連体形「する」でなければならない。再読文字「将」があるので、「先にせんとする」の「ん」が、「奚をか」の「か」に応じたものと見てしまうのであろうか。その結果として「子奚をか先にせんとす」と読んでいるのであろうか。「んとす」は切り離せないものとして、「奚をか」の「か」を受けて、「んとする」で結ばれると見るのが本書の立場である。

典拠『論語』「子路《しろ》」。子路が孔子に質問した言葉。

106 いづれか…する

孰《いづレカ》―《スル》

どちらが…するのか

例 女《ト》与レ回孰《レカ》愈《レル》。

〔訓読〕 女《なんぢ》と回《クワイ》と**孰《いづ》れか**愈《まさ》**れる**。

〔訳〕 お前と顔回とどちらがまさっていると思うか。

語法 「どちらが…するのか」というときの疑問の文型。比較して尋ねる場合に用いる。「奚」も同じように用いる。「愈れる」の「る」は、存続の助動詞「り」の連体形で、「いづれか」の「か」の結びとなっている。

典拠 『論語』「公冶長《こうやちょう》」。孔子が、日ごろから人の論評を好む弟子の子貢に尋ねている一文。自信にみちた子貢も、同門の顔回の賢明なことをたたえて、「一を聞けば十をさとるほどで、私なぞはせいぜい一を聞いて二を知るぐらいだ。」と言っている。なお、孔子は思想家としてだけではなく、すぐれた教育者でもあった。門人の中で特に傑出した十人を「孔門の十哲」というが、子貢・顔回の二人もこの〝十哲〟のメンバー。

例 子貢問《フ》、「師《ト》与レ商《ハ》也、孰《レカ》賢《レルト》。」

〔訓読〕 子貢《シコウ》問《と》ふ、「師《シ》と商《シヤウ》とは、**孰《いづ》れか**賢《まさ》**れる**。」と。

〔訳〕子貢が（孔子に）質問したことには、「師（＝子張）と商（＝子夏）と、どちらが賢いか。」と。

語法 この例文では、比較の対象が、「AとBとは」というように示されている。「AとBと」と読むだけでもよいが、この場合は、「也」字があるので、「は」を添えて読んでいくことになる。「賢れる」の「る」も、存続の助動詞「り」の連体形で、「孰れか」の「か」の結びとなっている。

典拠 『論語』「先進《せんしん》」。例文の質問に、孔子は、「師は過ぎているが、商は及ばない。」と答えた。子貢が「それでは、師が（商よりも）優れているということですか。」と尋ねると、孔子は、「過ぎたるは猶《な》ほ及ばざるがごとし。」と答えることになる。

例 太宗嘗問《テフ》二侍臣《ニ》一、「創業《ト》守成《ト》孰《レカ》難《キト》。」。

〔訓読〕太宗嘗《タイソウかつ》て侍臣《ジシン》に問《と》ふ、「創業《サウゲフ》と守成《シユセイ》と**孰《いづ》れか難《かた》き**。」と。

〔訳〕太宗が嘗て侍臣に問うたことには、「国家建設を始めるのと定まったものを守るのとどちらが難しいか。」と。

語法 右の例文では、「孰れか」の係助詞「か」に応じる語が形容詞「難し」であるので、連体形「難き」で結ばれている。「AとBと孰れか＋連体形」という文型である。

典拠 『十八史略』「唐《とう》」。貞観時代、帝が臣下に向かって質問した言葉。それに対して、房玄齢は、創業のほうが難しいと言い、魏徴は、守成のほうが難しいと答えた。

107　いづれぞ（や）

孰《い》与《づ》レゾ（や）

どちらが…か

例 孰二与レゾ君ト少長一。

〔訓読〕君《きみ》と少長《セウチヤウ》**孰《い》与《づ》れぞ**。

〔訳〕君と（項伯と）どちらが年長か。

語法 「どちらが…か」というときの疑問の文型。比較して尋ねるのに用いる。「…孰与《いづれ》ぞ」のように、文末が「いづれぞ」で終わるので、この「ぞ」は、終助詞として取り扱う。疑問の語に付いて強く問いただす意を表す用法である。

典拠 『史記』「項羽本紀《こううほんぎ》」。鴻門の会の一文。沛公の部下である張良のもとに「項羽の軍が攻めてくるので、逃げるように。」と項羽の叔父の項伯から通報があった。項伯は以前張良に命を助けられたこともあり、二人は旧知の間柄だが、今は敵対する軍にいる。張良はすぐ沛公に報告、対策を考えている場面での沛公の言葉。

例 今某之業所レ就ル、孰二与レゾヤ仲ト多一キコト。

〔訓読〕今某《いまそれがし》の業《ゲフ》就《な》る所《ところ》、仲《チユウ》と多《おほ》きこと**孰《い》与《づ》れぞや**。

〔訳〕いま私のこれまでしてきた事業は、（弟の）仲とどちらが多いか。

語法 「…といづれぞ」という構文の一つ。「…といづれぞ」の「ぞ」だけでは疑問の意に不足を感じてか、さらに疑問の終助詞「や」を添えたものと思われる。この本文、「仲が多きにいづれぞ」とも読まれてきている。

典拠 『史記』「高祖本紀」。未央宮《びおうきゅう》が長い歳月と多額の出資により完成した。その祝宴のとき、漢の高祖は父の長寿を祝って言った。例文は、その高祖の言葉である。

例 …、此レ孰下与レゾ身ハ伏二シ鉄質一ニ、妻子ハ為上ルニ僇ト乎。

〔訓読〕…此《こ》れ身《み》は鉄質《フシツ》に伏《ふ》し、妻子《サイシ》は僇《リク》と為《な》るに**孰与《いづ》れぞや**。

〔訳〕…（秦から離れ、諸侯と合従し協力して秦を責め、領地を分けてその地に王となり、孤と言われない者になるのと、）自分は腰切りの処刑を受け、家族も皆殺しにされるのと比べて、どちらがよいか。

語法 「…にいづれぞ」という構文。「いづれぞ」の上に比較を示す格助詞「に」を置いて読む。ここでも、さらに疑問の終助詞「や」を添えている。「いづれぞ（や）」と比較して尋ねるとき、比較の基準を表すには、前々例「君と…孰れぞ」や、前例「仲と…孰れぞや」のように、「と」を用いることが多いが、本例のように、「…に孰れぞや」のように、「に」を用いることもある。

典拠 『史記』「項羽本紀《こううほんぎ》」。趙の将軍陳余が、秦の将軍将邯に文書を送った。「自分たちと合従連衡して秦を攻めないか。」と。例文はそのときの陳余の書翰文中の一節である。

108　いづくにか…ある　いづくにか…する

安《いづクニカ》　——　連体形（スル）

どこに…いるか
どこで…するのか

例　方リテ二此ノ時ニ一也、堯ハ安クニカ在ル。

〔訓読〕此《こ》の時《とき》に方《あた》りて、堯《ゲウ》は安《いづ》くにか在《あ》る。

〔訳〕この話のあった頃には、堯はどこに（どうして）いたのか。

語法　「どこに…いるのか」というときの疑問の文型。場所を尋ねる時に用いる。「焉」も同じように用いる。この表現形式について、代表訓読は「いづくにか…する」としておくのがよいが、動詞の部分は、ほとんどが「ある」となるもので、「いづくにか…ある」として、まず認識しておくほうがよい。

典拠　『韓非子』「難一《なんいち》」。ある人が儒者に尋ねている一文。舜が、貴い身分であるのに、民を感化するためにみずから耕し、漁をし、土器をつくったことを述べた後に続く部分である。この問いに対して、その儒者は、堯は天にいたと答える。そして、堯と舜とを共に聖人とすることはできないという、「矛盾」の論理へと展開していく途中の一文である。

例　而シテ今安クニカ在ル哉。

〔訓読〕而《しか》して今安《いまいづ》くにか在《あ》る。

〔訳〕そうしていま（その曹操は）どこにいるのか。

語法 この例文、「而《しか》して今安《いまいづ》くにか在《あ》る」と読んだが、ここは「而して今安くに在りや」と読んでもよいところである。意味は変わらない。「安くにか」というように係助詞「か」を用いたので、その結びとして「在る」と、連体形で結んだのである。

典拠 『古文真宝後集』「前赤壁賦《ぜんせきへきのふ》」。蘇軾の文章。作者とおぼしき蘇子《そし》が赤壁《せきへき》の岸下に舟を浮かべ、客と語らう。客は蘇子の歌に併せて楽器を奏でた。物悲しい音色である理由を尋ねた蘇子に客が答える。「曹操が東進した時、船団は千里も続き、その中で酒を飲み詩をつくったというではないか。」と。ここは、それに続く一句である。

例 仲尼焉ニカ学ベル。

〔訓読〕仲尼《チュウジ》焉《いづく》にか学《まな》べる。

〔訳〕仲尼（＝孔子）はどこで学んだのか。

語法 下接する動詞との関係で、「いづくにか」の「に」という場所を示す格助詞は、〈で〉と訳される。「学ぶ」の已然形に完了の助動詞「り」を添えて、それを係助詞「か」の結びとして、連体形「る」にして読んでいる。その「学べる」を、代表訓読としては、「する」にしてあるのである。

典拠 『論語』「子張《しちょう》」。衛《えい》の公孫朝《こうそんちょう》が孔子の弟子の子貢《しこう》に、例文のように問うた。子貢は答えた。「わが先生はどこでも学ばないことがあろうか、どこでも学ぶし、特定の師もない。」と。

109 なんぞ…（や）

何《ゾ》―（乎《や》）

奚・曷・放・庸＝何

どうして…か

例　（曾晳）曰《ハク》、「夫子何《ゾ》哂《フ》レ由《ヲ》也《ト》」。

訓読　（曾晳《ソウセキ》）曰《い》はく、「夫子《フウシ》**何**《なん》**ぞ**由《イウ》を哂《わら》ふ**や**。」と。

訳　（曾晳が）言うことには、「先生は、どうして仲由の考えをお笑いになるのか。」と。

語法　「なんぞ…連体形」と読むだけでも、また、「なんぞ…か」と読んでもよい。「どうして…か」という理由を問う疑問の文型である。否定を含んで、「汝何不受乎〈汝《なんぢ》、何《なん》ぞ受けざるか〉。」となると、「お前はどうして受け取らないのか。」というように、そうしない理由を問うことになる。また、「何楚人之多也〈何《なん》ぞ楚《ソ》人《ひと》の多きや〉。」のように、〈何と楚人の多いことか〉という詠嘆になることもある。

典拠　『論語』「先進《せんしん》」。曾晳は、子路《しろ》・冉有《ぜんゆう》・公西華《こうせいか》の三人よりも、自分の考えに先生が同意を示されたので、その理由をうかがおうと、後に残った。ここは、先生に、どうして子路（＝仲由《ちゅうゆう》）の考えをお笑いになったのか、お尋ねしているところ。この後、孔子は、国を治めるには礼譲が必要なのに、仲由の態度にはそれが欠けている、と答える。

例　何《ゾ》莫《キ》レ由《ルコト》二斯《ノ》道《ニ》一也。

〔訓読〕**何《なん》ぞ**斯《こ》の道《みち》に由《よ》ること莫《な》き**や**。

〔訳〕どうしてこの道（＝人の踏むべき道）を通ることがないのか。

語法 本来「なんぞ」の結びは、活用語の連体形であればよいのである。この例文に即していうと、「何ぞ…莫き」だけでもよいわけである。しかし、このように、さらに疑問の終助詞「や」を添えて読んできている。

典拠『論語』「雍也《ようや》」。孔子が言った言葉。この言葉の前に「誰《たれ》か能《よ》く出《い》づるに戸《こ》に由《よ》らざらん〈屋内から屋外に出るとき、誰が戸口《とぐち》を通らない者があるか〉」という句がある。「それなのに、」という逆接の語句を補って例文に続けて読めばよい。

例 小子何ゾ莫キヤレ学ブコト二夫ノ詩ヲ一。

〔訓読〕小子《セウシ》**何《なん》ぞ**夫《か》の詩《シ》を学《まな》ぶこと莫《な》き**や**。

〔訳〕お前たちはどうしてあの詩を学ぶことがないのか。

語法 この本文が「何不学夫詩。」であったとしたら、「何ぞ夫の詩を学ばざる。」と読んで、「や」を添えない読み方ともなろう。前例としても見ているように、「なんぞ…なきや」は、それほどに定着しているともいえる。「なき」では、結びとしての印象が薄いと感じたのであろうか。

典拠『論語』「陽貨《ようか》」。孔子が言った言葉。この例文に続いて、孔子は、詩を学ぶことの効用について述べている。たとえば、人の心や世の中のことも観察することができる、と言っている。

110 いづくんぞ…する

安《いづクンゾ》 ―（スル）

焉・悪＝安

どうして…するのか

例 君安《クンゾ》与㆓項伯㆒有《ル》㆑故。

〔訓読〕 君《きみ》**安**《いづ》**くんぞ**項伯《カウハク》と故《コ》**有**《あ》**る**。

〔訳〕 あなたは、どうして項伯となじみ（＝旧友）なのか。

語法 「どうして…するのか」というときの疑問の文型。理由を尋ねる場合に用いる。「安」のほかに「焉・悪」も同じように用いる。なお、「有」字は〈もっている〉意を表し、「有故」は〈知りあいがいる〉意である。代表訓読は「いづくんぞ…する」としてあるが、あるいは、用例は「いづくんぞ…ある」に限られようか。

典拠 『史記』「項羽本紀《こううほんぎ》」。楚の項伯（＝項羽の叔父）が、沛公のお供をしていた張良のところに、「私の殿様である項羽が沛公を急襲しようとしている。」と、夜、馬を走らせて知らせに来る。以前、項伯は張良に命を助けられた恩義があったのである。張良は緊急事態なのに逃げるのは人の道に背くと、沛公に知らせる。その時の沛公の言葉。

111

…といふべきか

可レ**謂**《べキいフ》ニ――一**乎**《トか》

…ということができるか

例　子貢曰《ハク》、「如《シ》有《ラバ》下博《ク》施《シテ》二於民《ニ》一、而能《ク》済《フ》上衆《ヲ》、何如。**可**《キ》レ**謂**《フ》レ仁《ト》**乎**《ト》。」

〔訓読〕子貢《しこう》曰《い》はく、「如《も》し博《ひろ》く民《たみ》に施《ほどこ》して、能《よ》く衆《シュウ》を済《すく》ふ有《あ》らば、何如《いかん》。仁《ジン》**と謂**《い》**ふべきか**。」と。

〔訳〕子貢がいうのに、「もし人民全体に（恩恵を）施し、多くの人民を救済することができるなら、どうであろうか。仁ということができるか。」と。

語法　「可謂―乎」とあっても、ここは、文脈から、反語ではなく、疑問の表現と判断されるので、「…と謂ふべきか」と読むことになる。直前の「何如」は、118の「いかん」で疑問であることが明らかで、ここは、それに続いて、具体的な問いとなっている。さて、同じ「可謂―乎」でも、88・94の反語に相当したら、「…と謂ふべけんや」と読むことになるのである。

典拠　『論語』「雍也《ようや》」。子貢が孔子に問うた言葉である。孔子は、その質問に対して、「それができるなら、仁者どころではなく、まさしくそれは聖人だ。」と言った。

112
…（する）か
…（ず）や

連体形か
―乎
終止形や

邪・耶・与・歟・也・哉＝乎

…するか（や）

例 「壮士ナリ、能ク復タ飲ム乎。ト」

〔訓読〕「壮士《サウシ》なり、能《よ》く復《ま》た飲《の》むか。」と。

〔訳〕「勇ましい男である、まだ飲めるか。」と。

語法 「…するか」というときの疑問の文型で、疑問の終尾詞「乎」だけのものである。疑問の終尾詞「乎」が「か」と読まれた例である。この場合、形態のうえからは区別ができないが、その「飲む」は、連体形である。上に可能の副詞「能く」があるので、可能動詞〈飲める〉と訳せるのである。もちろん、〈飲むことができる〉といってもよい。

典拠 『史記』「項羽本紀《こううほんぎ》」。いわゆる「鴻門の会」の中の一文である。沛公の危機を救うため、その臣である樊噲《はんかい》が敵将項羽の帳内に入り、大杯の酒を飲んだ時、項羽からかけられた言葉である。

例 叔孫曰ハク、「吾ガ国ニ有リト二聖人一。」。曰ハク、「非ズ二孔丘ニ一邪ト。」。

〔訓読〕叔孫《シュクソン》曰《い》はく、「吾《わ》が国《くに》に聖人《セイジン》有《あ》り。」と。曰《い》はく、「孔丘《コウキユウ》に非《あら》ずや。」と。

〔訳〕 叔孫が言う、「わが国には聖人がいる。」と。（陳《ちん》の家老が）言う、「それは孔子のことではないのか。」と。

語法 これもまた、「…するか」という疑問の文型の一つなのである。打ち消す形で問うもので、「…ないのか」という問い方である。そこに「…に非ず」が採用されたところから、「ず」という終止形に「や」が付く定着している読み方で読まれることになる。つまり、反語の場合と同じなのである。疑問の原則に従って、「か」を用いると、「…に非ざるか」となるはずだが、そうは読んできていないのである。

典拠 『列子』「仲尼《ちゅうじ》」。陳（＝国名）の家老が、魯《ろ》（＝国名）へ使者として来たとき、魯の家老である叔孫と会い、対話している一文。「耳で視、目で聴く」という精神の最高状態を語る有名な章である。

例 為レニ人ノ謀リテ而不レル忠ナラ乎。

〔訓読〕 人《ひと》の為《ため》に謀《はか》りて忠《チユウ》ならざる**か**。

〔訳〕 他人のために一緒に考えてやって、不誠実ではなかったか。

語法 この112の代表訓読は、いま一つ加えて、「…（ざる）か」を入れてもよかったかと思っている。前例の「…（ず）や」に従って、「忠ならずや」と読んでもよい文であるが、それを、前々例の「…（する）か」に従って読むと、「…（ざる）か」となるのである。なお、前々例は、肯定のままの疑問文であるが、前例も、否定疑問文である。

典拠 『論語』「学而《がくじ》」。孔子の弟子の曾子がいうのに、「自分は毎日何回も自己反省をする。」と。それに続く一文である。

113 なんすれぞ…する（や）

何為《なんす》レゾ

どうして…するのか

例 何為レゾ不ルレ祀ラ。

〔訓読〕**何為《なんす》れぞ祀《まつ》らざる。**

〔訳〕どうして（先祖を）お祀りしないのか。

語法 「何為」を「なんすれぞ…」と読み、「どうして…する（な）のか」の意の疑問を表す文型。「ぞ」の結びとして「ざる」というように、連体形で結んでいる。この場合は、その「ざる」で言い切っただけで文末となっている、原則的な読み方の用例である。なお、打消の助動詞「ず」の連体形「ざる」が用いられているところから、否定疑問文であるといえよう。

典拠 『孟子』「滕文公下《とうのぶんこう》」。孟子が弟子の質問に対して、先例をもって答えた。昔、湯王は隣国の、先祖を祀らないわがままな伯爵に使者を立てて問うた。その先例のなかにある言葉である。

例 何為レゾ不ルレ去ラ也。

〔訓読〕**何為《なんす》れぞ去《さ》らざるや。**

〔訳〕どうして（この土地を）去らないのか。

語法「どうして…するのか」というときの疑問の文型。「なにすれ」は、疑問代名詞にサ変動詞「す」の已然形が付いたものである。理由を尋ねるときに用いる。現在、疑問と反語との両方の意味があるが、本来は、疑問の意を表すものであったはずである。係助詞「ぞ」の結びとして「(去ら)ざる」となっていて、「や」は、その後、その読み方に不足を感じて、疑問の終助詞「や」を添えたものであろう。そもそも、連体形に「や」が付くというのは、日本古典語の原則からは考えられない表現ということになるのである。なお、この例文も否定疑問文である。

典拠『礼記』「檀弓下《だんぐう》」。孔子が泰山《たいさん》の麓を通り過ぎたとき、ひとりの女が墓前で声をあげて泣いていた。孔子が子路に理由を尋ねさせると、舅も夫も子供も虎に殺されたという。なぜよその土地に移らないのかと尋ねている一文。故事成語「苛政は虎よりも猛なり〈むごい政治は人民にとって人食い虎の害よりも恐ろしい〉」の出典になっているところ。

例　何為レゾ　其レ　然ル　也。

〔訓読〕**何為《なんす》れぞ**其《そ》れ然《しか》る**や**。

〔訳〕どうしてそのように（悲しそうな音を演奏）するのか。

語法　前例同様、「なんすれぞ…連体形＋や」と読み、「どうして…するのか」「どうして…であるのか」の意の疑問を表す文型。「なんすれ」は、「なんすれば」と同じことで、接続助詞「ば」を伴わなくても、順接確定条件が表せたところの形が残ったものである。したがって、本来の意味は、〈どうするので〉〈どうするから〉ということである。

「ぞ」の結びは、ラ行変格活用動詞「然り」の連体形「然る」で、「や」は、さらに添えたものである。

典拠 『古文真宝後集』「前赤壁賦《ぜんせきへきのふ》」。「赤壁《ノ》賦」は、蘇軾《そしょく》の文章。「前」「後」の二つの「赤壁《ノ》賦」がある。「赤壁」は古戦場として有名である。そこに舟を浮かべ、その景色を愛でた客人のなかに、音楽を奏するものがいた。その音を聞いたときの質問の言葉。

例 子曰《ハク》、「由之鼓《スル》レ瑟《ヲ》、**奚為**《レゾ》於《イテセント》二丘之門《ニ》一。」。

〔訓読〕子曰《しい》はく、「由《いう》の瑟《しつ》を鼓《こ》する、**奚為《なんす》れぞ**丘《きう》の門《もん》に於《お》いてせ**ん**。」と。

〔訳〕孔子が言うのに、「子路が弦楽器を奏するのに、どうして私の、丘の家で演奏するのだろうか。」と。

語法 「奚為れぞ」を受けているので、「せん」の「ん」は、推量の助動詞「ん」の連体形である。なお、その「せん」の「せ」は、上の「鼓する」を受けて、「鼓せ」を意味している。

典拠 『論語』「先進《せんしん》」。孔子が子路のあまり上手でない音楽について批評した言葉。「丘」は、孔子がみずからをさして言っており、私の家で奏でるようなものではない、といっているのである。

114
なにをもつて…ん(か・や)

何《ヲ》以《ツテ》—《セン(か・や)》

どうして…するのか

例 王曰《ハク》、「**何**《ヲ》**以**《ツテ》利《セント》二吾《ガ》国《ヲ》一」。

〔訓読〕王《ワウ》曰《い》はく、「**何**《なに》**を以**《も》**つて**吾《わ》が国《くに》を利《り》せ**ん**」と。

〔訳〕王が言うことには、「どうやってわが国に利益をもたらそうか。」と。

語法 「どうして…するのか」というときの疑問の文型。方法や理由を尋ねるときに用いる。「何《ニ》由《リテ》」も同じように用いる。「以つて」の下に係助詞「か」を入れて読むことも、また入れないで文末に終助詞としての「か」を添えて読むこともある。また、例文のように、どちらにも入れないで読むこともある。

典拠 『孟子』「梁恵王上《りょうのけいおう》」。孟子が梁の恵王と会見したとき、恵王は「老先生は千里の道のりをも遠しともせずに私の国にやって来たが、私の国に利益をもたらす方策がおありなのですか。」と切り出したのに対し、孟子が答えた言葉の一部。

例 至《ルマデ》二於犬馬《ニ》一、皆能《ク》有《リ》レ養《フコト》。不《ンバ》レ敬《セ》**何**《ヲ》**以**《ツテ》別《タン》乎。

〔訓読〕犬馬《けんば》に至《いた》るまで皆能《みなよ》く養《やしな》ふこと有《あ》り。敬《けい》せずんば**何**《なに》**を以**《も》**つて**別《わか》た**んや**。

〔訳〕　犬や馬に至るまで皆飼育することができている。親に対し敬う気持ちがなくて、何をもって犬馬を養うことと区別できるのか。

語法　「何を以つて」に応じて、「…ん」となっているところまでは、前例と同じで、そこまでは、「何を以つて…ん」で定着しているのである。この場合は、その下に、さらに疑問の終助詞「や」が添えられているものといえる。漢文訓読では、疑問表現が反語表現に多く引かれていて、殊に、「か」であっていいところにまで「や」が用いられるようになってしまっている、といえるのである。

典拠　『論語』「為政《いせい》」。弟子の子游《しゆう》が「孝」ということについて質問した。孔子は言った。「最近の孝は親を養うことをいうらしい。しかし、犬馬のような家畜だってよく飼育されている。」と。それに続く言葉である。

例　臨《ミテ》レ喪《ニ》不《ンバ》レ哀《シマ》、吾何《ヲ》以《ツテ》観《ン》レ之《ヲ》哉。

〔訓読〕　喪《も》に臨《のぞ》みて哀《かな》しまずんば、吾《われ》**何《なに》を以《も》つて**之《これ》を観《み》**んや**。

〔訳〕　他人の葬式に臨んで哀悼の気持ちが生じないとしたら、私は何をもってその人の行動を判断することができようか。

語法　「何以―之哉」を「何を以つて之を―（せ）んや」と読むことになり、その―部には動詞が入っている。終尾詞「哉」があるので、そこに相当するものとして、終助詞「や」を添えて読んできているのであろう。

典拠　『論語』「八佾《はちいつ》」。人としてそれぞれの立場での態度がどうあるべきかを論じた文章の一節。

115　なんのゆゑに…する

何故《ノゆゑニ》 ―― 連体形（スル）

どういうわけで…するのか

例 何ノ故ニ至レル㆑斯ニ。

〔訓読〕 **何《なん》の故《ゆゑ》に**斯《ここ》に至《いた》**れる。**

〔訳〕 どういうわけで、こんな境遇になってしまったのか。

語法 「どうして…するのか」というときの疑問の文型。方法や理由を尋ねるときに用いたり、そうなった背景にある理由を問うたりする場合の句法である。この場合、その文末が「至れる」となっていて、完了の助動詞「り」の連体形「る」で結ばれているところからも明らかなように、これまでの経緯について問うているものといえよう。実は、104・105・106等においても、代表訓読で「する」としてきている活用語の連体形については、この「至れる」のように、囲みを付けて、認識していきたい。本例について、特に注目したいのは、「何の故に」には、係助詞が含まれていなくても、疑問語「何」を受けて連体形結びとなっている用例だからである。

典拠 『古文真宝後集』屈原《くつげん》「漁父辞《ぎょほのじ》」。屈原は追放され、湘江の岸辺をさまよい歩きながら、賦（＝詩の一種）を口ずさんでいた。表情はやつれ、姿かたちは痩《や》せ衰えていた。それを見て年老いた漁師が尋ねた言葉。屈原が孤高の故に追放されたと言うと、漁師は、世俗とうまく調子を合わせて生きてはいかがと言う。屈原は、それくらいなら、死んだほうがましだ、と答えるのだった。

116 いくばくぞ（や）　幾何《いくばくゾ（ヤ）》　どのくらいか

例 浮生若《ハシ》レ夢《ノ》。為《スコト》歓《ビヲ》**幾何**《ゾ》。

〔訓読〕浮生《フセイ》は夢《ゆめ》のごとし。歓《よろこ》びを為《な》すこと**幾何**《いくばく》**ぞ**。

〔訳〕人の定めのない人生は、短くはかない夢のようなものである。この世で歓楽をなすことは、どのくらいの時間だろうか。

語法 「どのくらいか」というときの疑問の文型。数量や程度を尋ねる場合に用いる。「幾許」も同じように用いる。「いく」は、「いくか（幾日）」「いくとせ（幾年）」の「いく」で、それに「許《ばか》り」が転じたものかとされる接尾語「ばく」が付いたものが副詞「いくばく」である。それに、強く問いただす意の終助詞「ぞ」が付いているのである。

典拠 『古文真宝後集』李白の「春夜宴《スルノ》二桃李園《ノニ》一序」の一文。春の夜、兄弟や親族とともに、桃や李《すもも》の咲く庭園に集まって宴会を催し、各自詩を作って楽しむという内容を述べた文。この後で、古人が、夜、明かりをつけてまで遊んだことを評価して、われわれもそうしようというのである。

例 曾《テ》日月之**幾何**《ゾヤ》。

〔訓読〕曾《かつ》て日月《ジツゲツ》の幾何《いくばく》ぞや。

〔訳〕これまでに、月日の経過はどれほどか。

語法「いくばくぞ」の主語は、「…すること」という、動詞と形式名詞を用いて名詞化したものが多いが、この例文は、本文に「日月之」というように「之」字があるので、「の」と読んできているのであろう。なお、この場合は、「いくばくぞ」に、さらに疑問の終助詞「や」を添えて読まれてきている。

典拠『古文真宝後集』「後赤壁賦《こうせきへきのふ》」。「前赤壁賦《ぜんせきへきのふ》」ののち、また、蘇軾は赤壁に遊んだ。前回とは違った感興を味わった。例文は三か月前を回顧しての言葉である。

例　河漢清《クシテ》且《ツ》浅《シ》。相去《ルコト》復《タ》幾許《ゾ》。

〔訓読〕河漢《カカン》清《きよ》く且《か》つ浅《あさ》し。相去《あひさ》ること復《ま》た幾許《いくばく》ぞ。

〔訳〕天の川は清らかに澄んでいるうえに浅く、彦星と織姫の距離は、また、どれくらいか。

語法「相去ること」が「幾許ぞ」ということで、距離の隔たりを問う形式である。その表現で、いくらも隔たっていないことを読みとらせようということにもなっていき、結局、疑問表現が反語表現となって、〈どれほどか、どれほどでもない〉と解せるものとなってしまうのである。

典拠『文選《もんぜん》』「古詩十九首第十《こしじゅうくしゅだいじゅう》」。彦星と織姫の情愛を歌った詩の一節。織姫は彦星を思い、心乱れながら布を織るので、作業が進まない。天の川の向こうにいる彦星と言葉も交わせず、お互いに見つめ合っている。二人の間にある天の川を詠んだ部分である。

117　いかん（せん）

如何《いかん（セン）》　若何・奈何・奚如・奚若・何若・何奈

…をどうしたらよいか

例　為《スコト》レ之《ヲ》奈何《セン》。

〔訓読〕之《これ》を為《な》すこと**奈何**《いかん》**せん**。

〔訳〕これをするについて、どうしたらよいか。

語法　「どうしたらよいだろうか」というときの疑問の文型。手段・方法・処置を尋ねるときに用いる。「いかんせん」の原形「いかにせむ」は、日本古典の古文としては、和歌の「いかにせむ来ぬ夜あまたの郭公《ほととぎす》待たじと思へば村雨《むらさめ》の空（＝どうしたらよいだろうか、（待っていても）来ない夜の多いほととぎすよ、（今夜は）もう待つまいと思うと（かえってほととぎすの来そうな）にわか雨の夜（になったこと）だ）。」（新古今集・夏・二一四）などに用例を見るところから、その印象の違いに驚かされる。

典拠　『史記』「項羽本紀《こううほんぎ》」。「鴻門《こうもん》の会《かい》」において、敵将項羽の前を去ろうとする際、辞去の挨拶をすべきかどうかを樊噲《はんかい》に尋ねている沛公《はいこう》の言葉。

例　**如**二吾《ガ》民《ヲ》一**何**《セン》。

〔訓読〕 吾《わ》が民《たみ》を**如何《いかん》せん**。

〔訳〕 私たち役人の治める人民を、どうしたらよいだろうか。

語法 目的語をとるときは「いかん」と読む漢字二字の間に目的語が入り、「如二—一何セン」となる。「如何」は反語の用例もあり、どちらなのかは前後の文脈によって判断する。発言者が答えを知らずに質問している場合は疑問となり、答えを知っていながら問いかける場合は反語となる。この例文は、対者に向けての具体的な会話文のなかなどの疑問文ではないので、難しい。読者に向けて、筆者自身を含めて問いかけている、地の文の疑問文である。

典拠 『古文真宝後集』柳宗元《りゅうそうげん》「送ルノ二薛存義《せつそんぎ》ヲ一序」。薛存義が任地に行くのを送った、柳宗元の序という文章の一節で、官吏の姿勢について述べているところである。

例 詩ニ云フ、「娶ルニハレ妻ヲ**如**ヲレ之**何**セン。必ズ告グト二父母ニ一。」

〔訓読〕 詩《し》に云《い》ふ、「妻《つま》を娶《めと》るには之《これ》を**如何《いかん》せん**。必《かなら》ず父母《ふぼ》に告《つ》ぐ。」と。

〔訳〕 『詩経』にこうある、「妻を娶るにはどのようにしたらよいか。必ず父母に告げ（て許可を得）る」と。

語法 例文の「之」は目的語で、「妻を娶ること」を受けている。書き下すと、「如何《いかん》」となるが、漢文本文では、「如—何」なのである。

典拠 『孟子』「万章上《ばんしょう》」。万章が、結婚のしかたについて孟子に質問した。そのとき、『詩経』に書かれている例文の一句を示して質問した。

例 微之《ヨ》、微之《ヨ》、如何《セン》、如何《セン》。

〔訓読〕微之《ビシ》よ、微之《ビシ》よ、**如何《いかん》せん**、**如何《いかん》せん**。

〔訳〕微之よ、微之よ、どうしよう、どうしよう。

語法 「いかんせん」は「いかにせん」の「に」が撥音に変化したもので、「せん」は、サ行変格活用動詞「す」の未然形に適当の意の助動詞「ん」が付いたものである。その意を意志を表すと見るのは少しく躊躇されるが、現代人の意識としては、そうも解されてしまうようである。〈どうするのがよいだろうか〉というように解したい。

典拠 白居易「与《フル》二微《び》之《し》ニ一書」。書簡のなかで、その相手である微之に呼びかけている表現。

例 定公問《フ》、「君使《ヒ》レ臣《ヲ》、臣事《フルニハ》レ君《ニ》、如レ之《ヲ》何《セント》」。

〔訓読〕定公《テイコウ》問《と》ふ、「君臣《きみシン》を使《つか》ひ、臣君《シンきみ》に事《つか》ふるには、之《これ》を**如何《いかん》せん**。」と。

〔訳〕定公が孔子に質問して言うのに、「主君として家来を使い、家来として主君に仕えるにはどうしたらよいだろうか。」と。

語法 〔訓読〕としての「如何」のルビは、いわゆる熟字訓ルビであるので、「如何」の脇に施してあればよいわけだが、漢文本文の場合、この117の第二、三例、そして本例も、たいへん悩まされる。参考までにいえば、「如《い》―何《かん》」とするのが望ましいといわれている。

典拠 『論語』「八佾《はちいつ》」。魯の定公が主君と臣下のそれぞれのあり方を質問した、その言葉である。

118 いかん

何如《いかん》

どうか
どのようか

例 以《ツテ》二子之矛《ヲ》一、陥《サバ》二子之盾《ヲ》一、**何如**。

〔訓読〕子《し》の矛《ほこ》を以《も》つて、子《し》の盾《たて》を陥《とほ》さば、**何如**《いかん》。

〔訳〕あなたの矛で、あなたの盾を突いたなら、どうなるのか。

語法 「どのようであるのか」というときの疑問の文型。状態・程度・是非・真偽を尋ねる。「何若」も同様の用法である。また、「如何」と違って、二字の間に目的語を入れて用いることはない。これが大きな相違点である。

典拠 『韓非子』「難一《なんいち》」。「矛盾」という故事成語が生まれたエピソードのなかの一文。楚人が盾と矛を売っていた。「この盾の堅いことといったらどんなものでも突き通すことはできない」と言い、また「この矛の鋭いことといったらどんなものも突き通せないものはない」と言った。すると、ある人が例文のように尋ねた。商人は答えることができなかった。

例 以《ツテ》二五十歩《ヲ》一笑《ハバ》二百歩《ヲ》一、則《チ》**何如**。

〔訓読〕五十歩《ゴジツポ》を以《も》つて百歩《ヒヤツポ》を笑《わら》はば、則《すなは》ち**何如**《いかん》。

〔訳〕（自分が逃げた距離が）五十歩であることをもって、百歩（逃げた者）を（臆病者だと言って）笑ったとしたら、どうだろうか。

語法　「五十歩を以て百歩を笑はば、」までが順接仮定条件を構成している前件であるので、後件は推量表現となるはずである。そこで、この「いかん」は、単に「いかに」が発音として変化したものというだけでなく、「いかならん」の意で用いられているものと見なければならないものと考えられる。

典拠　『孟子』「梁恵王上《りょうのけいおう》」。梁の恵王が孟子に質問した。「隣国ではわが国ほど人民に意を用いていないのに人口減が見られないのはなぜか。」と。孟子は言う。「王は戦争がお好きだから戦争に譬えて説明しよう。」と。その譬えのなかの言葉。

例　求也何如。

〔訓読〕求《キウ》や何如《いかん》。

〔訳〕冉求《ぜんきゅう》はどうであるか。

語法　「求也」の「也」は、呼びかけの意を表すという。そこで、「求や」の「や」は、間投助詞の「や」ということになろうか。他と区別する意の係助詞「は」で訳すのが、意味のうえでは当たるのであろうが、その訓読した「や」との関係は、なお不明である。この「何如」も、「いかならん」というように感じとれる。

典拠　『論語』「公冶長《こうやちょう》」。魯《ろ》の孟武伯《もうぶはく》が孔子に、「弟子の子路《しろ》は仁者か。」と問うた。孔子は「分からない。」と答えた。また孟武伯が質問した。例文は、その孟武伯の質問の言葉である。

119

あに…（せ）んか

豈ニ――邪（哉）（セ）ン

もしかしたら…だろうか

例 曰《ハク》「舜《ノ》目《ハ》蓋《シ》重瞳子《ナリ》。又聞《ク》、項羽《モ》亦重瞳子《ナリト》。」羽豈《ニ》其《ノ》苗裔《ナラン》邪。

〔訓読〕 曰《い》はく、「舜《シュン》の目《め》は蓋《けだ》し重瞳子《チョウドウシ》なり。又《また》聞《き》く、項羽《カウウ》も亦《ま》た、重瞳子《チョウドウシ》なり。」と。羽《ウ》**豈《あ》に**其《そ》の苗裔《ベウエイ》なら**んか**。

〔訳〕 （周代の賢者が）言うことには、「舜の目は二つ瞳《ひとみ》だった（そうだ）。また、項羽も二つ瞳だった（そうだ）。」とのことである。もしかしたら、項羽は舜の子孫なのだろうか。

語法 「豈…」は反語を表す字として多く用いられているが、疑問として用いられることもあるのである。その訓読の相違は、それぞれの文末を「んや」とするか、「んか」とするか、である。終尾詞「邪」は疑問、「哉」には、反語も疑問もある。「乎」「也」は、もっぱら反語である。ここは、地の文の疑問文で、『史記』の著者である司馬遷が読者に向けて問いかけていることになろうか。そして、それは、併せて著者自身に向けての問いかけ、つまり、自問でもある、ということになろうか。

典拠 『史記』「項羽本紀《こううほんぎ》」。「項羽本紀」の末尾に出てくる一節である。司馬遷は、項羽を、覇王であったから、たった五年で滅亡した、といっている。

例 我ハ東海之波臣也。君**豈**ニ有リテ二斗升之水一而活カサンレ我ヲ**哉**。

〔訓読〕我《われ》は東海《トウカイ》の波臣《ハシン》なり。君《きみ》**豈**《あ》**に**斗升《トショウ》の水《みづ》有《あ》りて我《われ》を活《い》かさ**んか**。

〔訳〕私は東海の波の家来である。君よ、どうか僅かばかりの水でよいから、私に水を与え、もしや、私を助けてくれるのではないだろうか。

語法 「豈」の音は、慣用音「ガイ」、訓は「あに」に限られる。しかし、その「あに」は、反語だけでなく、このように疑問も表し、訳語は、〈もしかしたら〉〈もしや〉のほか、〈あるいは〉〈ひょっとしたら〉などまである。

典拠 『荘子《そうじ》』「外物《がいぶつ》」。荘周が道中で出会った鮒《ふな》が、荘周に助けを求めている場面である。

十三　感動の形

喜んだり、怒ったり、楽しんだり、悲しんだりしたときの、強い感動や詠嘆の気持ちを表す文型である。

感動詞を用いる場合	嗟・噫・嗚乎・嗟乎…	ああ	ああ〜だなあ
終尾詞を用いる場合	哉・乎・夫・矣乎…	や・かな	〜なことよ 〜だなあ
疑問形あるいは反語形を用いる場合	何其ソレ—也	なんぞそれ—や	なんとまあ〜なことであろう
	豈ニ非ズ二—ニ一乎	あに—にあらずや	なんと〜ではないか
	豈ニ不二—一ナラ乎	あに—ならずや	

漢文の感動・詠嘆表現は、日本古典の古文に比して多様である。

120 ああ

嗟乎《ああ》——カナ（ヤ）

ああ…だなあ

例 嗟乎、師道之不ル㆑伝ハラ也久シ矣。

〔訓読〕嗟乎《ああ》、師道《シダウ》の伝《つた》はらざるや久《ひさ》し。

〔訳〕ああ、師たるものの正しいありかたが、世に伝わらなくなってから久しいなあ。

語法 「ああ…だなあ」というときの感動の文型。「嗟乎」のほかに「嗟・噫・嗚乎」なども同じように用いる。感動詞単独で用いる場合と終尾詞「矣・哉…」と併せ用いる場合とがあるが、意味用法は同じである。「師道の伝はらざるや」の「や」は、「也」字を、そう読んだものだが、意味のうえでは、係助詞「は」として訳出してきている。

典拠 『古文真宝後集』韓愈「師説《しせつ》」。韓愈の時代には、人々は自尊心が強く、人を師と仰ぎ、弟子となって学ぶことを恥じる者が多かった。そこで、先王・聖賢の道を伝える師を嘲笑する風潮があったのを嘆き、師というものの大切なことを説いた一文。

例 「于嗟、徂カン、命之衰ヘタル矣。」ト。遂ニ餓エテ而死セリ。

〔訓読〕「于嗟《ああ》、徂《ゆ》かん、命《メイ》の衰《おとろ》へたるかな。」と。遂《つひ》に餓《う》ゑて死《シ》せり。

〔訳〕「ああ、死のう、自分の命運も衰えたことだ。」と。やがて餓死した。

語法 本来の日本語の「ああ」は、勝ち誇って笑う時に発する声だった。それを、古代中国語の多様な感動詞を読むのに当てたもののようで、そこで、「ああ」は、驚き・悲しみ・喜び・疑問などの意味と結びつくこととなった。この例文では、悲しみを表すためのものとなっており、文末の「かな」が、これに応じている。

典拠『史記』「伯夷《はくい》伝」。伯夷・叔斉の兄弟は、武王がその主を討とうとしているのを諫めたが、聞かれなかった。彼らは首陽山に隠棲《いんせい》した。例文は、その兄弟の詩の一節である。

例 夫嗟、予嘗テ求ムルニ二古ノ仁人之心ヲ一、或イハ異ナルハ二二者之為ニ一何ゾ哉。

〔訓読〕夫嗟《ああ》、予嘗《われかつ》て古《いにしへ》の仁人《ジンジン》の心《こころ》を求《もと》むるに、或《ある》いは二者《ニシャ》の為《しわざ》に異《こと》なるは何《なん》ぞや。

〔訳〕ああ、私はかつて昔の仁者といわれた人たちの心を考えたことがあったが、どうも（前述の、岳陽楼《がくようろう》からの景色の）二通りの受け取りかたと（自分の受け取りかたが）異なっているのはどうしたわけか。

語法 この例文における「ああ」は、疑問の心情を予告しているものかと解せる。文末の「何ぞや」が、これに応じている。この「何ぞや」は、本来「何ぞ」で〈何であるか〉〈どうであるか〉の意を表しえているのに、さらに、疑問の終助詞「や」を添えた表現で、「や」は、「哉」字があるので、読み添えられたものかと思われる。

典拠『古文真宝後集』「岳陽楼記《がくようろうのき》」。范仲淹《はんちゅうえん》の文。滕子京《とうしけい》が岳陽楼を修理したとき、范仲淹が記文を作った。概要は、岳陽楼からの景色の受け取りかたは以前から人によって異なったものがあり、自分もまた自分の受け取りかたをしていることを述べたもの。

121 …かな　…か

―乎

矣・哉・也・歟

…なことよ
…だなあ

例 十目ノ所レ視ル、十手ノ所レ指ス、其レ厳ナル乎。

〔訓読〕 十目《ジフモク》の視《み》る所《ところ》、十手《ジッシュ》の指《ゆびさ》す所《ところ》、其《そ》れ厳《ゲン》なる**かな**。

〔訳〕 十人の目でよく見たもの、十人の指で指摘したものは、厳正なものであることよ。

語法 「…なことよ」「…だなあ」というときの感動の文型。「哉・与・矣・矣也・矣夫」なども同じように用いる。
和文の「かな」は、会話文・心内文・そして和歌にほぼ限られていて、近世俳句の切れ字となるが、漢文訓読の「かな」は、哲学・思想を述べる論説・評論的な文章のなかに現れる。

典拠 「大学章句《だいがくしょうく》・伝七章《でんしちしょう》」。「小人閑居して不善を為す〈徳のないつまらない人間は、なすこともなしに一人でいるとよくないことをしがちである〉。」に続く文で、「人の己を視ること、その肺肝を視る如し。」という意味を、さらにはっきりさせた一文である。

例 子曰ハク、「巧言令色、鮮キ矣、仁。」ト

〔訓読〕 子曰《シい》はく、「巧言令色《カウゲンレイショク》、鮮《すくな》き**かな**、仁《ジン》。」と。

〔訳〕孔子が言うのに、「言葉が巧みで愛想のいい人は、真心が少ないなあ。」と。

語法 「矣」字を読まないで、「鮮し、仁。」というように、「鮮」字を終止形として言い切って読んでいくこともある。「鮮」字は、「すくなし」と読み、〈少ない〉意を表す。「鮮」は「魚《うお》」と「羊《ひつじ》」との会意文字で、生肉《なまにく》を意味したところから、〈ごたごたしていない〉〈めったにない〉意にも及んだ結果かと思われる。

典拠 『論語』「学而《がくじ》」。誰でも知っている有名な言葉である。人間の実態をよく見抜いた孔子の言葉である。

例 君子《ナル》**哉**若《キ》人。尚《ブ》レ徳《ヲ》**哉**若《キ》人。

〔訓読〕君子《クンシ》なる**かな**、若《かくのごと》き人《ひと》。徳《トク》を尚《たっと》ぶ**かな**、若《かくのごと》き人《ひと》。

〔訳〕立派な人だなあ、あの人は。徳を尊ぶ心の厚い人だなあ、あの人は。

語法 「かな」は、平安時代に入って、上代の「かも」に代わって現れ、『古今和歌集』などの和歌の句末か、また、散文では、会話文末と心内文末に限られる終助詞である。したがって、同じ感動・詠嘆を表すとはいっても、漢文訓読の「かな」とは、印象が大きく異なるものといえる。

典拠 『論語』「憲問《けんもん》」。南宮适《なんきゅうかつ》が孔子の前で、自分の力を恃《たの》む人と有徳の人の実例を挙げて話した。南宮适が孔子の前を立ち去った後、孔子が徳を尊ぶ南宮适を絶賛した言葉である。

例 今其《ノ》智《ハ》乃《チ》反《リテ》不レ能《ハ》レ及《ブ》。可《キ》レ怪《シム》**也歟**。

〔訓読〕今《いま》其《そ》の智《チ》は乃《すなは》ち反《かへ》りて及《およ》ぶ能《あた》はず。怪《あや》しむべき**かな**。

〔訳〕いまその（士大夫の）知恵は、かえって（士大夫が自分たちより低く見ていた技術者に）同等になることができない。おかしなことだよ。

語法 「也歟」を「かな」と読んで、詠嘆を表す用法とされる。「歟」を「…か」と読んで疑問の意と見る説もある。疑問の意を含んで驚きの意を担っている「かな」ということであろう。

典拠 『古文真宝後集』「師説《しせつ》」。韓愈の文。師について韓愈は、道を伝え業を授け疑惑を解くのが師道だという。しかし、現在は師道がまともに機能していないと嘆く。それは師に学ぶことを恥と考える風潮があるためだという。

例 子謂ヒテ二顔淵ヲ一曰ハク、「惜シイ**乎**、吾見ル二其ノ進ムヲ一也、未ダルレ見二其ノ止マルヲ一也ト」。

〔訓読〕子顔淵《シガンエン》を謂《い》ひて曰《い》はく、「惜《を》しい**かな**、吾《われ》其《そ》の進《すす》むを見《み》る、未《いま》だ其《そ》の止《とど》まるを見《み》ざるなり。」と。

〔訳〕孔子が顔淵について言うのに、「惜しいなあ、自分は顔淵が進歩しているのを見たが、まだ顔淵が遅滞しているのを見たことはない。」と。

語法 121として「乎」字などが読まれる終助詞「かな」は、活用語の連体形に接続する。第一例は、形容動詞と見てよいものに接続しており、第三・四例は動詞に接続している。第二例と本例とは、形容詞に接続しているが、第二例は、原則的な連体形「鮮《すくな》き」に付いているのに対して、本例は、連体形「惜しき」がイ音便化した「惜しい」に付いている。イ音便形が漢文訓読の感動文に好まれたのであろう。

典拠 『論語』「子罕《しかん》」。孔子が顔淵のすばらしい人となりについて述べた文章。

122 …なるかな…（や）

— 哉《ナルかな》、—（也《や》）
矣夫・乎

…は、まことに…であるよ

例 賢《ナル》哉、回也。

〔訓読〕賢《ケン》なるかな、回《クワイ》や。

〔訳〕賢明だなあ、顔回は（顔回は、まことに賢明であるよ）。

語法 「…は、まことに…であるよ」というときの感動の文型。「回也賢哉《かいやけんナルかな》」の倒置形で、感動の大きいことを表す。（ ）内の現代語訳は正序法に従って、正序した表現である。

典拠 『論語』「雍也《ようや》」。一椀《わん》の飯に、一椀の汁で、むさくるしい路地に住んでいる。普通の人なら、その貧苦に耐えきれないのに、顔回はそうした環境のなかで相変わらず道を楽しんで勉強している。「えらいなあ、顔回は」と孔子が感歎している一文。

例 亡《ボスハ》レ之《ヲ》、命《ナル》矣夫。斯《ノ》人《ニシテ》也、而有《ル》二斯《ノ》疾一也。斯《ノ》人《ニシテ》也、而有《ル》二斯《ノ》疾一也。

〔訓読〕之《これ》を亡《ほろ》ぼすは、命《メイ》なるかな。斯《こ》の人《ひと》にして、斯《こ》の疾《やまひ》有《あ》るや。斯《こ》の人《ひと》にして、斯《こ》の疾《やまひ》有《あ》るや。

〔訳〕この人を死なせるのは、天命かなあ。この（立派な）人にしてこの病気になるのは。この（立派な）人にしてこの病気になるのは。

語法　「命なるかな」に続く「斯の人にして斯の疾有るや」を正序して、「斯の人にして斯の疾有るや、命なるかな」として解していく倒置の表現である。この「や」は、問題点を提示する機能を担っているものといえる。間投助詞に位置づけるか、あるいは、訳語が「は」となるところから、提題の係助詞と見るか、であろう。

典拠　『論語』「雍也《ようや》」。孔子の弟子の伯牛《はくぎゅう》が病気になった。孔子は見舞った。窓越しにその手を取って言った。例文は、そのときの孔子の言葉である。

例　牡丹之ヲレ愛スルハ、宜ナル乎衆キコト矣。

〔訓読〕牡丹《ボタン》を之《こ》れ愛《アイ》するは、宜《うべ》なるかな、衆《おほ》きこと。

〔訳〕牡丹を愛するのは、よく理解できる。それ（牡丹を愛する人）が多いことが。

語法　「宜乎」で、ふつう「うべなるかな」と読む。〈もっともなことであるよ〉〈道理にかなっているよ〉の意である。例文は、本来なら、「衆きこと、宜なるかな」となっているべきところが倒置の形になっている。

典拠　『古文真宝後集』「愛蓮説《あいれんせつ》」。「愛蓮説」は周敦頤《しゅうとんい》の文章。陶淵明は菊を愛した、世の多くの人々は牡丹を愛している、自分は蓮を愛する、という文の最末尾部分。

123

なんぞそれ…（なる）や

何其《ゾレ》―也《ナルや》

なんとまあ…なことであるよ

〔例〕何其《ゾレ》相須《ツコト》之殷《ンニシテ》、而《モ》相遇《フコト》之疎《カナル》也。

〔訓読〕**何《なん》ぞ其《そ》れ**相須《あひま》つことの殷《さか》んにして、而《しか》も相遇《あひあ》ふことの疎《おろそ》か**なるや**。

〔訳〕その必要性の大きさにくらべて、出あうことのなんとまあ、稀なことであるよ。

〔語法〕「なんとまあ、…なことであろう」というときの感動の文型。疑問表現が感動表現となる傾向は、日本語にも、また、英語などにも見られるところである。「なんぞ」は、本来〈どうして〉という意の疑問の副詞である。「それ」は、代名詞が接続詞的に用いられて、発語の辞として〈そもそも〉の意を表すようになったものである。ここでは、それらが結びついてしまっているのである。

〔典拠〕『文章軌範《ぶんしょうきはん》』「放胆文《ほうたんぶん》・与《フル》二于襄陽《うじょうように》一書」の一文。韓愈が節度使であった于襄陽《うじょうよう》に手紙を送り、もっといい就職口はないかという就職依頼の文章である。

〔例〕夫子《ハ》聖者与。何其《ゾレ》多能《ナル》也。

〔訓読〕夫子《フウシ》は聖者《セイシャ》か。**何《なん》ぞ其《そ》れ**多能《タノウ》**なるや**。

〔訳〕（孔子）先生は聖者というべきか。なんとまあ、多能であることよ。

語法 「夫子は聖者か」も疑問の表現で、感動を表している。「与」は、「か」と読む疑問を表す助字である。「…なるや」の「なる」は、形容動詞の連体形活用語尾である場合もあり、断定の助動詞「なり」の連体形である場合もある。例文に見る「多能なる」については諸辞典が広く、形容動詞と認定しているが、それら、ナリ活用形容動詞は、本来、名詞に断定の助動詞「なり」が定着して成立したものである。

典拠 『論語』「子罕《しかん》」。大宰《たいさい》という、いわば役人の長の職にある者が、孔子の門人の子貢《しこう》に質問した言葉である。

例 周流《シテ》二八極《ニ》一、万里《ニ》一《タビ》息《フ》。何《ゾ》其《レ》遼《カナル》哉。

〔訓読〕八極《ハッキョク》に周流《シウリウ》して、万里《バンリ》に一《ひと》たび息《いこ》ふ。何《なん》ぞ其《そ》れ遼《はる》かなるや。

〔訳〕八方の果てまであちこちめぐり歩き、万里の遠きを一息《ひといき》に行く。なんとまあ、遙かなことであるよ。

語法 「何ぞ其れ」は、それで一まとまりの感動詞のようになっている。「なるや」の「なる」は、形容動詞「遼かなり」の連体形活用語尾で、「何其―也」、「何其―哉」の―部には、形容動詞として読まれる漢字や漢語が入っている例が多い。

典拠 『古文真宝後集』「聖主得《ルノ》二賢臣《ヲ》一頌〈聖主賢臣《せいしゅけんしん》を得《う》るの頌《しょう》〉」。王子淵《おうしえん》の文章。馬も普通の人が操るとうまく動かないが、王良という人が操ると自由自在に活躍する。そういう内容の文章に続く一文である。

124

なんぞAのBなるや

何《ゾ》 A之《の》B《ナル》也《や》

なんとまあAのBなことだろう

例 何《ゾ》楚人之多《キ》也。

〔訓読〕何《なん》ぞ、楚人《そひと》の多《おほ》きや。

〔訳〕なんとまあ、楚の人の多いことだろう。

語法 「なんとまあAのBなことだろう」というときの感動の文型。109「なんぞ…（や）」の〈どうして…か〉という疑問の意が感動の表現として用いられた結果生まれたものである。疑問表現が感動表現化するのである。代表訓読を「なんぞAのBなるや」とした、その「Bなる」は、形容動詞連体形を認識させようとしたものだが、例文では、「多き」という形容詞の連体形となっている。

典拠 『史記』「項羽本紀《こううほんぎ》」。項羽の軍は追いつめられて、「四面楚歌」の最期を迎える一文である。垓下《がいか》の戦いで項羽の軍は沛公の軍に幾重にも包囲されてしまった。ある夜、沛公は、自分の兵に、項羽の出身地の楚の国の民謡を歌わせるという心理作戦に出た。沸きおこった楚歌の合唱を聞いた項羽は、わが故郷である楚の国も沛公の手に落ち、みな敵側に回ってしまったのかと驚き、落胆する場面である。

125

あに…にあらずや（ならずや）

豈《あ》ニ非ズ二――一ニ乎や
（豈ニ不二――一ナラ哉や）

なんと…ではないか

例 ①雖レモ及レブト此ニ、豈ニ非レズ天ニ乎。

〔訓読〕此《ここ》に及《およ》ぶと雖《いへど》も、**豈《あ》に**天《テン》に**非《あら》ずや**。

〔訳〕こんなことになったのも、なんと天の命ずることではないか。

語法 ①の語法においても、②の例文を引いた後で、①の語法を併せて述べることとする。併せて認識するところに意義があるので、この①・②形式を採用したのである。

例 ②陳仲子ハ、豈ニ不二誠ノ廉士一ナラ哉。

〔訓読〕陳仲子《チンチユウシ》は、**豈《あ》に**誠《まこと》の廉士《レンシ》**ならずや**。

〔訳〕陳仲子こそ、なんと真の清廉潔白な人ではないか。

語法 「なんと…ではないか」というときの感動の文型。「あに」は、もとは、反語の副詞である。92「あに…（せ）んや」で確認してきているところである。その「あに」が、99「また…（なら）ずや」などの「（なら）ずや」を伴って、感動の表現を構成しているのである。①は「非」字であるので、「にあらず」というように、断定の助動詞が連用形「に」と補助動詞「あら」とに分離しているのに対して、②は、「不」字であるので、融合形の「なら」を補って、「ならず」と訓読されるのである。

典拠 ①『春秋左氏伝《しゅんじゅうさしでん》』「成公《せいこう》」。周子（＝孫周）を周の都から迎えさせて君子に立てた、悼公《とう》といい、十四歳。晋《しん》の太夫《たいふ》たちが国境の清原で迎えた時の周子の言葉。②『論衡《ろんこう》』「刺孟《しもう》」。孟子書に対する批判の部分で、孟子と弟子の匡章《きょうしょう》が、清廉《せいれん》（＝心がきれいで私欲がないこと）について論じた一文。

例 古人言《フ》、「生死《モ》亦大《ナリト》矣。**豈《ニ》不《レ》**痛《マシカラ》**哉**《ト》」。

〔訓読〕古人《コジン》言《い》ふ、「生死《セイシ》も亦大《またダイ》なりと。**豈《あ》に**痛《いた》ましから**ずや**。」と。

〔訳〕古人は言う、「生死もまた人生の大事だと。なんと痛ましいことではないか。」と。

語法 例文は、さきの①でも②でもない。その「…にあら」や「…なら」に相当するところに、形容詞「痛まし」の未然形が入っているのが、この例文である。つまり、この位置には、形容詞・形容動詞の未然形が位置するのである。

典拠『古文真宝後集』「蘭亭記《らんていのき》」。著者は王逸少《おういつしょう》。人はそれぞれみな自分の人生を生きている。そして、やがて、それぞれの人生を終えていく。その後に、この一文がある。

十四　願望の形

相手に対して、自分の願望や請願を表明するときの文型である。

「願」を用いる場合	願ハクハ―セン	ねがはくは―（せ）ん （―（なら）んことをねがふ）	どうか～（し）てください どうか～（し）たい
「請」を用いる場合	請フ―セン(セヨ)	こふ―（せ）ん（せよ） （―（せ）んことをこふ）	どうぞ～（し）てください どうか～（し）てください
「欲」を用いる場合	欲ス二―一セント	―せんとほっす	～したいと思う
「願得二―一」「安得二―一」の形をとる場合	願ハクハ得ン二―一ヲ	ねがはくは―をえん	どうか～（し）たい
	安クンゾ得ン二―一ヲ	いづくんぞ―をえん	なんとかして～（し）たい
「庶幾」「庶」などを用いる場合	庶幾《こひねが》ハクハ―セン	こひねがはくは（ねがはくは）―（せ）ん （―（せ）んことをこひねがふ）	どうか～（し）たい ～を願う
	庶《こひねが》ハクハ―セン		

126 ねがはくは…（せ）ん（せよ）

願《ハクハ》 ——《セン（セヨ）》

どうか…（さ）せてください
どうか…（し）たい

例 願《ハクハ》得《テ》レ書《ヲ》遍《ク》読《マン》レ之《ヲ》。

〔訓読〕 願《ねが》はくは、書《しょ》を得《え》て遍《あまね》く之《これ》を読《よ》まん。

〔訳〕 どうか、賃金の代わりに蔵書を全部読ませてください。

語法 「どうか…（さ）せてください」「どうか…（し）たい」というときの願望の文型。「願はくは…ん」の形をとる。「…ならんことを願ふ」とも読む。それに従って読むと「願《フ》二得《テ》レ書《ヲ》遍《ク》読《マンコトヲ》一レ之《ヲ》」となるが、当然、意味は同じである。「ねがはくは」の「ねがはく」は、ハ行四段活用動詞「ねがふ」の未然形「ねがは」に〈こと〉の意の接尾語「く」が付いたものである。したがって、下の「ん」は、意志の助動詞である。古くは、「んことを」で終えることも多かった。

典拠 『蒙求《もうぎゅう》』「匡衡鑿壁《きょうこうさくへき》」。匡衡は壁に穴をあけ、隣家の灯火を引いて読書した。家が貧しいので、日雇いをして生活していた。村の旧家の文不識《ぶんふしき》は金持ちで書物をたくさん持っていたので、彼は雇われて賃金を求めず、蔵書を全部読ませてくれるようお願いした、という一文。かなえられて大学者となった。

例　願《ハクハ》 陛下託《スルニ》レ 臣《ニ》 以《ツテセヨ》二 討賊興復之效《ヲ》一。

〔訓読〕　願《ねが》はくは陛下《ヘイカ》臣《シン》に託《タク》するに、討賊興復《タウゾクコウフク》の效《カウ》を以《も》つてせよ。

〔訳〕　どうか陛下にお願いしますが、私に賊を討ち漢の王室の復興の実効ある仕事をお任せください。

語法　近世には「ねがはくば」と読まれたこともあるが、誤りである。その語源が見えなくなって、形容詞の未然形が接続助詞「は」に付いた「〜くは」が「くば」というように、濁音化したのに引かれた結果である。その文末は、意志の助動詞だけでなく、この例文のように、命令形でも言い切られる。なお、この文末は、「以つてせよ」で一語の動詞と見るほうがいっそう望ましく、〈以つて託せよ〉と解するところである。

典拠　『古文真宝後集』「出師表《すいしのひょう》」。「出師表」は三国志の蜀の王劉備《りゅうび》に軍師として仕えた諸葛亮《しょかつりょう》が、劉備の死後、その子劉禅《りゅうぜん》に奉った文章。ここは、その末尾の箇所で、魏《ぎ》の討伐に向かわせてほしい意を奏上しているところ。

例　願《ハクハ》 大王毋《ク》レ愛《シムコト》二 財物《ヲ》一、賂《ヒ》二其《ノ》 豪臣《ニ》一、以《テ》 乱《レ》二其《ノ》 謀《ヲ》一。

〔訓読〕　願《ねが》はくは大王《ダイワウ》、財物《ザイブツ》を愛《を》しむこと毋《な》く、其《そ》の豪臣《ガウシン》に賂《まひな》ひ、以《も》つて其《そ》の謀《はかりごと》を乱《みだ》れ。

〔訳〕　どうか大王よ、財物を惜しまず、諸侯の重臣に賄賂《わいろ》を贈り、その人たちの（秦を討とうとの）謀略を乱してほしい。

語法　この「乱れ」は、ラ行四段活用他動詞「乱る」の命令形で、〈乱せ〉ということである。また、その文末に至るまでの、「愛しむこと毋く」は「愛しむこと毋かれ」と読みとり、「賂ひ」は「賂へ」と読みとることができる。

つまり、ここは、命令形の対偶中止構文なのである。

典拠　『史記』「秦始皇本紀《しんのしこうほんぎ》」。大梁《たいりょう》の尉繚《うつりょう》が、合従連衡して秦を討とうとしている諸侯に対する対策を進言している、その言葉の一節である。

例　宗廟之事、如《シクハ》会同《ニハ》、端章甫《シテ》、**願**《ハクハ》為《ラント》二小相一焉。

〔訓読〕宗廟《ソウベウ》の事《こと》、如《も》しくは会同《クワイドウ》には、端章甫《タンシヤウホ》して、**願《ねが》はくは**小相《セウシヤウ》為《た》らんと。

〔訳〕国君の先祖の祭祀や諸侯の会合には、できることなら礼装して（威儀を正して）、どうか補佐役をつとめたい。

語法　「如しくは」は〈できることなら〉の意で、願望表現「願はくは…ん」の前置きとして配されている。「小相為らん」は、「小相と為《な》らん」と読んでもよい。「小相為らん」の「為ら」は、断定の助動詞「たり」の未然形で、「小相為らん」の直訳は、〈補佐役であろう〉ということになる。

典拠　『論語』「先進《せんしん》」。孔子が公西赤に自分の考えを述べさせたのに対する公西赤の応えの言葉。

127 こふ…（せ）ん（せよ）

請フ ――（セ）ン（セヨ）

どうぞ…（し）たい
どうか…（さ）せてください

例 請フ以ツテレ剣ヲ舞ハン。

〔訓読〕 請《こ》ふ、剣《ケン》を以《も》つて舞《ま》はん。

〔訳〕 どうか、剣舞を舞わせてください。

語法 「どうぞ…（し）たい」「どうか…（さ）せてください」というときの願望の文型。「請ふ」は願い求める意で、〈請うことには〉と訳して、副詞のように考えるのがよい。末尾の「ん」は意志の助動詞だが、この発言の対者との関係で、〈…（さ）せてください〉という訳が当たることが多い。

典拠 『史記』「項羽本紀《こううほんぎ》」。項羽《こうう》は沛公《はいこう》を引きとめ、酒宴を催した。その席で項羽の参謀である范増《はんぞう》は何度も項羽に目くばせして、「早く沛公を斬《き》れ」と合図したが、項羽はこれに応じなかった。このため、剣舞にかこつけて沛公を斬るように范増に命じられた項荘が、項羽に剣舞を願い出た場面である。

例 雍雖モ二不敏ナリト一、請フ事トセント二斯ノ語ヲ一矣。

〔訓読〕 雍《ヨウ》不《フ》敏《ビン》なりと雖《いへど》も、請《こ》ふ、斯《こ》の語《ゴ》を事《こと》とせんと。

〔訳〕私は愚か者ではあるけれども、どうぞ、いまのこの言葉を自分のなすべき事とさせてください。

語法 「請ふ」は、連体形準体法で、〈請ふことには〉と解していく表現である。なお、この例で読み添えた末尾の「と」は、倒置である。この表現を正序するときに生きてくる。「斯の語を事とせんことを請ふ」が、その正序された表現である。

典拠 『論語』「顔淵《がんえん》」。孔子の弟子の仲弓《ちゅうきゅう》が孔子に「仁」ということについて質問した。孔子は「己《おのれ》の欲《ほっ》せざる所《ところ》は人《ひと》に施《ほどこ》すこと勿《な》かれ。」と言った。それに続く仲弓の言葉である。

例 帰リナン去来兮、請フ息メテレ交ハリヲ以ツテ絶タンレ游ビヲ。

〔訓読〕帰りなん、いざ。請《こ》ふ交《まじ》はりを息《や》めて以《も》つて游《あそ》びを絶《た》たん。

〔訳〕さあ、（故郷に）帰ろう。どうか社交をやめて交遊を絶ちたい。

語法 この「請ふ」は〈請ふことには〉の意であるのだから、この一文のなかでは、副詞として機能しているということができよう。「息」は「息《や》む」と呼んで、〈やめる〉意を表す。〈息抜きをして休む〉ところから生まれた意味である。この場合、「請ふ」は作者自身に向けて言っており、辞（＝韻文体の一つ）としてこの一句は、自己の意思表明をしているものといえよう。

典拠 『古文真宝後集』「帰去来辞《ききょらいのじ》」。「帰去来辞」は作者陶潜が官を辞し、任地から故郷に帰るときの心境を述べた「辞（＝韻文体の文体の名称）」である。ここは、帰郷後の自分の生活のあり方についての考えを述べた部分である。

128　…せんとほっす

欲《ス》レ――《セント》

…したいと思う

例　欲《スレバ》レ飲《マント》、琵琶馬上《ニ》催《ス》。

〔訓読〕飲《の》まんと欲《ほっ》すれば、琵琶《ビワ》馬上《バジャウ》に催《もよほ》す。

〔訳〕（葡萄の美酒を）飲もうと思うと、馬上で琵琶を弾く者がいる。

語法　「…（し）たいと思う」というときの願望の文型。「（せ）ん」の「ん」は意志の助動詞。「ほっす」はもと「ほりす」で、それが促音便化したものである。また、〈…（し）ようとする〉〈…（し）そうだ〉という、状態の意を表す場合もある。「山《ハ》青《クシテ》花《ハ》欲《ス》レ然《エント》（山は青くして花は然えんと欲す＝山は青葉に包まれて、紅の花がその中に燃えんばかりである）」（唐詩選・杜甫の詩）が、その例である。

典拠　『唐詩選』王翰《おうかん》「涼州詩《りょうしゅうし》」。楽府題《がふだい》（＝音楽に合わせて歌われた漢詩の題を借りてつくった詩）で、採集された辺地の名をつけて辺地の風景や出征する苦しさを詠ったものが多いが、この詩も征戦の苦しさを詠《うた》ったものである。

例　子欲《スル》三手《ニテ》援《ケント》二天下《ヲ》一乎。

〔訓読〕子《シ》、手《て》にて天下《テンカ》を援《たす》けんと欲《ほっ》するか。

〔訳〕あなたは、手で天下を援けることを望むのか。

語法 「欲」字の音は「ヨク」で、「ほつ」は、あくまでも和語である。促音化する前の「ほりす」は、「かくしつつあらくを良《よ》みぞたまきはる短き命を長くほりする」（万葉集・6・九七五）などに見る「ほりす」である。

典拠 『孟子』「離婁上《りろう》」。孟子と弟子との問答中の孟子の言葉。「乱世に臨むには正道で臨む。兄嫁が溺れているときは手で助けなければならない。それ以外に道はないからだ。」と言ったのに続く孟子の言葉である。

例 君子欲ハ㆘訥ニシテ㆓於言ニ㆒而敏ナランコトヲ㆗於行ヒニ㆖。

〔訓読〕君子《クンシ》は言《ゲン》に訥《トツ》にして行《おこな》ひに敏《ビン》なら**んことを欲《ほっ》す**。

〔訳〕君子は言葉を発するのが遅くても、行動は敏速であることを望む。

語法 「行ひに敏ならんと欲す」と読んでもよいところだが、「行ひに敏ならんことを欲す」と読んできている。その「ん」は、形式名詞「こと」の上にあるので、その「ん」は、婉曲の意となって、直訳すると、〈敏速であるようなこと〉ということになる。そこを、他の一般と同じように「敏ならんと欲す」と読むと、その「ん」は、意志であって、そこに読み方の違いが見えてくる。ここでは、どんな行動が望ましいかを述べる一般論であるので、「敏ならんこと」と読む理由も見えてくるのである。

典拠 『論語』「里仁《りじん》」。孔子の、人間のあり方を述べた言葉である。

129　ねがはくは…をえん

願《ハクハ》　得《ン》二——一《ヲ》

どうか…を手に入れたい

例　願《ハクハ》、得《ン》二君《ノ》狐白裘《ヲ》一。

〔訓読〕**願《ねが》はくは、**君《きみ》の狐《コ》白裘《ハクキウ》**を得《え》ん。**

〔訳〕どうか、あなたの持っている狐の白いかわごろもをいただきたい。

語法　「どうか…を手に入れたい」というときの願望の文型。相手に対する願望や自己の希望を述べる。「ねがはくは」を受けるので、「えん」の「ん」は、「ねがはくは…（せ）ん」に同じく、意志の助動詞である。その一例と見てよいのだが、「…を得」によって〈入手する〉意となる点に注目しようとして項を改めた。「得」は、しばしば〈…できる〉意となるが、ここはそうではなく、本来の語義〈入手する〉意のものである。

典拠　『十八史略』「春秋戦国《しゅんじゅうせんごく》」。狐白裘は狐の脇の下の白い毛皮を集めてつくった衣服で、古来珍重され、貴人が着用した。「鶏鳴狗盗《けいめいくとう》」という故事成句の出典。戦国時代に斉の孟嘗君が秦から脱出するとき、食客（＝私的に抱えた家来）のなかに狗《いぬ》の鳴きまねをして忍びこむこそ泥や鶏の鳴き声の上手な者がいて関所破りができて助けられた故事。

130 いづくんぞ…をえん

安《いづクンゾ》得《ン》二――《ヲ》一

なんとかして…を手に入れたい

例 安《クンゾ》得《ン》三猛士《ヲシテ》兮守《ラシムルヲ》二四方《ヲ》一。

〔訓読〕**安《いづ》くんぞ**猛士《マウシ》をして四方《シハウ》を守《まも》らしむるを**得《え》ん**。

〔訳〕なんとかして勇敢な兵士に命じて、四方の国境を守らせることを成功させよう。

語法 この場合、「…を得ん」は、〈その戦略を手に入れよう〉ということで、〈成功させよう〉と意訳されることになる。なお、「安くんぞ猛士をして四方を守らしむるを得ん。」の「得ん」を先にして、「安くんぞ得ん、猛士をして四方を守らしむるを。」というように、倒置法にして読まれることもある。なお、この場合の「守らしむる」という使役の表現は、文脈から、そう読んだものである。

典拠 『史記』「高祖本紀《こうそほんぎ》」。沛公《はいこう》が戦いに勝って故郷の沛《はい》を通ったとき、宴を催し詩を作って歌った。その詩句の一節である。

例 安《クンゾ》、得《テ》二広廈《ノ》千万間《ナルヲ》一、大《イニ》庇《ヒテ》二天下《ノ》寒士《ヲ》一倶《ニ》歓《バシキ》顔《セン》。

〔訓読〕**安《いづ》くんぞ**広廈《クワウカ》の千万間《センマンゲン》なる**を得《え》**て、大《おほ》いに天下《テンカ》の寒士《カンシ》を庇《おほ》ひて倶《とも》に歓《よろこ》ばしき顔《かほ》せ**ん**。

〔訳〕　なんとかして千万間もある広い家を手に入れて、大いに天下中の貧乏人をおおってやり、みんなで歓ばしげな顔を見合わせるようにしたいものだ。

語法　「なんとかして…を手に入れたい」というときの願望の文型。「安得広廈千万間」なら、「安んぞ広廈千万間なるを得ん」と読むことになる。次の句に繋ぐために、「得ん」を「得て」にしたのである。「安」だけではなく、「焉」も同じように用いる。疑問表現が、願望表現に転じたもので、訓読語としては反語に定着していた「いづくんぞ」を転用させたものである。日本古典古文の「いかで」が、疑問から反語や願望の用法を生んだのと同じである。

典拠　杜甫《とほ》の「茅屋《ばうをく》為ル二秋風ノ所トレ破ル歌」。五十歳の時、成都の草堂にあっての作。かやぶきの屋根が風に吹き飛ばされたことを歌う詩。

131 こひねがはくは…（せ）ん（せよ）

庶幾《こひねがハクハ》 ―（セン）（セヨ）

どうか…（し）たい
…であってほしい

例 王庶幾《クハ》改《メヨ》レ之《ヲ》。

〔訓読〕王《ワウ》庶幾《こひねがは》くは之《これ》を改《あらた》めよ。

〔訳〕王よ、どうかこれ（＝過去の行い）を改めてほしい。

語法 「こひねがはくは」は、「こひねがふ」の未然形「こひねがは」に名詞化する接尾語「く」が付き、さらに係助詞「は」が付いて構成された、副詞に相当する連語である。またこの文が、みずからについての意志を表すものであったとしたら、文末の「改めよ」は「改めん」と読まれ、〈改めよう〉という意となる。

典拠 『孟子』「公孫丑下《こうそんちゅう》」。王と意見が合わず斉の国を去るとき、孟子は昼という所に三日滞在した。それは、王がこれまでの行いを改めて、自分を呼び戻してほしいと願っていたからであった。用例文は、昼に留まった理由を述べた孟子の言葉のなかの一節である。

例 庶《ハクハ》竭《クシ》二駑鈍《ヲ》一、攘二除《シ》姦凶《ヲ》一、以《ツテ》復二興《シ》漢室《ヲ》一、還《サンコトヲ》二于旧都《ニ》一。

〔訓読〕庶《こひねが》はくは、駑鈍《ドドン》を竭《つ》くし、姦凶《カンキヨウ》を攘除《ジヤウヂヨ》し、以《も》つて漢室《カンシツ》を復興《フクコウ》し、旧都《キウト》に還《かへ》さんことを。

〔訳〕ぜひ、（足の遅い馬、切れ味悪い刀のような）私でも、微力を尽くし、悪人を払いのけ、もって漢の王室を復興し、旧都洛陽に還したい。

語法　「こひねがはくば」と読むのは誤りである。126の「ねがはくは…（せ）ん（せよ）」の第2例の語法に述べてきたところである。なお、坪内逍遙は「こひねがはくば君、一枚羽織を借したまへ。」（当世書生気質）というように、その「こひねがはくば」を用いている。

典拠　『古文真宝後集』「出師表《すいしのひょう》」。「出師表」は三国志の有名な蜀の軍師諸葛亮《しょかつりょう》が、大恩ある先帝劉備《りゅうび》の子劉禅《りゅうぜん》に対して、君主たる人の心構えを説いた文章。ここは、魏《ぎ》の曹操《そうそう》の子曹丕《そうひ》を討って漢室の再興を説いた部分。

例　**冀**ハクハ復タ得ンコトヲレ兎ヲ。

〔訓読〕**冀**《こひねが》**はくは**復《ま》た兎《うさぎ》を得《え》**んことを**。

〔訳〕どうか、もう一度兎を手に入れたいと思う。

語法　「どうか…したい」というときの願望の文型。もちろん、「復た兎を得んことを冀ふ。」とも読まれる。つまり、「こひねがはくは、…んことを」は、倒置法表現なのである。

典拠　『韓非子』「五蠹《ごと》」。「宋の人で田を耕す者がいた」で始まる「守株」の故事成句の出典となった文。

第三編　現行訓読和語辞典

本辞典は、本書第二編を補うものとして編集したものである。ただ、この種の辞典の必要性はかねてから考えていたところである。

本辞典は、現行の漢文訓読に用いられる和語について、その背景が理解できるようにすることを目的として編集した。そして、いわゆる日本古典古文に用いられている同一語との語義の違いやニュアンスの違いに少しでも迫れるよう努めた。なお、その際、筆者両名の自編著『ベネッセ全訳古語辞典』を参考にし、かつ、活用することとした。

もちろん、漢文訓読に直接する記事は、◎印部分である。しかし、それら訓読語の背景には、日本古典古文に用いられている和語が存在するのである。意味や用法の重なるものもあるし、その一部であったり、まったく異なる新しい語義や語法を生んでいたりするものもあるのである。本辞典は、新しい漢文学習法への挑戦の一書であり、日本古典古文漢文融合学習法の誕生を期待して公刊するものである。

あげて【挙げて／勝げて】副詞
いちいち。すべて。残らず。／心を悩ますことは、**挙げて**計《よ》むべからず。（方丈記・世に従へば）
◎漢文訓読の「あげて」は、「勝げて」に限られ、「挙げて」は存在しない。「不レ可カラ二勝ゲテ―ス一」の「勝げて」だけである。その「あげて…（す）べからず」は、「…にたふべからず」とも読まれる。

あつ【中つ】動詞（タ行下二段活用）
当てる。
◎タ行下二段他動詞「当つ」と同じ。ラ行四段自動詞「あたる」とも読まれる。特に、〈命中する〉意の「中《あ》たる」として現れる。

あに【豈】副詞
①（下に打消の語を伴って）決して。
②（下に反語の表現を伴って）どうして。／価《あたひ》なき宝といふとも一坏《ひとつき》の濁れる酒に**あに**まさめやも（万葉集・3・三四六）
◎漢文訓読語に採用される用例は、②で、現在、その文末は「…んや」に限られる。②の用例の歌末が「…めやも」となっている理由は、「や（も）」が助動詞「む」の已然形に付いた古い形だからである。「…んや」は、「む」の終止形に「や」が付いた、平安時代以降の形である。なお、漢文訓読語としては、「あに…ならずや」という感動の形も生まれた。感動の表現に用いられた「あに」は、いま、〈なんと〉というように訳出されている。

あへて【敢へて】副詞
①強いて。押し切って。／いざ子ども**あへて**漕《こ》ぎ出《い》でむ海面《にはも》も静けし（万葉集・3・三八八）

②（下に打消の語を伴って）決して。まったく。／**あへて**凶事なかりけるとなん。（徒然草・二〇六）

◎②の用例は、漢文訓読語として定着したものが採用されたものである。「あへて」を用いた漢文の文型としては、「あへて…（せ）ず」のほか、「あへて…（せ）ざらんや」や二重否定の「あへて…（せ）ずんばあらず」が注目される。

…あらずや【—】 連語

…ではないか、…だろう。

◎断定の助動詞「なり」は、「ず」に接続する際、「ならず」ともいうが、「にあらず」のように、連用形「に」と補助動詞「あら」に分離させて表現されることが多い。その「に」と「あら」との間に助詞を介在させた「にもあらず」「にしもあらず」なども見られる。本項目は、その「にあらず」の下に、さらに反語の終助詞「や」が付いたものである。反語の文型「あに…にあらずや」は、「非」字があるのでそう読まれるが、「不」字の場合は「あに…ならずや」と読まれる。→にあらず

あるいは【或いは】 一連語　二副詞　三接続詞

一（多く「あるいは～、あるいは～」の形で）ある人は。ある者は。

二①（多く「あるいは～、あるいは～」の形で）一方では。ある場合には。

②もしかすると。ひょっとすると。

三もしくは。または。

◎ラ変動詞「あり」の連体形に上代の間投助詞「い」と係助詞「は」とが付いたもの。中古には、多く漢文訓読文に「あるいは」が用いられ、和文では「あるは」が用いられた。中世以降、「あるいは」が一般化した。漢文にお

いても「或《イハ》師《トシ》焉、或《イハ》不《しからず》焉。」（韓愈「師説」）など、頻出する。なお、その仮名遣いを「或ひは」とするのは、助詞「い」の意味が不明になったための誤用が広まったものである。

いかに【何如】副詞（形容動詞「いかなり」の連用形）

①なぜ。どうして。

②どんなにか。

◎漢文訓読語「いかん」が、この「いかに」の変化したものだとすると、その担う意味は、必ずしも文脈と一致しない。疑問の文型に採用される「いかん」は、「いかならん」などに相当するように思えてならない。いずれにしても、副詞などではなく、述語としての機能をもっているのである。どのような背景あって、漢文訓読語の「いかん」となってきているのか、なお、追跡したい。

いかにせむ【如何にせむ】連語

①（とまどいを表し）どうしたらよいだろうか。（疑問）

②（あきらめを表し）どうしようもない。（反語）

◎①・②とも、『万葉集』から中古・中世の和歌に至るまで用例を見るので、漢文訓読語「いかんせん」の原形を「いかにせむ」とすると、和歌の表現と交渉していることになろうが、語気の印象には隔たりがあろうか。形容動詞「いかなり」の連用形にサ変動詞「す」の未然形と、推量の助動詞「む」とが付いたもので、漢文訓読語「いかんせん」も、①・②の用法で用いられる。

いかん【如何】副詞

なぜか。どうしてか。

◎日本古典語としては、積極的には取り扱われない。品詞も大方が副詞に限定しているが、疑問の文型に採用されている「いかん」は、形容動詞の未然形に推量の助動詞の付いた「いかならん」に読みとれてくる。あるいは、「いかに」に続く語句が省略されているのであろうか。↓いかに

いかんせん【如何せん】連語

◎「いかにせむ」が転じたものであることは明らかで、漢文訓読語としても、疑問の意にも反語の意にも用いられる。手段・方法に行き詰まって迷う気持ちを表して疑問表現となり、限界に達したとき、反語表現となる。↓いかにせむ

いくばく【幾許】副詞

①どれほど。何ほど。／わが背子《せこ》と二人見ませば**いくばく**かこの降る雪の嬉しからまし（万葉集・8・一六五八）

②（「いくばくも」の形で、下に打消の語を伴って）いくらも。

◎①に限って、「幾何」の漢文訓読語として採用したものか。その「幾何」を「いくばくぞ」と読む、その「いくばくぞ」は、「いくばくなるぞ」ということである。そして、一文の述語として用いられているのである。

いささか【些か／聊か】副詞

◎↓いささかに

いささかに【些かに／聊かに】形容動詞連用形

わずか。ほんの少し。／この由、**いささかに**ものに書き付く。（土佐日記・十二月二十一日）

◎中古では、副詞「いささか」が和文の作品に、形容動詞「いささかなり」の連用形「いささかに」が漢文訓読文に、それぞれ用いられた。右の『土佐日記』は、男性の文章なので、「いささかに」である。時代下って、現代の

漢文訓読にあっては、副詞「いささか」で読んでいくのが一般である。結果的には、平安時代の和文の「いささか」が現代の漢文訓読語になってしまっているのである。

いたづらに【徒らに】形容動詞連用形

①むだに。なんのかいもなく。／采女《うねめ》の袖《そで》吹き返す明日香風《あすかかぜ》都を遠み**いたづらに**吹く（万葉集・1・五一）

②むなしく。はかなく。／花の色は移りにけりな**いたづらに**わが身世にふるながめせしまに（古今集・春下・一一三）

③退屈で。暇で。

◎日本古典語としては形容動詞「いたづらなり」と認定されるが、漢文では副詞に相当する。すべて「いたづらに」という読みとしてしか現れないようである。語義も、①の意味に限られる。

いづく【何処】代名詞

どこ。どちら。／「**いづく**にか車は寄すべき。」（蜻蛉日記・中・天禄二年）

◎「安」「焉」などの漢文訓読語として採用される「いづくにか」は、右の「いづく」が、格助詞「に」と係助詞「か」とを伴って連語化したもので、〈どこに…か〉を意味することになる。さらに、その「いづく」が「に」と係助詞「ぞ」とを伴って連語化した「いづくにぞ」が転じた「いづくんぞ」という漢文訓読語も、この「いづく」から生まれたものである。「いづく」「いづこ」は、和文にも多く用いられたが、「いづくにか」「いづくんぞ」となると、漢文訓読専用語となる。

いづくにぞ【安くにぞ・焉くにぞ】副詞

どうして。／**いづくにぞ**〔焉イツクニソ〕肯《あへ》て勤めて行はむや。（金剛般若経集験記《こんごうはんにやきようしゆげんき》古点）

◎漢文訓読語「いづくんぞ」の原形である。場所を表す「いづく」が「いづくにか」などを経て、「いづくにぞ」

という強意の係助詞「ぞ」を定着させて、漢文訓読専用の副詞「いづくんぞ」となる。

いづくんぞ【安くんぞ・焉くんぞ】副詞
◎漢文訓読専用語として、「いづくんぞ…する」で疑問を表し、「いづくんぞ…んや」で反語、「いづくんぞ…をえん」で願望を表す。↓いづくにぞ・いづく

いづれ【何れ】代名詞
（二つ以上の物・人のなかから不定の一つを選び出して）どれ。だれ。／**いづれ**勝れりと言ふべくもあらず。（大和物語・一四七）
◎漢文訓読語としては、比較して問う意を表す「孰」を「いづれか」と読み、さらに、比較して詰問する意を表す「孰与」を「いづれぞ」と読んできている。

いづれか【孰れか】連語
◎比較して問う意を表す漢文訓読語。どっちが…（か）。↓いづれ・いづれぞ

いづれぞ【孰若れぞ・孰与れぞ】連語
◎比較して詰問する意を表す漢文訓読語。どっちが…（なのか）。「そのAせんよりはBするにいづれぞ」の「いづれぞ」である。↓いづれ・いづれか

いはく【言はく／曰く】連語（副詞に相当する）
言うことには。／船君《ふなぎみ》の**いはく**、「この月までなりぬること。」と歎きて…。（土佐日記・二月一日）
◎四段活用動詞「言ふ」の未然形に接尾語「く」が付いたもの。現在の漢文訓読では、会話文の前にある「曰く」を受けて、会話文の末尾には、引用の格助詞「と」を添えて読むことになっている。

いはむや【況や】副詞
まして。いうまでもなく。／善人なほもて往生を遂ぐ。**いはむや**悪人をや。（歎異抄）
◎「況」字の漢文訓読語として生まれたもので、〈言おうか、いや、言うまでもない〉意の反語の語句として成立したものである。「況」字は、〈たとえる・比較する〉意で、文頭に「況」字があると、文末に「…といはむや」を補って読んだものと思われる。その補った「いはんや」を文頭に移し、文末を「…をや」とするようになったのが、現在の訓読法である。近代文語文に見る「いはんや…においてをや」は、漢文の原文で、「況」字の下に「於」字があったりしたところから、そういう形式も生まれたのであろう。

いはゆる【所謂】連体詞
世間で一般に言われている。誰でも知っている。／**いはゆる**実《じつ》と申すは心、花と申すは詞《ことば》なり。（毎月抄）
◎四段動詞「いふ」の未然形に上代の受身の助動詞「ゆ」の連体形が付いて一語化したもの。漢文訓読語として伝えられて、一般語としても採用され、現代語にまで残ることとなる。

いはんや【況んや】副詞
◎「況」字を「いふ」と捉えて、「いはんや」と読むのであるから、「はんや」が送り仮名となったほうが、成立過程の読みとれる送り仮名ということになろう。国語辞典の多くは「況や」という表記を採用しているが、現行の漢文の送り仮名は、「んや」とするものが多いようで、従うこととする。↓いはむや

いふ【道ふ】動詞（ハ行四段活用）
詞で意志を伝える。
◎ハ行四段自動詞「言ふ」と同じ。ただし、「道」字が〈言葉〉という名詞で使われることはない。併せて、「いふ」

の同訓異字に触れると、「謂ふ」は〈評価していう〉、「云ふ」は〈古人や古書が述べている〉、「曰ふ」は〈声に出していう〉である。

いふならく【言ふならく／聞道・聞説】連語（副詞に相当する）

◎→きくならく

いまだ【未だ】副詞

①（「いまだ～打消」の形で）まだ。／音には聞けど、**いまだ**見ぬなり。（竹取物語・火鼠の皮衣）

②今でも。

◎漢文訓読文において「未」字を「いまだ…ず」と再読されたところから、①の用法が固定した。中古の和文では「まだ」「まだし」を用い、「いまだ」は漢文訓読の必要ある男性の用語である。和文の作品でも、男性の会話文には用いられている。

いまだかつて【未だ嘗て】連語（一語の副詞に相当するか）

今までに一度も。

◎漢文訓読専用の表現で、副詞「いまだ」に副詞「かつて」が付いて、定着したもの。文末は、必ず否定か、あるいは二重否定の表現となる。↓いまだ・かつて

いまだし【未だし】形容詞

まだその時期ではない。／「…行きて尋ねよ。母に、**いまだしき**に言ふな。」（源氏物語・夢浮橋）

◎漢文訓読においては、否定語「未」が、否定する対象としての動詞を伴わないで用いられている場合に限っての読みである。

いやしくも【苟くも】副詞
①身分不相応に。／「重盛《しげもり》**いやしくも**九卿《きうけい》に列して三台《さんだい》に昇る。」（平家物語・3・医師問答）
②かりにも。曲がりなりにも。／夫に別れたる妻室《さいしつ》は、**いやしくも**二夫《じふ》に嫁《か》せんことを悲しんで…。（太平記）
◎形容詞「いやし」の連用形に係助詞「も」が付いて漢文訓読語として成立したもので、〈相応する条件には到達しないが…〉〈下賤《げせん》の身分ではあるが…〉という謙遜する姿勢がある。現代の漢文訓読語としては、②の意味に限られる。なお、また、その「いやしくも」は、その②の意味の訓読文においては、続く語句が順接仮定条件を構成し、陳述の副詞ともなっている。「いやしくも…ば」である。

う【得】動詞（ア行下二段活用）
①広く、自己のものとする意を表す。／吾《われ》はもや安見児《やすみこ》**得**たりみな人の**得**がてにすとふ安見児**得**たり（万葉集・2・95）
②（補助動詞として）できる。可能の意を表す。／「竜《たつ》の首の玉取り**え**ずは、帰り来《く》な。」（竹取物語・竜の頸の玉）
③（「…ことを」「…を」の形で）…することができる。／「漸々《ぜんぜん》にかたきをほろぼして、天下を治《ち》することを**得**たり。」（平家物語・9・樋口被討罰《ひぐちのきられ》）
◎日本古典語動詞「う」は、①の意に限られる。②は、他の動詞の下に付く補助動詞用法のものであるが、この用法は、漢文のなかの「得」字を、その「う」に当てて読んだところから、「う」に可能の意が含まれることになったものであろうか。漢文では「…（することを）得ず」「…（するを）得んや」などと訓読される文脈に現れ、格助詞「を」があっても、〈…ができる〉というように読みとれ、〈…することができない〉〈…することができようか、いや、できない〉と現代語訳される。③は、その漢文訓読の表現が採用されたものである。

うべなり【宜なり】形容動詞

◎→むべなり

おなじくは【同じくは】形容詞連用形＋係助詞

◎日本古典の古文としては、〈同じことなら〉の意の副詞であるが、漢文訓読では、部分否定の「不㆓同《ジクハ》―《セ》㆒」の読みに現れるだけである。

おもへらく【以為（＝思へらく）】連語（副詞に相当する）

思っていることには。思ったことには。／えびす**おもへらく**（以為）軍衆《いくさびと》なほ多《さは》なりと。（日本書紀・舒明九年）

◎四段動詞「おもふ」の命令形と見てよい語形に存続の助動詞「り」の未然形が付き、さらに接尾語「く」が付いたもの。「おもへらく」といって、以下に思った内容を紹介し、その末尾に引用の格助詞「と」を添えて表現する。

漢文訓読語としての熟字訓である。

およそ【凡そ】副詞

①だいたい。一般に。おしなべて。／大童《おほわらは》になり、大手《おほで》を広げて立たれたり。**およそ**辺りを払ってぞ見えたりける。（平家物語・11・能登殿最期）

②（下に打消の語を伴って）まったく。全然。

◎漢文に現れるのは、①に限られる。そして、そのほとんどが文頭にあって、どちらかというと、発辞的な印象を受ける。「およそ」は「おほよそ」が転じたものだが、漢文では「おほよそ」と読まれることはない。

かつ【且つ】副詞

①（「かつ～かつ～」の形で）一方では。

②つぎつぎに。

③わずかに。

④すでに。あらかじめ。

◎日本古典語としては、中古・中世に多用な用法を見せる「かつ」であるが、漢文訓読語として副助詞「すら」を上に置いて訓読する「且つ」は、〈なお〉ぐらいの意味が当たるようである。そして、さらに「なほ」と読む「猶」字が続く場合もあって、そのような場合は、「すらかつなほ」と読み、その訳は〈でさえも〉ぐらいでよいことになる。

かつて【曾て・嘗て】副詞

①（打消の語を伴って）決して。一向に。／木高《こだか》くは**かつて**木植ゑじほととぎす来鳴きとよめて恋益さらしむ（万葉集・10・一九四六）

②（肯定文に用いて）以前。昔。

◎上代から存在するが、中古には漢文訓読にもっぱら用いられて、したがって男性の言葉で、女流の文章には現れない。現在の漢文訓読においては、「未㆔嘗不㆓□㆒」という二重否定の構文のなかに出てくる「嘗」字の読みに限られる。一般には肯定文に用いられる②の意の「かつて」だが、漢文では二重否定文のなかに見ることになる。なお、この「かつて」を「かって」と言うのは、後世の誤りである。

かならずしも【必ずしも】副詞

そのまま、現代語として用いることができる。／**必ずしも**わが思ふにはかなはねど、…。（源氏物語・帚木）

◎漢文訓読表現としての「かならずしも…ず」は、部分否定の代表として、その否定の内容が常に注目される。その結果として、「ず」の上にある活用語に該当する内容が存在する場合もあるし、存在しない場合もあることが確認される。「師《し》は必ずしも弟子《ていし》より賢《けん》ならず」（「師説」）からは、師が弟子《でし》より立派である場合も、もちろんあるし、時には、師が弟子より劣る場合もある、というのである。ところが、日本古典の中古の和文では、「かならず…ず」でも、〈必ずしも…ず〉の意を表すこともあった。「人の心、みなさてこそある世なめれ。必ず、さしもすぐれじ。」（源氏・常夏《とこなつ》）などを引いて、比較させたいところである。

かへりなん【帰去来】

◎陶淵明の「帰《き》去《きょ》来《らいノ》辞《じ》」の「帰去来」の訓読で、「帰りなん」ということである。「なん」は、確述の助動詞「ぬ」の未然形に意志の助動詞「ん」の付いたもので、「帰りなん」は、〈帰ってしまおう〉ということである。本文は「帰去来兮」となっていて、その「兮」という不読の置き字を加えているが、この場合に限って「帰りなんいざ」というように、自分に向けて行動を促す感動詞「いざ」を添えている。

がへんぜず【肯ぜず】連語

承知しない。肯定できない。／これを受け**がへんぜず**。（足利本仮名書き法華経）

◎現在、漢文訓読文に見る「肯ぜず」は、中世からの読み方と見られている。↓がへんず

がへんず【肯ず】動詞（サ行変格活用）

承諾する。承知する。

◎「かへにす」（下二段動詞「かふ」の未然形に打消の助動詞「ず」の古い連用形「に」が付き、さらに、サ変動詞「す」が付いたもの）が変化したもの。本来は否定の意味であったが、いつか肯定の意味に転じてしまった。その誤解が発生した理由は、「不肯」を読むときに、「不」字があるため、「がへんぜず」と読んでしまったからである。

きくならく【聞くならく／聞道・聞説】連語（副詞に相当する）
聞くところによると。
◎動詞「聞く」に伝聞の助動詞「なり」の未然形が付き、さらに、名詞化する接尾語「く」が付いたもの。漢文訓読のなかで生まれた連語で、以下には聞いた内容が述べられている文脈となっている。「聞道」は「道」が「いふ（こと）」と読まれ、人が言うことを聞くことには、の意となる。「聞説」も、人が言うことを聞くということで、ともに、「きくならく」と読まれる漢文訓読の熟字訓である。人が言うのを聞く意であるところから、「いふならく」とも読まれる。

きたる【来る】動詞（ラ行四段活用）
やって来る。／死は前よりしも**来ら**ず、かねて後ろに迫れり。（徒然草・一五五）
◎漢文に現れる動詞としての「来」字は、「来《きた》る」と読まれる。「来至《きいた》る」が語源かと見られ、漢文訓読には、この「来る」が採用されて、カ行変格活用動詞「来《く》」は採用されなかった。また、日本古典古文には、「来」の連用形「来《き》」に完了の助動詞の連体形「たる」が付いた「来たる」もあるが、漢文の訓読には見られない。

くちすすぐ【漱ぐ】動詞（ガ行四段活用）
◎『世説新語《せせつしんご》』に収められている「漱石枕流《そうせきちんりゅう》」の「漱」字を訓読したものである。「口」と「漱《すす》ぐ」との複合動詞である。「漱レ石」を訓読するために生み出されたものである。

くらふ【食らふ】動詞（ハ行四段活用）
食べる。飲む。飲食する。／楫取《かぢと》り、もののあはれも知らで、おのれし酒を**食らひ**つれば…。（土佐日記・十二月二十七日）

◎上代・中古から、漢文訓読文で用いられており、日本古典の古文の用例からは、「くふ」の卑語として身分の低い者や動物が行儀悪く飲食するときに用いられた。しかし、漢文の訓読では、現在も「食」字はすべて「くらふ」と読むことになっている。

けだし【蓋し】副詞

①（推量表現を伴って）おそらく。たぶん。／明日の日の布勢《ふせ》の浦廻《うらみ》の藤波に**けだし**来鳴かず散らしてむかも（万葉集・18・四〇四三）

②（仮定表現を伴って）もし。万一。／山守は**けだし**ありとも我妹子《わぎもこ》が結《ゆ》ひけむ標《しめ》を人解《と》かめやも（万葉集・3・四〇二）

③（疑問表現を伴って）もしや。ひょっとしたら。／夜昼といふわき知らず我《あ》が恋ふる心は**けだし**夢《いめ》に見えきや（万葉集・4・七一六）

◎万葉集において三用法を見せた「けだし」だが、中古に入ると、和文系の資料には、まったく見ることができなくなる。もっぱら漢文訓読文に採用されて、意味も①に限られ、平叙文にも用いられて、〈大方《おおかた》〉〈大体《だいたい》〉といった意味で用いられるようになっている。現代の漢文訓読においては、それら語義のほか、〈そもそも〉〈いったい〉のような意味のところもある。

ここにおいて【於是（＝是に於いて）】連語（接続詞に相当するか）

そこで。／之を圧すること愈《いよいよ》重ければ人民の抵抗は愈強く、**ここにおいて**（是に於いて）か官民の軋轢《あつれき》を生ずることあり。（福沢諭吉・「民情一新」）

◎漢文本文の「於是」の訓読語として生まれ、広く日本語文にも採用された。

ここをもつて【是以（＝是を以って）】連語（接続詞に相当する）
だから。／あのお山伏が天下の御祈禱を専《もつぱ》らとせらるれば、私も神前において、天下安全の祈念を致しまする。**こをもつて**［是以］負くる事では御ざらぬ。（虎寛本狂言禰宜《ねぎ》山伏）
◎漢文本文の「是以」の訓読語として生まれた。広く日本語文にも採用された。促音を表記しない「ここをもて」の形で、中世の軍記物語などにも用いられている。

こたふ【対ふ】動詞（ハ行下二段活用）
目上の人に対してお答えする。
◎「答ふ」と同じ。ただ、目上の人の問いに応じた場合に用いられ、謙譲語性が感じとれる。

ことごとく【悉く】副詞
すべて。すっかり。／帝《みかど》より始めたてまつりて、大臣公卿《くぎやう》みな**ことごとく**移ろひたまひぬ。（方丈記・都遷り）
◎中古には漢文訓読に限って用いられていたが、中世からは、一般にも用いられるようになった。「尽」「畢」字も、同じく「ことごとく」と読まれる。

…ごとし【如し・若し】助動詞
（比喩・類似を表し）…ようだ。／天地の底ひの裏に吾が**ごとく**君に恋ふらむ人はさねあらじ（万葉集・15・三七五〇）
◎比況の表現に必須の助動詞で、早くから漢文訓読に採用された。中古以降、日本古典の和文にあっては、同じはたらきを「やうなり」で表現し、「ごとし」は漢文訓読専用語となり、文章語・男性語に位置づけられた。

こひねがはくは【希はくは・冀はくは／庶幾はくは】副詞
願うことには。なにとぞ。／**こひねがはくは**…源氏に同心して…。（平家物語・木曾《きそ》山門牒状《さんもんちようじよう》）

◎漢籍の訓点語が一般語化したものである。ハ行四段活用動詞「こひねがふ」の未然形「こひねがは」に名詞化する接尾語「く」が付き、さらに係助詞「は」が付いたものである。主語が一人称の場合は「…せん」、その他の場合は「…せよ」で結ばれる。また、描写や説明など、地の文では、「…せんことをこひねがふ」というように読まれる。↓ねがはくは

これをもつて【是れを以つて】連語（接続詞に相当するか）

このことからして。これで。

◎「以是」を訓読した表現で、順当な条件の成立することを示す。「是《ここ》を以《も》つて」が、前文を漠然と受けるのに対して、「是《こ》れを以《も》つて」は、「是れ」の指示内容が特定される。

…しかず【如かず】連語

◎↓…にしかず・しく

しからず【然らず／不・否】連語

◎「しからざれば」「しからずんば」などの接続詞と認定される語句が存在するところから見ても、〈そうである〉意の「然《しか》り」に打消の助動詞「ず」を添えた〈そうでない〉意の「しからず」は、容易に組み立てられる連語である。漢文で「不」字一字を「しからず」と読むところは、「不㆑□」のように、下に具体的な動詞が想定できる文脈であって、それを省略して「不」字だけで表現したものと見ることができる。「否」字一字をそう読むのは、〈いな〉という応答の意訳の訓読であろうか。

しからずは【然らずは】連語（接続詞に相当する）

そうでないならば。／「法皇を鳥羽の北殿へ移したてまつるか、**しからずは**、これへまれ、御幸《ごかう》をなしまゐらせんと

思ふはいかに。」（平家物語・2・教訓状）

◎「しからずば」を経て、「しからずんば」となる漢文訓読語の原形である。日本古典の和文では、「さらずは」を用いるところである。ラ変動詞「然り」の未然形「然ら」に打消の助動詞「ず」の未然形と接続助詞としての「は」が付いたもので、順接仮定条件を構成している。

しからずんば【然らずんば／不んば】 連語（接続詞に相当する）

そうでないならば。さもなければ。

◎漢文で「不者」とあるところを読む読み方である。「しからずは」の近世以降の読み方で、現行の漢文訓読語である。否定を表す「不」字に「不然」の意が含まれていて、「者」字は、接続助詞「ば」に相当する。なお、「ず」は打消の助動詞「ず」の未然形、「んば」は、順接仮定条件を構成する接続助詞である。↓しからずは・んば

しく【及く・如く・若く】 動詞（カ行四段活用）

①追いつく。

②（多く打消や反語を伴って）及ぶ。匹敵する。／銀《しろかね》も金《くがね》も玉も何せむに優れる宝子に**しか**めやも（万葉集・5・八六三）

◎②の意味の「しく」が漢文訓読文に採用され、現在も訓読の表現形式「…（に）しかず」「…（に）しくはなし」のなかに用いられている。漢文としては、「如」「若」字が多い。

しばしば【数々】 副詞

たびたび。

◎日本での表記としては、「屢」字や「屢屢」字を当ててきている。

すくなし【寡し・鮮し】形容詞
少ない。
◎「少なし」と同じ。「少」字を「すくなし」と読むことは稀で、多く「わかし」と読まれる。また、「多し」は、漢文としては「衆し」が出てくる。なお、「少なし」の送り仮名が「なし」となるのは、副詞「少し」との誤読を避けるためである。

すでに【已に・既に】副詞
①すべて。すっかり。（上代の用法）
②（「すでに…完了・過去」の形で）もはや。とっくに。／京に住む人、急ぎ東山に用ありて、**すでに**行き着きたりとも、西山に行きてその益増《やくま》さるべきこと思ひえたらば、門《かど》より帰りて西山へ行くべきなり。（徒然草・一八八）
③（「すでに…推量」の形で）いよいよ。今にも。／ある時、この川に男一人流れて、**すでに**死なんとす。（宇治拾遺物語）
④（「すでに…断定」の形で）まさしく。／「生《しやう》あるもの、死の近きを知らざること、牛**すでに**しかなり。」（徒然草・九三）
◎もともとは①が意味するように全体にゆきわたるようすを表す言葉であったが、漢文訓読で、「已」「既」の読みとして採用されるようになってから、②以下の用法が生じたものと思われる。中古の和文にはほとんど用いられず、中世以降、『平家物語』などの和漢混交文で盛んに用いられるようになってから、一般に広まった。現行の漢文訓読においても、「子《シ》の言《い》ふ所《ところ》の者《もの》は、其《そ》の人《ひと》と骨《ほね》と皆《みな》**すでに**（已）朽《く》ちたり。」（史記・老子伝）などは、最も多い②の用例に相当し、文末が「たり」となっていて、その副詞に呼応している。

すでにして【已にして・既にして】 副詞（接続詞に相当する）

やがて。そうこうしているうちに。／**既にして**日はパッタリ暮れる、四辺はほの暗くなる。（二葉亭四迷・浮雲）

◎副詞「すでに」に、接続助詞「して」とも、サ変動詞「す」の連用形「し」と接続助詞「て」とも、いずれとも判断しにくい「して」が付いて一語化したもので、漢文訓読の世界で生み出され、用いられてきた言葉である。品詞も、接続詞と判断してもよい用法のものである。

すなはち【即ち・則ち・乃ち】 [一]名詞 [二]副詞 [三]接続詞

[一]①その時。即時。／とくおろさむとて、綱《つな》を引きすぐして綱絶《た》ゆる**すなはち**に、やしまの鼎《かなへ》の上にのけざまに落ちたまへり。（竹取物語・燕の子安貝）

②そのころ。当時。

[二]すぐに。直ちに。たちまち。一々《いちいち》に片足を切つて追つ放つ。**すなはち**、死する者もあり。程経て死ぬる者もあり。（平家物語・2・蘇武《そぶ》）

[三]①つまり。言ひ換えると。／狂人のまねとて大路《おほち》を走らば、**すなはち**狂人なり。（徒然草・八五）

②そこで。それを。／その間、折々の違《たが》ひめ、おのづから短き運を悟りぬ。**すなはち**、五十《いそぢ》の春を迎へて、家を出で、世を背けり。（方丈記・わが過去）

③（「已然形＋ば」に続けて）そのようなときには。／君安ければ**すなはち**臣安く、臣安ければ**すなはち**国安し。（平家物語・10・請文《うけぶみ》）

◎[一]の名詞としての用法は、漢文には存在しない。[一]から[二]の副詞用法が生まれた。[二]の「すぐに」の意味を表す「即」字を「すなはち」と訓読したところから、「すなはち」に[三]の意味も生まれた、といわれている。したがって、㊂は、漢文訓読から生まれた用法である。さて、漢文訓読においては、同訓異字の「則」字や「乃」字との異同について、「即」は「すぐさま（すなはち）」、「則」は「已然形＋ば」に続くことが多いので、「レバ則《そく》」、「乃」字は〈そこで〉と訳すので、「そこで（すなはち）」といって区別してきている。なお、「すなはち」と読む漢字には、「便」「輒」「仍」などもある。また、現代語の「すなわち」は、㊂に相当する。

…ずは【―】連語

㊀①…ないで。…ではなくして。／験《しるし》なき物を思はずは一杯《ひとつき》の濁れる酒を飲むべくあるらし（万葉集・3・三三八）

②（「ずはあり」の形で強調して）…ないでは。…なくては。／今日《けふ》来ずは明日《あす》は雪とぞ降りなまし消えずはありとも花と見ましや（古今集・春上・六三）

㊁（順接仮定条件を表し）…ないならば。／「この皮衣《かはごろも》は、火に焼かむに、焼けずはこそまことならめ、と思ひて、…。」（竹取物語・火鼠の皮衣）

◎㊀②は、漢文訓読の「ずんばあらず」の「ずんば」の原形であり、㊁は、漢文訓読の順接仮定条件を表す「ずんば」の原形である。㊀の「は」は係助詞であり、㊁の「は」は接続助詞である。

すべからく【須く】副詞

当然。ぜひすべきことは。なすべきこととして。／徳をつかんと思はば、すべからく、まづ、その心づかひを修行すべし。（徒然草・二一七）

◎漢文訓読で「須」を「すべからく…べし」と再読したことから生まれた語で、平安時代の初めまでは用例は限られたが、中期以降多く見られるようになる。現在、陳述副詞として、きまって「べし」で結ばれるが、それまでは、助動詞「む」で結ばれるもの、また、命令表現が、その文末となるものもあった。

…ずや【—】連語

①（文末に用いて、打消の疑問を表し）…ないか。…ではないか。／「いかに殿ばら、殊勝のことは御覧じとがめずや。」（徒然草・二三六）

②（文末に用いて、打消の反語を表し）…ないか、…だろう。…ではないか、…だろう。／あかねさす紫《むらさき》野《の》行き標野《しめの》行き野守《のもり》は見ずや君が袖振る（万葉集・1・二〇）

③（下に推量表現を伴って、打消の疑問を表し）…ないで。…（のではないだろう）か。／思ひやる心は海を渡れどもふみしなければ知らずやあるらむ（土佐日記・一月九日）

◎①と②との「ず」は終止形で、「や」は終助詞である。③の「ず」は連用形で、「や」は係助詞である。それら「ずや」のうち、漢文訓読に現れるのは②だけである。その打消の反語は、強調の肯定表現となるもので、動詞に付くだけでなく、形容詞に付いて「うれしからずや」となったり、断定の助動詞に付いて「ならずや」「にあらずや」となっても現れる。「みずや・きかずや」の「ずや」には、強い肯定や勧誘が見られ、「また…（なら）ずや」の「ずや」には、詠嘆的反語性があり、同意を促す姿勢が見える。

…すら【—】副助詞

（程度の軽いものを挙げて言外に重いもののあることを類推させ）…さえ。…でさえ。／言問はぬ木すら妹《いも》と背《せ》ありといふをただひとり子にあるが苦しさ（万葉集・6・一〇〇七）

◎上代に多く用いられ、「尚」字で表記された用例を見るが、中古からは漢文訓読語となっていった。現在の漢文では、「且つ」の上に置いて読まれる。その「且つ」は意味の特定が難しく、したがって、「すら且つ」で〈…でさえ、なお〉くらいの意味となる。

…ずんば【―】 連語

…ないならば。…ないなら。

◎漢文の訓読に限って現れる表現である。その「ず」は打消の助動詞の未然形であって、連用形ではない。本来、和文で「ずは」といっていたものが、「ずんば」と発音されるようになったものであるので、その「んば」は、接続助詞「は」が変化したものである。順接仮定条件を構成する。ただし、「ずんばあらず」の「ずんば」は、この「ずんば」とは異なるものである。↓…ずは

…ずんばあらず【―】 連語

…なくはない。

◎「未三嘗不二□一」などの二重否定部分の訓読に採用されている連語である。本来は「…ずはあらず」であったろうが、漢文訓読において、このように変化した語形で読まれたものと思われる。「ずは」は、打消の助動詞「ず」の連用形に係助詞「は」が付いたもので、仮定条件を表す未然形の「ず」に接続助詞「は」が付いたものではない。したがって、「あら」は、補助動詞である。↓ずは・んば

そもそも【抑】 接続詞

（事を説き起こすときに用いて）いったい。ところで。

◎代名詞「そ」に係助詞「も」が付いた「そも」を重ねたもの。漢文訓読のなかで生まれて、現代語としても残っている。

それ【夫れ】 接続詞

そもそも。

◎文の初めに用いて、事柄を説き起こすことを示す発語といわれるもので、『古事記』など、上代の文献に用例を見ても、すべて、漢文の訓読として生まれたものである。伝統的な純粋な日本語文のなかには存在しない。「夫」字が指示代名詞でもあって、「それ」と読まれたところから、それが、発語用法の場合にも採用されたのである。したがって、「夫」字は、「夫の《か》」と読まれたり、また、詠嘆の終助詞「かな」に読まれたりもしている。

ただ【唯だ・只だ】副詞

①ひたすら。

②わずかに。たった。単に。／蛍の多く飛び違ひたる。また、**ただ**一つ二つなど、ほのかにうち光りてゆくもをかし。（枕草子・一）

③（「ただ〜命令・禁止・意志」の形で）構わないから。ともかく。

◎「ただ」には「直」字が当たる〈まっすぐに〉〈すぐ〉〈ちょうど〉などの意の一群もあるが、漢文訓読に関係するものとはならなかったようである。また、「唯」「只」字、さらには「惟」「徒」「特」字などの読みとして採用されたものは、右のうちの②に、ほぼ限られるようである。なお、また、漢文の原文に「直」とあっても、意味はどちらかというと、この②に相当するようである。さて、これら漢文訓読の「ただ」には、文末に、限定の副助詞「のみ」が読み添えられることに注意しなければならない。

ただに【直に／徒だに・只だに】副詞

①まったく。

②直接。

③（下に「のみならず」など、打消や反語を伴って）単に…（するだけでなく）。／大保《だいほう》（＝右大臣）をば**ただに**卿《まへつきみ》との

みは思ほさず。（続紀淳仁・二五詔）

④ちょうど。

◎日本古典には、「直」字を当てるものもあるが、漢文訓読においては、「徒」字をそう読む用例に限られるようである。③と④とが漢文訓読に採用されたが、現在まで残るものは③である。さて、「ただに」の「に」は、副詞性を際立たせるためのものであったろうか。「ただ」と「ただに」との異同は、微妙である。

たちまち【忽ち】副詞

◎→たちまちに

たちまちに【忽ちに】副詞

そのまま。すぐさま。／**たちまちに**場をかへ、めぐりの庭を掃除し…。（今昔物語集）

◎日本古典語としては多く、「たちまちに」の形で用いる。中古にあっては、この語はもっぱら漢文訓読で用い、和文では「にはかに」を用いた。したがって、「たちまちに」と「に」が付いていても、「たちまちに」しか現れないので、形容動詞連用形とは認めないのである。そして、現在、現代語としては、「に」を添えない語形「たちまち」で用い、現行の漢文訓読語としても、「たちまち」となっているのである。

たとひ【縦ひ・仮令】副詞

①（下に接続助詞「ば」を伴って順接仮定条件を表し）もし…（ならば）。

②（下に接続助詞「とも」を伴って逆接仮定条件を表し）仮に…（しても）。たとえ…（しても）。／**たとひ**耳鼻こそ切れ失すとも、命ばかりはなどか生きざらん。（徒然草・五三）

◎①は上代の日本の漢字文献の読みに限られ、現在の漢文訓読に見る用法は②である。「たとひ」というように

「ひ」となるのは、動詞「たとふ」が古くはハ行四段に活用したため、その連用形「たとひ」が背景にあるからである。後世「たとへ」となり、現代語としては「たとえ」である。

たまたま【偶々・適々】副詞

①まれに。たまに。／**たまたま**換ふるものは金《こがね》を軽くし、粟《ぞく》を重くす。(方丈記・飢渇《けかつ》)

②偶然。思いがけず。／**たまたま**人界には生まれて…。(今昔物語集)

◎中古の和文にも見られはするが、男性語であった。したがって、漢文訓読に用いられていた言葉で、その意味は、おおむね②に限られるようである。

たれか【誰か】連語

①(「か」が疑問の係助詞の場合)だれが…(する)のか。

②(「か」が反語の係助詞の場合)だれが…(し)ようか、…(し)ない。／玉匣箱《たまくしげ》の浦浪たたぬ日は海を鏡と**たれか**見ざらむ(土佐日記・二月一日)

③(「か」が疑問の終助詞の場合)だれであるか。

◎代名詞「たれ」が不定詞でもあるところから、結びつく疑問・反語の助詞は「か」に限られ、「や」となることはない。日本古典の用例は②に集中し、③もまた見られるが、①の用例は存在したとしても稀であろう。ただ、漢文訓読の「たれか…する」は、その「か」を疑問の係助詞と見なければならないようである。②の表現を受けて、漢文訓読の「たれか…(せ)ん」が存在するものといえる。

ちかし【近し・迩し・庶し・幾し】

◎日本古典語の「ちかし」は、〈隔たりが少ない〉状況であれば、空間についても時間についてもいい、「近し」で通用する。漢文では、「ちかし」と読んでも、〈直ちに〉の場合は「遥し」であり、〈ほとんど〉の場合は「庶し」「幾し」である。

つかふ【事ふ】動詞（ハ行下二段活用）

（主君や親、神、その他、目上の人に）仕える。

◎日本語一般としては、「仕」字を用いることの多い「仕《つか》ふ」だが、「事」字を「事《つか》ふ」と読む「つかふ」である。現代でも、「兄事する」といったりする「兄事」の「事」である。

つねに【常に／恒に・庸に・毎に】副詞

（いつも）事あるごとに。

◎現代日本語の表記として定着している「常《つね》に」も存在するが、それは、〈つねづね〉の意である。〈特に変化がないさま〉は「恒《つね》に」、「庸《つね》に」は〈めだたないふだんの状況〉をいう。また、「毎」字は、返読して、「…するごとに」と読まれることもある。

つひに【終に・遂に・卒に・竟に】副詞

①とうとう。結局。

②いつまでも。最後まで。

◎名詞「つひ（終）」に「に」が付いて副詞化した語。漢文の訓読においては、「終」「遂」字のほか、「卒」「竟」字なども、「つひに」と読まれる。

つぶさに【具さに】形容動詞連用形

①欠けることなく完全に。

②細かく詳しく。詳細に。／僧、進み入りて、**つぶさに**事の有り様を語る。（今昔物語集）

◎日本古典の古文としては、形容動詞「つぶさなり」の連用形だが、漢文においては副詞に相当するところに用いられている。「審」「備」字も「つぶさに」と読まれる。

…と【—／与】格助詞

と一緒に。

◎動作を共にする相手を示す格助詞の「と」である。下から返って、「与」字を「と」と読むことになる。その「与」は、「とも（に）」「よ（り）」「や」「か」「かな」のほか、動詞として、「あづカル」「くみス」とも読まれる。

…といへども【…と雖も】接続助詞

…であっても。／いみじき絵師**といへども**、筆限りありければ、いと匂ひ少なし。（源氏物語・桐壺）／露落ちて花残れり。残る**といへども**、朝日に枯れぬ。（方丈記・冒頭）

◎一般に、「といへども」で一語扱いする辞典は多くはない。しかし、その機能は、それで、逆接仮定条件を表す単語に相当するものとなっているのである。引用の格助詞「と」に動詞「いふ」の已然形と、一般には逆接確定条件を表す接続助詞「ども」が付いて構成されている。漢文訓読としても、古くは「雖」字を「といふとも」と「といへども」というように読み分けていたが、後に、「といへども」に固定してきてしまったもののようである。

ところ【所】名詞

①場所・区域・土地・部分・家・役所など空間的な地点を表す。

②形式名詞（上の語句を受け、全体を名詞と同じ働きにして）…こと。関係。

◎漢文訓読で問題となるのは、受身の形の「…（する）ところとなる」の「ところ」である。〈関係〉と訳すと当たる「所」である。中国古代語の「所」字が受身の意であったところから、その字の訓「所《ところ》」をそのまま採用して読み、「…（する）ところとなる」で〈…される〉意を表すこととなった。その「所」に「の」を付けた「…所の」は、ヨーロッパ語の関係代名詞の和訳語として用いられることともなった。

とぼし【乏し・貧し・遺し】形容詞

◎日本古典の、殊に平安時代の和文にはまったく用いられていない単語である。したがって、中高生を対象にした古語辞典には掲載されない。漢文訓読でも限られ、『蒙求《もうぎゅう》』の「蛍雪」において、「家《イヘ》貧《ヒン》にして」と読むのは、「まづし」や「とぼし」が、なお避けられたからであろう。『列子』の「朝三暮四」では、「遺」字が「とぼし」と読まれる。〈食料が欠乏する〉意である。

…とも【―】接続助詞

①（逆接の仮定条件を表し）（たとえ）…ても。／いまだ誠の道を知らず**とも**、縁を離れて身を静かにし…。（徒然草・七五）

②（現在の事実を逆接仮定条件として示し）確かに…ているが、そうであっても。／「かく鎖《さ》しこめてあり**とも**、かの国の人来《こ》ば、みな開きなむとす。」（竹取物語・かぐや姫の昇天）

◎①と②との差は微妙で、どちらも、逆接仮定条件を構成し、後続する文末は、推量・意志・命令・禁止となることが多い。「たとひ…とも…（せ）ざらんや」「むしろAすともBするなかれ」などにも、その傾向が現れる。なお、漢文訓読の「とも」は、その「たとひ…とも」「むしろ…とも」などに限られ、漢文の逆接仮定条件は、「…といへども」であることに注目したい。

なかりせば【無かりせば／微かりせば】連語

（順接仮定条件を表し）もしなかったならば。／世の中に絶えて桜の**なかりせば**春の心はのどけからまし（古今集・春上・五三）

◎形容詞「なし」の連用形に、過去の助動詞「き」の未然形「せ」が付き、さらに接続助詞「ば」が付いたものである。漢文の原文としては、「微」字の読みに限られるが、日本古典語との関係を認識するうえから「無かりせば」という表記とも結び付けておきたい。もちろん、「無」字の順接仮定条件は「無くんば」としても現れる。

…なかれ【…無かれ／勿かれ・莫かれ・毋かれ・無かれ】（形容詞「なし」の命令形）

…（する）な。…（し）てはならない。／初心の人、二つの矢を持つこと**なかれ**。（徒然草・九二）／「かりにも個人の涎《よだれ》をなむること**なかれ**。」（三冊子）

◎形容詞「なし」の命令形なので、「無かれ」という表記も掲げたが、漢文訓読としては、「勿」「莫」「毋」字などの用例がほとんどである。もちろん、「無かれ」もなくはない。漢文の訓読に際しては、禁止する対象となる動詞の下に形式名詞「こと」を補って読むことが要求される。

なきにあらず【無きにあらず】連語

ないわけではない。

◎日本古典の古文としては、「無くはあらず」ともいえるし、「無きにしもあらず」ともいえるが、漢文訓読としては「無きにあらず」である。「非」字があるので、「にあらず」と読まなければならなかったのである。「なきにしもあらず」は、「京に思ふ人なきにしもあらず」（伊勢物語）などの用例を見るが、漢文訓読に、その「しも」は不要であった。

なく【鳴く・啼く】動詞（カ行四段活用）

◎わざわざ語義の説明の必要ない「なく」であるが、鳥が〈さえずる〉のは「啼く」である。『唐詩選《とうしせん》』に収められる孟浩然《もうこうねん》の五言絶句「春暁」では、「啼鳥」で〈鳥のさえずる声〉を意味している。

なくは【無くは】連語

ないなら。／形見こそ今は仇《あた》なれこれ**なくは**忘るる時もあらましものを（古今集・恋4・七四六）

◎漢文訓読表現「なくんば」の原形。形容詞「なし」の未然形に接続助詞「は」の付いたもので、順接仮定条件を構成している。この「なくは」が近世になると「なくば」となり、漢文訓読においては「なくんば」と読まれるようになる。

なくんば【無くんば】連語

◎形容詞「無し」の未然形「なく」に、順接仮定条件を表す接続助詞「んば」が付いたもので、漢文訓読特有の表現である。ないなら。なお、「無くんばあらず」の「無くんば」は、この「無くんば」とは異なるものである。↓なくは・…んば

なくんばあらず【無くんばあらず】連語

無くはない。あることもある。

◎もっぱら漢文訓読に現れる連語で、「無くはあらず」が転じたものである。その場合の「無く」は、形容詞「無し」の連用形であり、助詞「は」は係助詞である。そして、「あらず」の「あら」は、補助動詞である。「未㆔必無㆓□㆒」を「未だ必ずしも…無くんばあらず」と読んだときに現れる。なお、「あらず」を伴わない「無くんば」とは、異なるものである。↓…んば

なほ【猶／猶ほ】副詞

①（「〜逆接句、なほ〜」の形で）依然として。それでもやはり。
②（「なほ＋判断を表す語句」で）なんといっても。やはり。
③同じく。なんということもなく。
④もっと。さらには。
◎障害があっても、依然として成立させ続けるようすを表す副詞「なほ」を、一つは、再読文字としての「猶」字を読むのに用い、いま一つは、「…すらかつなほ」という読みに用いている。日本古典語としての「なほ」の語義と直ちに結びつく訳語が見当たらないように見えるが、「猶ほ…のごとし」は③と関連し、「…すらかつなほ」の「なほ」は、①と関連するのであろう。なお、国語辞典では、その表記は「猶」であるが、漢文では、「猶ほ」とするのが一般である。

なんすれぞ【何為ぞ】副詞
どうして…（するのか）。／**なんすれぞ**（何為）我を亡《むな》しの者《ひと》に誤つ。（日本書紀・神代下・天孫降臨）
◎「なんすれ」の原形は、「なにすれ」で、副詞「なに」にサ変動詞「す」の已然形が付いたものである。後世なら、次に接続助詞「ば」が付いて順接確定条件を表すことになるのだが、上代にあっては、そのままでも条件法表現ともなりえた。その「なにすれ」に当時の係助詞「そ」が付いて「なにすれそ」となったものが、この「なんすれぞ」の原形である。用例等の関係から、漢文訓読語として造語されたものと見られている。

なんぞ【何ぞ】副詞
①（疑問を表し）どうして…か。／**なんぞ**、ただいまの一念において、直ちにすることのはなはだ難き。（徒然草・九二）

②（多く文末を「ざらん」として反語を表し）どうして…（し）ないだろうか、いや…（する）だろう。／心を西方に掛けんに、**なんぞ**志を遂げざらん。（宇治拾遺物語・5・4）

◎不定代名詞「なに」に終助詞「そ」が付いた「なにそ」と疑問副詞「なに」に係助詞「そ」が付いた「なにそ」とが、それぞれ連語の過程を経て、一語の副詞化したものである。連語として取り扱ったほうがよい段階の過程もあった。その「なにそ」が、この「なんぞ」の原形である。漢文訓読の文型「なんぞ…（せ）ざる」は、①の一群であるが、時には、勧誘の意になることもある。訓読文型「なんぞ…（する）や」もまた、その疑問の用法であるが、時には、詠嘆の意ともなるようである。その「や」は、「也」をそう読むので、その「也」字に関係するのかもしれない。さらに、訓読文型としての「なんぞ…（せ）んや」は、②の文末「ざらん」を、「せんや」という肯定の反語にしてしまったもののようで、当然、反語表現を構成している。そのほかの訓読文型「なんぞAのBなるや」「なんぞその…（なる）や」は、感動の表現を構成するが、日本古典語文のなかには、その用例を見ることが難しい。

なんぢ【汝・若・爾】代名詞

おまえ。／義仲都にていかにもなるべかりつるが、これまでのがれくるは、汝《なんぢ》と一所で死なんと思ふためなり。（平家物語・9・木曾最期）

◎二人称代名詞である。日本古典語としては、「なむち」で、上代には尊敬の意を含んでいたが、中古には同等か目下の者に対して用いた。漢文では、「なんぢ」と読み、「若」「爾」「而」「女」字なども、みなそう読まれる。

なんの【何の】連体詞

どのような。どんな。

◎日本古典語のなかには、多様な「なにの」、また、その変化した「なんの」を見るが、漢文訓読の文型「なんの…（こと）かこれあらん」の「なんの」に相当するものは、見当たらない。訓読の「なんの」は、その文脈からは、「いかなる」なども当たるところだが、イカ系疑問語よりもナニ系疑問語が採用されて、「なんの」と読まれてきているのであろうか。

なんのゆゑに【何の故に】連語

どのようなわけで。

◎〈どんな〉の意の「なんの」が成立した後に生まれた連語であろう。「何の為に」も、ほぼ同義と見てよいか。「**なんの為に**これを書いたかはご存じと思ひます、草々」（志賀直哉「大津順吉」）など、近世から近代にかけて、この種の「なんの」が多く見られるようになる。

なんぴと【何人】名詞

◎〈どのような人〉という意味で、「伯夷叔斉《はくいしゅくせい》は何人《なんぴと》ぞ。」など、問いの用例に見る単語である。古くは「なにびと」であったろうが、近世に入ってから、その濁音部分を半濁音化させていったもので、歴史は新しい。現行の漢文訓読の和語には、このように、近世の当代語も採用されてきているのである。

…にあらず【—】連語

…ではない。／ゆく河の流れは絶えずして、しかももとの水**にあらず**。（方丈記・冒頭）

◎断定の助動詞「なり」に打消の助動詞「ず」が接続するのだから、「ならず」ともいえるのだが、「にあらず」と表現される用例のほうが多い。漢文訓読では、その表現を「非㆓□㆒」の読みに採用してきた。「…（せ）ざるにあらず」「ただAのみにあらず」「…なきにあらず」「ひとりAのみにあらず」や、さらには、「AにあらざればBなし」

などにも、この「にあらず」が採用されている。その「に」は、断定の助動詞「なり」の連用形で、「あら」は、その「に」を補助する補助動詞としての未然形である。

…にあらずや【―】連語

…ではないか、…だろう。

◎漢文訓読の反語の文型「あに…にあらずや」として現れる「にあらずや」である。「豈非□乎」という文型は、「非」字があるので、「にあらず」となるが、「豈不□乎」という文型は、「不」字であるので、「…ならずや」となるのである。両文型の訓読から、「にあら」と「なら」とが同内容であることが見えてこよう。前者は、断定の助動詞「なり」の連用形の「に」と補助動詞の未然形「あら」とであり、後者は、その融合形で、断定の助動詞「なり」の未然形であることが明らかである。→…にあらず・…ずや

にくむ【憎む／悪む・疾む】動詞（マ行四段活用）

①不快に思う。嫌う。

②ねたむ。非難する。怒る。

◎日本語としての「にくむ」の漢字表記は「憎」字を用いるが、漢文には「憎」「悪」「疾」字のいずれについても「にくむ」と読まれる。最も多いのが「悪」字で、「好」字の対である。「憎」字は「愛」字の対で、〈心の底からにくむ〉ときの用字である。「疾む」は、〈鋭くにくむ〉場合に用いられる。

…にしかず【…に如かず】連語

…には及ばない。／梅の花折るも折らずも見つれども今宵《こよひ》の花に**なほしかず**けり（万葉集・8・一六五二）／金《こがね》は優《すぐ》れたれども、鉄《くろかね》の益《やく》多き**にしかざる**がごとし。（徒然草・一二二）

◎上代の和歌などに見られた「しかず」が漢文訓読に採用され、時代が下ると、訓読表現として定着した。その「…にしかず」は、一般の和漢混交の文章にも、当然用いられていくこととなった。↓しく

にはかに【俄に・遽かに・驟かに】 形容動詞連用形

急に。突然に。／女の兄《せうと》、**にはかに**迎へに来たり。（伊勢物語・九六）

◎日本古典の古文においては、形容動詞「にはかなり」の連用形と認めるのがよいか。中古和文の「…かに」型の連用修飾語だからである。そして、そのころの訓読には「たちまちに」が用いられていたが、漢文の訓読にまったく採用されていなかったわけではない。なお、漢文の訓読に採用されたものは、副詞と見たほうがよいか。同訓字の「遽《には》かに」は〈あわてふためくさま〉、「驟《には》かに」は〈物が急に来るさま〉、「率《には》かに」は〈だしぬけに〉、「暴かに」は〈ふとしたことに〉の意で、微妙に異なっている。なお、「俄」字の場合は、「にはか」の「か」を送り仮名とはしないのが慣行である。

ねがはくは【願はくは】 連語

願うことには。どうか。／**ねがはくは**花の下にて春死なむそのきさらぎの望月《もちづき》のころ（続《しよく》古今集・西行）

◎動詞「願ふ」の未然形に接尾語「く」が付いて名詞化し、さらに係助詞「は」が付いた連語で、漢文訓読の文型としては、願望・命令の表現と呼応して用いられる。「ねがはくは…せん（せよ）」「ねがはくは…をせん」の「ねがはくは」である。↓こひねがはくは

…のみ【—／而已・而已矣／耳】 副助詞

①（限定を表し）…だけ。／今日《けふ》は白馬《あをうま》を思へど、かひなし。ただ波の白き**のみ**ぞ見ゆる。（土佐日記・一月七日）

②特に。

◎漢文訓読に採用されるのは、①の意である。そのように「のみ」と読むところについては、「而已」「而已矣」字や「耳」字を、そう読む場合と、読み添えられる場合とがある。「而已」「而已矣」は、字義が限定を意味するのに対して、「耳」字はそうではない。古代中国語で、「耳《ジ》」という音が〈だけ〉の意味に当たったところから、そこに「耳《ジ》」字が用いられたのである。〈みみ〉の意味は、まったく関係ない。↓…のみならず

…のみならず【—】連語

…だけでない。（「ず」が連用形の場合は）…だけでなく。／今宵《こよひ》はえ参るまじとて返しおこせたるは、すさまじき**のみならず**、いと憎くわりなし。（枕草子・二五）

◎副助詞「のみ」に断定の打消「ならず」が付いたものである。漢文訓読では、「ただにAのみにあらず」のように、断定の助動詞「なら」の部分を、連用形「に」と補助動詞「あり」とに分離させて読む。「非」字が用いられているからである。

…は【—／者】係助詞

①ある事柄を特に取り出して強調する働きを広くもっている。

②右の用法の一つとして、連用修飾語の末尾に付き、それを受ける語句が打消表現である場合、その表現は、その連用修飾部分を否定する表現となる。／まことしく**は**覚えねども…。（徒然草・一九四）／悪徳商法は長く**は**続かない。（作文例）

◎「とも**に**は…ず」「はなはだしく**は**…ず」「おなじく**は**…ず」「かさねて**は**…ず」などの「は」の用法は、それら連用修飾部分だけが打消の対象となっているものといえる。日本古典文には、その用例をあまり見ない。直前文で用いた「あまりは見ない」の「は」などが、それである。

はうむる【葬る】 動詞（ラ行四段活用）

埋葬する。

◎「はぶる」が「はうぶる」となり、さらに「はうむる」となったものと思われる。やがて、現代語「ほうむる」となる「葬」字の訓であるが、『発心集』（一二一六ごろか）に初出例を見ることができる。したがって、上代・中古には、少なくとも広く用いられていた語形ではないといえよう。現在、漢文を訓読する際の和語が、日本語史のうえの、どの時代のものかは、個々の単語によって大きな開きがあるのである。訓読の際の動詞は、とにかく、文語形で読めていれば、すべて許されるのである。↓はぶる

はなはだし【甚だし】 形容詞

程度が普通以上である。度を越している。／人の奴《やつこ》たるものは、賞罰**はなはだしく**恩顧あつきを先とす。（方丈記・閑居の気味《きび》）

◎副詞「はなはだ」が形容詞化したものである。連用形の下に係助詞「は」を添えた「はなはだしくは」は、下に「…（せ）ず」とあっても、否定されるものは「はなはだしく」である。「はなはだしくは好まず」というのは、好まないのではなく、極端に好むことはしない、ということである。部分否定とはいっても、極端さを打ち消す表現を構成することになるのである。

はぶる【葬る】 動詞（ラ行四段活用）

埋葬する。／薪《たきぎ》を積みて、**はぶり**て、上に石の卒塔婆《そとば》を立てけり。（古今著聞集）

◎「はふる」ともいわれたが、とにかく、現代語の、「葬《ほうむ》る」となる単語である。↓はうむる

ひそかに【密かに／私かに・窃かに】 形容動詞連用形

①（他人に知られないよう）こっそりと。／なほ悲しきに耐へずして、**ひそかに**心知れる人と言へりける歌…（土佐日記・二月十六日）

②私的なものとして。

◎日本古典語の古文としては、形容動詞「ひそかなり」の連用形であるが、漢文では副詞に相当するものとして取り扱うことになる。漢文の訓読に採用された場合の語義は、「窃かに」は〈人目を盗んでこっそりと〉、「微かに」は〈人目に立たないように〉、「密かに」は〈他の者に暴かれないように〉で、いずれも①であるが、「私かに」は「公」の対で、その場合だけは②で、〈個人的に〉の意ということになる。

ひととなり【為人】名詞

①生まれつきの性質。天性。

②身長。体格。

◎「人と成る」が名詞化したものである。万葉集には、「為人」という表記を②の意味で用いている用例を見るが、漢文では①の意味に限られようか。

ひとり【独り】副詞

①単独で。ただ一つだけ。／あはれてふことをあまたにやらじとや春におくれて**ひとり**咲くらむ（古今集・夏・一三六）

②ひとりでに。自然に。

③（下に打消を伴って）単に…（だけではない）。

◎名詞「一人」が副詞化したもので、漢文訓読の文型「ひとり…のみ」の「ひとり」は①に相当し、「ひとりＡのみにあらず（また）Bなり」という漢文訓読の文型に現れる「ひとり」は③に相当する。ただ、訓読文型「ひとり…（せ）んや」の「ひとり」は、反語を強調するためのもののように思えてくる。「豈独□」を「あにひとり…のみならんや」と読む、その「ひとり」とも通うものと見たらよいであろうか。

…べからず【…可からず】連語

①（不可能を表し）…できない。／羽なければ、空をも飛ぶ**べからず**。（方丈記・大地震）

②（禁止・不適等を表し）…てはいけない。／「勝たん。」と打つ**べからず**、「負けじ。」と打つべきなり。（徒然草・一一〇）

③（当然の打消を表し）…はずはない。

④（意志の打消を表し）…つもりはない。

◎漢文訓読文において読み下された表現で、それが、「べし」の意味の多様さから、多様な「べからず」を生んだものと思われる。現在の読み下し文に見る「べからず」は、①と②とに、ほぼ限られるか。

…べけんや【…可けんや】連語（助動詞未然形「べけ」＋助動詞終止形「ん」＋終助詞「や」）

（「べし」の古い未然形が「ん」と反語の終助詞「や」を伴って）…だろうか、いや…ない。…できるだろうか、いや、できない。／なんぞたちまちに死ぬ**べけむや**。（今昔物語集）

◎補助活用型の未然形「べから」が発達する以前の「べし」の未然形「べけ」に「む」の終止形と反語の終助詞「や」を添えた「べけむや」は、中古・中世にわたって漢文訓読の世界で採用されて、その「べけんや」は、近世から現代にまで生き残っているのである。なお、「べし」の意味は多様であるので、訳出は文脈に応じて考えることである。

ほしいままに【恣に・肆に・縦に】形容動詞連用形（副詞に相当する）
勝手気ままに。思いどおりに。
◎「ほしいままに」には同訓異字が多く、「恣《ほしいまま》に」「肆《ほしいまま》に」は、〈気ままに〉、「縦《ほしいまま》に」「放《ほしいまま》に」は〈しまりがなく〉、「横《ほしいまま》に」は〈無理押しして〉の意である。「ほしいままにす」というように、動詞として読まれることもある。→ほしきままなり

ほしきままなり【肆なり・縦なり】形容動詞
勝手気ままだ。思いどおりに振る舞っている。／愚かにして慎めるは、得《とく》の本《もと》なり。巧みにして**ほしきままなる**は、失《しつ》の本なり。（徒然草・一八七）
◎形容詞「ほし」の連体形「ほしき」に形式名詞「まま」が付いて、ナリ活用形容動詞化したものである。その「ほしき」の「き」がイ音便化した「ほしいままなり」の連用形「ほしいままに」は、漢文のなかに用いられた「縦」字などの訓読に採用されて、現在に至っている。

ほつす【欲す】動詞（サ行変格活用）
①望む。欲しがる。したいと思う。／風景見るがごとくなる歌を見ては、吾も及ばんことを**欲し**…。（国歌八論）
②（「（せ）んと欲す」の形で）…（しようと）思う。…（しそうに）なる。
◎「欲《ほ》る」の連用形に、サ変動詞「す」が付いた「欲りす」の「り」が促音化したものである。実は、②の表現形式として漢文訓読に採用されて現在に至っており、①の用例は、近世擬古文などのなかに見るだけである。したがって、それらは、そういう語があったろうと想定して用いているのである。→ほりす

ほりす【欲りす】動詞（サ行変格活用）

願う。望む。／古《いにしへ》の七《なな》の賢《さか》しき人たちも**欲りせ**しものは酒にしあるらし（万葉集・3・三四〇）

◎漢文訓読語「欲す」の原形に相当する、上代のサ変動詞である。

まことに【誠に・実に】 副詞

本当に。実に。／**まことに**燕巣作れり。（竹取物語・燕の子安貝）

◎「まこと」は名詞としても、形容動詞語幹としても、また、それで副詞としても用いられてきている。その一方に、この「まことに」があって、それも上代から存在する。漢文訓読としては、「誠」字が動詞の上にあって、仮定の文型として、「まことに（…ならば）」と読まれる場合があるときに限られる。

まさに【正に・方に・当に・応に・将に】 副詞

①まさしく。確かに。／堂を立つべき所に、**まさに**、生ひけむ世も知らず古き大きなる槻《つき》の木あり。（今昔物語集）

②ちょうど今。さしあたって。／当寺の破滅、**まさに**この年に当たれり。（平家物語・4・山門牒状）

③（「まさに…むや」「まさに…じや」などの形で、反語表現を作って）どうして（…だろうか、いや、…ない）。／「何人《なにびと》か迎へきこえむ。**まさに**許さむや。」（竹取物語・かぐや姫の昇天）

④（「まさに…む・べし・むとす」などの形で）きっと。必ず。／「汝、**まさに**知るべし。我、今、涅槃《ねはん》に入らむとす。」（今昔物語集）

◎①・②は状態の副詞であり、表記は「正に・方に」が当たる。③・④は陳述の副詞で、殊に③は、中古の和文に限られる。④は漢文訓読で、「当・応・将」などを「まさに」と訓読したことから発達した用法で、『今昔物語集』などの漢文訓読文の影響を受けた文章に用例が見られる。日本語文では、「方に」という表記はほとんど採用されないが、「方」は、正方形を意味するので、「正」と通い、①の意味の用例が現れる。現在、「当」「応」字は、「まさに…（す）べし」と読まれ、「将」字は、「まさに…（せ）んとす」と読まれるが、そのように再読されるようになるまでには、文脈に応じて、適宜、補読をしてきたことによるようである。

また【復・亦】副詞

①再び。もう一度。／渡り過ぎぬれば、**また**渡らんまで、と言ひて降りぬ。（徒然草・一三七）

②ほかに。別に。／この御手遣ひは**また**さま変はりて、ゆるるかにおもしろく…。（源氏物語・若菜下）

③同じく。同様に。／蓑虫《みのむし》、いとあはれなり。額突《ぬかづ》き虫、**また**あはれなり。（枕草子・四三）

◎「また」には、右の副詞用法のほかに、接続詞としても多様な用法を見せる。ただ、それらには、漢文の文型と関係するものは見られず、また、その漢字も、「又」が当たるものである。漢文訓読として「また…（せ）ず」と読まれる「不復□」の「また」は、①の用法のものである。「亦」字は、〈もまた〉といって、その意味が同様であることを確認する。そこで、訓読した結果としては、同じ「また…（せ）ず」となる「亦不□」は、〈もまた〉の意味の「また」で、③の用法となる。さて、「また…（なら）ずや」と訓読される「不亦□乎」の「また」は、どのような用法なのであろうか。柔らかく同意を促す気持ちを表していて、これもまた、③に該当することになり、その表現としては、反語に属することになるのである。

まみゆ【見ゆ】動詞（ヤ行下二段活用）

（「会ふ」の謙譲語で）お目にかかる。

◎『日本書紀』などの訓読には現れるが、中古和文には見られないで、その後も漢文の訓読には採用されている。

みだりに【妄りに・濫りに・猥りに】形容動詞連用形

秩序なく。

◎日本語としては「乱りに」と見てよい語で、思慮分別無くが「妄りに」、行き過ぎているのが「濫りに」、入り混じる状態が「猥りに」である。

むしろ【寧ろ・無乃】副詞

①（二つの事柄のうち、どちらかを選び取る意を表し）どちらかといえば。いっそ。／**むしろ**（寧）身命をば捨つとも、非法の友には随はずあれ。（西大寺《さいだいじ》本金光明最勝王経《ほんこんこうみょうさいしょうおうきょう》平安初期点）

②（反語の終助詞「や」と呼応して）どうして…（し）ようか、そのようなことはない。／**むしろ**（無乃）太《はなは》だ怪しからむや。（三教治道篇《さんきょうじどうへん》保安四年点）

◎漢文訓読のために新造された和語かと見られている。「若し」に関係するか。右の二項のうち、①が、現在も残っている用法で、漢文訓読語から一般語ともなっている。現行の漢文訓読としては「そのAならんよりはむしろBせよ」「むしろAすともBするなかれ」に現れる。なお、「むしろ」は、一般の古語辞典には、当然のことながら、立項されることがない。

むべなり【宜なり】形容動詞

もっともだ。／ただに会はずあるは**むべなり**夢《いめ》にだに何しか人の言《こと》の繁《しげ》けむ（万葉集・12・二八四八）

◎現行の漢文訓読でも、「むべなり」と読まれる。その読みは上代には「うべなり」であった。中古以降、マ行音・バ行音の前に位置する語頭の「う」は「む」と表記されるようになった。「うま→むま」「うめ→むめ」などと同じように、「うべなり」も「むべなり」と表記され、後世、漢文訓読においては、そのまま発音されるようになったのである。もちろん、「うべなり」と読んでも誤りではなく、こだわらなくてよい。

…むや【―】連語

（「むや」の形で疑いを表し）…か。…ではない（だろう）か。／「このあたりなら**むや**。」のうかがひにて、急ぎ見えし世々もありしものを、…。（蜻蛉日記・天禄三年三月）

◎中古和文に見る推量の助動詞「む」に「や」が付いた表現は、自己の心のなかの疑いを表すことが多く、当然、その「や」は疑問の終助詞に限られる。漢文訓読の「んや」は、反語を表すもので、中古和文には見られない。上代から中古にかけての、殊に和歌に見られる文末の反語は、「紫のにほへる妹《いも》を憎くあらば人妻ゆゑに我《あれ》恋ひ**めやも**」（万葉集・1・二一）など、推量の助動詞「む」の已然形「め」に「や」の付いた「めやも」で表現された。

もし【若し】副詞

①（「もし…仮定表現」の形で）もしも。仮に。／**もし**心にかなはぬことあらば、やすく外《ほか》へ移さんがためなり。（方丈記・方丈）

②（「もし…疑問表現」の形で）もしかして。ひょっとしたら。／「**もし**受領《ずりやう》の子どもの好きずきしきが、頭《とう》の君に怖《お》ぢきこえて、やがて率《ゐ》て下りけるにや。」（源氏物語・夕顔）

◎漢文訓読の文型としては、①に相当する用法を「もし…ば（もし…ならば）」として採用している。

もちゐる【用ゐる】動詞（ワ行上一段活用）

①人材などを登用する。

②（意見などを）採り上げる。

③使う。役立てる。

◎「持ち率《ゐ》る」が一語になったもので、当然「率る」と同じ活用であった。ただ、中古から中世にかけて「ゐ」「ひ」「い」の発音上の混同から、「もちふ」というハ行上二段活用であるかに誤解されて久しかったが、現在、日本古典文の学習では、正されている。ただ、漢文の訓読においては、なお、ハ行上二段に活用させている読み方も行われている。

もつて【以つて】㊀連語 ㊁接続詞

㊀①(「…を以つて」の形で)…で。…を使って。…によって。

②語勢を調えたり、強めたりする。/「南京《なんきやう》・北京《ほくきやう》、共に**もつて**如来《によらい》の弟子たり。」(平家物語・4・南都《なんと》牒状《ちようじやう》)

㊁それによって。

◎四段活用動詞「持つ」の連用形と接続助詞「て」が付いた「もちて」が変化したもの。漢文本文の前置詞「以」の訓読語として用いられたものが、日本語文にも広まっていった。表記は、「以て」とするものが多く、現行の漢文訓読もまたそうであるが、本書は、その語源等から考えて、「以つて」とすることとした。↓もつてす

もつてす【以つてす】動詞(サ行変格活用)

…によってする。/秦は木徳に継ぐに水徳を**以つてし**たは不合ぞ。(史記抄・8・孝文本紀)

◎「以つて」にサ変動詞が付いて一語化したもの。「以つてす」の「す」は、前述した動詞を受けて、その意を担うこととなる。漢文訓読のなかで生まれたもので、「況《シャ》陽春召《スニ》レ我《ヲ》以《ツテシ》二煙景《ヲ》一、大塊仮《スニ》レ我《ニ》以《ツテスルヲヤ》二文章《ヲ》一。」(李白「春夜宴《スルノ》二桃李《ノ》園《ニ》一序」)の「以二煙景一」の「以《ツテシ》」や「以二文章一」の「以《ツテスルヲヤ》」などが、それである。前者は「以つて召《まね》き」と解し、後者は「以つて仮す」と解していくところである。なお、松下大三郎『標準漢文法』は、このような「以つてす」を前置詞性動詞と呼んでいる。

もとより【元より・固より】副詞

①以前から。古くから。

②初めから。もともと。／船君《ふなぎみ》の病者《ばうざ》、**もとより**こちごちしき人にて、かうやうのこと、さらに知らざりけり。（土佐日記・二月七日）

③もちろん。いうまでもなく。／「行く春丹波《たんば》にいまさば、**もとより**この情うかぶまじ。」（去来抄・先師評）

◎名詞「もと」に格助詞「より」が付いて一語化したもので、語源の見える転成語である。同訓字「故《もと》より」「素《もと》より」があるが、助字として注目されるのは「固」字で、「臣固《シンもと》より王《ワウ》の忍《しの》びざるを知る。」（孟子・梁恵王上）など、③の意に限られる。したがって、『去来抄』の用例は、漢文訓読語が採用された結果と見たいように思う。

…もまた【…も亦】連語

◎→また

やんぬるかな【已んぬるかな／已矣哉・已矣乎・已矣】連語

もう、今となっては、どうしようもない。／私は、醜い裏切り者だ。どうとも勝手にするがよい。**やんぬる哉**。（太宰治・走れメロス）

◎慨嘆・絶望の辞である「已矣哉」などの訓読の連語である。マ行四段活用動詞「やむ」の連用形「やみ」に完了の助動詞「ぬ」の連体形「ぬる」が付き、さらに終助詞「かな」が付いた「やみぬるかな」の「み」が撥音便化したもの。「已矣《ンヌルかな》哉。寓《スルコト》二形《ヲ》宇内《ニ》一、復《タ》幾時《ゾ》。」（陶潜・帰去来辞）などに現れる。

ゆく【之く】動詞（カ行四段活用）

行く。

◎「行く」と同じ。「之く」は〈今いる所を出発して、ゆく先に向かってゆく〉意。同訓字「往《ゆ》く」は、「来」字の対で〈こちらからあちらへゆく〉、「如く」は〈出かけていって、行く先に至る〉、「逝く」は〈ずっとゆき去る〉、

「適く」は〈ゆく先に向かって一途にゆく〉、「征く」は〈旅してゆく〉で、それぞれ同じ「ゆく」でも、具体的な意味の違いをもっている。

ゆゑに【故に】 接続詞
だから。／我思う。**ゆえに**我あり。（デカルトのコギトーエルゴースムというラテン語の文を訳したもの）
◎名詞「ゆゑ」が「に」を伴って一語化したもので、漢文訓読語として生まれた語である。現代日本語としても、広く通用している。数式を展開して結論を述べる前の「∴」も「ゆえに」と読まれてきているが、その「ゆえに」もまた、この接続詞である。

ゆゑん【所以】 名詞
理由・わけ。いわれ。
◎鎌倉時代に漢文訓読語として成立したことは確認されている。ただ、その過程については、「ゆゑ」に撥音が添加されたものと見る説と、「ゆゑに」の「に」が撥音化したと見る説とがあるが、名詞となる原形として、後者の説に従うことはためらわれる。→ゆゑに

よつて【因つて・依つて・仍つて】 接続詞
そういうわけで。そのために。／**よつて**執達《しったつ》くだんのごとし。（平家物語・5・福原院宣）
◎四段動詞「よる」の連用形に接続助詞「て」が付いて一語化した「因りて」が原形で、早くから、「因《よ》って」というように、促音化している。漢文訓読で成立した語で、現在、広く一般に用いられるようになっている。ただ、現行の漢文訓読としては、古典語らしい雰囲気を出そうとしてか、「よりて」と読んでいく傾向が強いか。

…より【―／…自り・従り／与り（は）】 格助詞

①（動作・作用の時間的・空間的な起点を表し）…から。／暁《あかつき》より雨降れば、同じ所に泊まれり。（土佐日記・一月十四日）

②（動作・作用の経過点を表し）…を通って。

③（比較の基準を表し）…より。…よりも。／聞きしよりもまして、いふかひなくぞ毀《こぼ》れ破《やぶ》れたる。（土佐日記・二月十六日）

④（手段・方法を表し）…で。…によって。

⑤…（する）とすぐに。

◎漢文訓読に採用される「より」は、①と③とに限られる。①は、「自」「従」の読みとして、③は、「与」の読みの一部に見られる。「自」「従」字には、送り仮名を添えて、「より」とし、「与」字は、その「より」の下に係助詞「は」を添えた「よリハ」の形で用いられる。→…よりは・…よりも

よりて【因りて・依りて・仍りて】接続詞

◎→よつて

…よりは【…与りは】連語

…よりも。／その人、かたち**よりは**心なむ勝りたりける。（伊勢物語・二）

◎漢文訓読における比較の基準は、「よりは」「よりも」の形で表現される。「よりは」は、「そのAせんよりは」「そのAせんよりはBするにしかず」「そのAならんよりはむしろBせよ」「…にあらざるよりは」などの「よりは」である。→より

…よりも【…与りも】連語

◎漢文訓読における比較の基準は、「よりは」「よりも」の形で表現される。「よりも」は、「AはBよりもCなり」の「よりも」である。↓より

よろし【宜し】 形容詞

①好ましい。心にかなう。

②ふさわしい。適当である。

③かなりよい。悪くない。

④平凡である。普通である。

⑤（病気などが）少しましな状態である。

◎右は、日本古典語としての「よろし」の代表的な語義である。そのなかのどの意味が漢文訓読の文型「よろしく…べし」の「よろしく」と関係するのであろうか。「宜」字は、「宀（やま）」と「多（肉を盛ったさま）」との会意文字で、肉をたくさん盛ってお供えする意から、適切である意を表すのだという。「よし」に次ぐ「よろし」の②などと結びついたものと見られようか。

よろしく【宜しく】 副詞

そうすることが当然であったり、必要であったりすることを予告する語。まさに。ぜひとも。必ず。／**よろしく**

［宜］之に順同すべしといふぞ。（法華義疏《ほっけぎそ》長保四年点）

◎形容詞「よろし」の連用形が、漢文訓読の文型「よろしく…（す）べし」という形式に定着した結果、その「よろしく」は、助動詞「べし」の意味にふさわしい語義を有する副詞であるかに思われるようになった、と見てよいようである。その「よろしく…べし」が定着した背景には、漢文の原文に「宜可二□一」という表現もあったからと

のことである。↓よろし

わかし【少し】形容詞

若い。

◎「わかし」の漢字表記は、現在、一般に用いる「若し」のほか、同訓字として「稚し」がある。ただ、史書の人物紹介に現れるのは、「少時」で、それは、「少《わか》き時《とき》」と読まれる。

わづかに【僅かに／纔かに】形容動詞連用形

（程度。数量などが）少なく。ほんの少しで。／いにしへ見し人は、二、三十人がなかに**わづかに**一人二人なり。（方丈記・ゆく河）

◎漢文訓読の文型「わづかに…のみ」からは、「わづかに」を副詞とも見たくなるが、日本古典語としては、「わづかなり」というナリ活用形容動詞に位置づけられる。該当する漢字も、漢文の原文に見るものは、「纔」字のほかは、「財」「才」字などで、「僅」字はいっそう稀なようである。

…をして【—】連語

…に命じて。／動物**をして**、好まざる事をも敢てせしむ。（夏目漱石・吾輩は猫である）

◎格助詞「を」の下にサ変動詞「す」の連用形と接続助詞「て」が付いたもので、古くから訓読には用いられていたが、使役の助動詞「しむ」と呼応するようになったのは、それほど古くはないようである。和文脈では、この「をして」を用いることはなく、「惟光《これみつ》の朝臣《あそん》出《い》で来たる**して**奉らす。」（源氏物語・夕顔）など、一語の格助詞「して」を用いている。

…んか【—】連語

（「か」は疑問の終助詞で）…だろうか。
◎「豈□哉（乎）」の訓読の文型「あに…（せ）んか」の「んか」である。推量の助動詞の連体形「ん」に疑問の終助詞「か」が付いたもので、この文型にしか現れない連語である。

…んば【―】 [一]接続助詞　[二]係助詞

[一]（打消の助動詞「ず」の未然形や形容詞型活用語の未然形に付いて）…ならば。…なら。↓…ずんば・しからずんば・なくんば

[二]（打消の助動詞「ず」の連用形や形容詞型活用語の連用形に付いて）…は。↓…ずんばあらず・なくんばあらず

◎もっぱら漢文訓読に用いられた助詞「は」が転じたものである。[一]が先に現れ、[二]は、それに引かれて現れたものと思われる。なお、[二]の「ずんば」を誤解している注釈もあるので、注意したい。

…んや【―】 連語

①（「や」は疑問の終助詞で）…か。…ではないだろうか。
②（「や」は反語の終助詞で）…だろうか、…ではない。
◎ともに「ん」は「む」の中世以降の表記で、推量の助動詞の終止形である。①は、「むや」と表記するのが原則の、中古から存在する表現である。それに対して、②は、漢文訓読文に限って見られる反語表現である。恐らくは、近世になってから定着したものであろうか。「…（せ）んや」「なんぞ…（せ）んや」「あに…（せ）んや」「あにひとり…のみならんや」「あへて…（せ）ざらんや」「いづくんぞ…（せ）んや」などの「んや」である。さて、同じ漢文の訓読でも、上代のものについては、現在、「んや」をもって反語を表すところを「めやも」と読んだりしている。「豈《あに》愧《は》ぢざら**めやも**」（万葉集・5・沈痾自哀文《ちんあじあいぶん》）などが、それである。↓…むや

付録

漢文の文型五十音順索引
字音仮名遣い

漢文の文型五十音順索引

上段から、項目・文型・句法・項目番号

［ア］

ああ　嗟乎（嗟・噫・嗚呼）―　【感動】　120
あげて…（す）べからず　不可勝―　【否定】　31
…あたはず　不能―　【否定】　22
あに…（せ）んか　豈―哉（邪）　【疑問】　119
あに…（せ）んや　豈―哉（乎・也）　【反語】　92
あにただにAのみならんや（また）Bなり　豈惟A（又）B　【累加】　80
あに…にあらずや（ならずや）　豈非―乎（豈不―哉）　【感動】　125
あにひとり…のみならんや　豈独―　【累加】　81
あへて…（せ）ざらんや　敢不―乎　【反語】　91
あへて…（せ）ず　不敢―　【否定】　23
あへて…（せ）ずんばあらず　不敢不―　【否定】　39

［イ］

いかん	何如	【疑問】	118
いかん（せん）	如何（若何・奈何・奚如・奚若・何若・何奈）	【疑問】	117
いかんぞ…（せ）ん（や）・べけんや	如何―・如―何可―也	【反語】	98
いくばくぞ（や）	幾何	【疑問】	116
いづくにか…ある　いづくにか…する	安―	【疑問】	108
いづくんぞ…する	安（焉・悪）―	【疑問】	110
いづくんぞ…（せ）んや	安（焉・悪・烏・寧）―也	【反語】	87
いづくんぞ…をえん	安得―	【願望】	130
いづれか…する	孰―	【疑問】	106
いづれぞや	孰―与	【疑問】	107
いま…（せ）ば	今―	【仮定】	62
いまだかつて…（する）ことなくんばあらず	未嘗無―	【否定】	41
いまだかつて…（せ）ずんばあらず	未嘗不―	【否定】	38
いまだし（や）	未	【否定】	40
いまだ…（せ）ず	未―	【再読文字】	1
いやしくも…ば	苟―	【仮定】	56

［エ］

AすらかつなほB（しかるを）いはんやCをや	A且猶B、（而）况C乎	【抑揚】	83

AすらかつB、いはんやCをや	A且B、況C乎	【抑揚】	82
AすらかつB、いづくんぞC（せ）んや	A且B、安C（哉）	【抑揚】	84
Aせず、Bせず	不A、不B	【否定】	44
AとしてB（せ）ざるはなし	無A不B	【否定】	26
Aとなく、Bとなく	無A、無B	【否定】	45
AなくんばB（せ）ず	無A不B	【否定】	42
AにあらざればBなし	非A非B	【否定】	34
AのB（する）ところとなる	為A所B	【受身】	11
AはBに似たり	A似B	【比況】	71
AはBのごとし・AはBするがごとし	A如（＝若）B	【比況】	70
AはBよりもCなり	AC於（于・乎）B	【比較】	63
AをしてB（せ）しむ	使（令・教・遣・俾）AB	【使役】	14
AをしてBせしめば	使AB	【仮定】	60
AをBせしむ		【使役】	16
［オ］			
おなじくは…（せ）ず	不同―	【否定】	53
［カ］			
かさねては…（せ）ず	不重―	【否定】	54

…かな・…か　乎　【感動】　121
かならずしも…（せ）ず　不必—　【否定】　48

［コ］

こひねがはくは…（せ）ん（せよ）　庶幾—　【願望】　131
こふ…（せ）ん（せよ）　請—　【願望】　127

［シ］

しからず（あらず）　不（否）　【否定】　46
しからずんば　不者　不然　【否定】　47

［ス］

…ずとなさず　不為不—　【否定】　32
すべからく…（す）べし　須—　【再読文字】　6
…（す）べからず　不可—　【否定】　21
…（する）か　…（ず）や　—乎（邪・耶・与・歟・也・哉）　【疑問】　112
…（すること）をえず　不得—　【否定】　27
…（するに）たらず　不足—　【否定】　28
…（するを）えんや　得—乎　【反語】　95
…（する）をがへんぜず　不肯—　【否定】　30

［セ］

…（せ）ざるにあらず	非不―	【否定】	36
…（せ）ざるはなし	無（莫）不―	【否定】	24
…（せ）ざるべからず	不可不―	【否定】	33
…（せ）ざるをえず	不得不―	【否定】	43
…（せ）ず	不（弗）―	【否定】	17
…（せ）ずんばあらず	不―不―	【否定】	25
…（せ）らる		【受身】	13
…せんとほっす	欲―	【願望】	128
…（せ）んや　…（す）べけんや	―乎（也・哉・耶・邪・与・歟）	【反語】	88

［ソ］

そのAせんよりはBするにいづれぞ	与其A孰―若B	【比較】	69
そのAせんよりはBするにしかず	与其A不如B（若）	【比較】	68
そのAならんよりはむしろBせよ	与其A寧B	【比較】	67

［タ］

ただにAのみにあらず（また）Bなり	非徒A（亦）B	【累加】	78
ただ…のみ（せよ）	唯（惟・只・徒・特・直）―	【限定】	72
たとひ…（す）とも	縦（仮・就・縦令・仮如）	【仮定】	57
たれか…する	誰（孰）―	【疑問】	104

たれか…（せ）ん（や）　誰（孰）—　【反語】　89

［ツ］

つねには…（せ）ず　不常—　【否定】　49

［ト］

…といふべきか　可謂—乎　【疑問】　111
…といへども　雖—　【仮定】　58
ともには…ず　不倶—　【否定】　51

［ナ］

…なかれ　勿（無・莫・毋）—　【否定】　20
…なかりせば　微—　【仮定】　59
…なきにあらず　非無—　【否定】　37
…なし　無（莫）—　【否定】　19
なにをか…する　何—　【疑問】　105
なにをか…（せ）ん（や）　何（奚）—　【反語】　93
なにをもつてか…んや　何以…耶　【反語】　101
なにをもつて…ん（か・や）　何以—　【疑問】　114
なほ…（の）ごとし　猶（由）—　【再読文字】　7
…なるかな…（や）　—哉、—（也）　【感動】　122

なんすれぞ…する（や）	何為	【疑問】	113
なんすれぞ…ん（や）	何為―	【反語】	102
なんぞAのBなるや	何A之B也	【感動】	124
なんぞ…（せ）ざる	盍―	【再読文字】	8
なんぞ…（せ）ざる	何不―	【反語】	96
なんぞそれ…（なる）や	何其…也	【感動】	123
なんぞ…（せ）んや	何（胡・奚・庸・曷）―	【反語】	86
なんぞ…（や）	何（奚・曷・放・庸）―（乎）	【疑問】	109
なんの…かこれあらん	何―之有	【反語】	100
なんのゆゑに…する	何故―	【疑問】	115

［に］

…にあらざる（は）なし	莫（無）非（匪）―	【否定】	35
…にあらざるよりは	自非―	【限定】	77
…（に）あらず	非（匪）―	【否定】	18
…にしかず	不如―	【比較】	64
…にしくはなし	莫如（無如・無若）―	【比較】	65
…に（せ）…らる	謫―	【受身】	12
…（に命じて・に説きて）（せ）しむ	命――	【使役】	15

［ネ］
ねがはくは…（せ）ん（せよ）　願―　【願望】126
ねがはくは…をえん　願得―　【願望】129
［ノ］
…のみ　…耳（已・爾・而已・也已）　【限定】74
…のみ　―ノミ　【限定】76
［ハ］
はなはだしくは…（せ）ず　不甚―　【否定】52
［ヒ］
ひとりAのみにあらず（また）Bなり　非独A（亦）B　【累加】79
ひとり…（せ）んや　独―哉（乎・也）　【反語】90
ひとり…のみ　独―　【限定】73
［ヘ］
べけんや・といふべけんや　可―乎・可謂―乎　【反語】94
［マ］
まことに…（せ）ば　誠―　【仮定】61
まさに…（す）べし　当―　【再読文字】3
まさに…（す）べし　応―　【再読文字】4

まさに…（せ）んとす　将（且）―　【再読文字】2

また…（せ）ず　亦不―　【否定】29

また…（せ）ず　不復―　【否定】50

また…（なら）ずや　不亦―乎　【反語】99

〔ミ〕

みずや・きかずや　不見・不聞　【反語】103

〔ム〕

むしろAすともBするなかれ　寧A無（勿・毋・莫）B　【比較】66

〔モ〕

もし…ば　如（若・即・仮・設・使）　【仮定】55

〔ヨ〕

よろしく…（す）べし　宜―　【再読文字】5

〔ル〕

…る　…らる　見（被・為・所）―　【受身】9

…る　…らる　A於（于・乎）B　【受身】10

〔ワ〕

わづかに…のみ　纔―　【限定】75

〔ヲ〕

字音仮名遣い表

▼この表は、字音の現代仮名遣いが歴史的仮名遣いと異同ある漢字の一部を例示したものである。上方のカタカナは現代仮名遣い、下方の［カタカナ］は歴史的仮名遣いを示す。

イ ［ヰ］ 位 囲 委 萎 威 為 畏 胃 渭 韋 尉 帷 偉 違 葦 慰 緯 彙 謂
イキ ［ヰキ］ 域 棫 減 閾
イク ［ヰク］ 彧 郁 奥 澳
イン ［ヰン］ 尹 員 隕 韻 院
エ ［ヱ］ 会 絵 回 廻 恵 慧 壊 懐 衛 穢
エイ ［ヱイ］ 衛
エツ ［ヱツ］ 曰 越 鉞 粤
エン ［ヱン］ 円 垣 宛 婉 怨 苑 袁 園 猿 遠 媛 援
オ ［ヲ］ 汚 烏 嗚 悪 乎
オウ ［アウ］ 央 殃 鞅 桜 奥 墺 懊 鶯 鸚
［アフ］ 凹 押 厭 鴨 圧
［ワウ］ 王 汪 往 旺 皇 凰 黄 横 枉

	［ヲウ］	翁 蓊 甕
オク	［ヲク］	屋 彧
オチ	［ヲチ］	越 鉞 粤
オツ	［ヲツ］	越
オン	［ヲン］	怨 苑 袁 温 園 遠 穏 鴛 轅 猿
カ	［クヮ］	化 花 訛 貨 靴 戈 火 瓜 禾 和 科 卦 果 華 菓 渦 過 禍 課 寡
ガ	［グヮ］	瓦 画 臥 訛
カイ	［クヮイ］	会 回 灰 乖 快 怪 悔 塊 壊 懐 槐
ガイ	［グヮイ］	外
カク	［クヮク］	画 劃 拡 郭 廓 摑 獲 穫 馘
カツ	［クヮツ］	刮 括 活 滑 猾 豁 闊
ガツ	［グヮツ］	月 刖
カン	［クヮン］	丱 串 缶 完 官 冠 巻 患 貫 喚 換 棺 款 菅 勧 寛 慣 管 関 歓 緩 還 館 環 観 灌
ガン	［グヮン］	丸 紈 元 玩 頑 翫 原 願
キュウ	［キウ］	九 久 仇 丘 旧 休 朽 臼 求 灸 究 糾 救 球 舅 鳩 嗅
	［キフ］	及 吸 扱 汲 泣 急 級 笈 給 翕 噏 歙
ギュウ	［ギウ］	牛

キョウ ［キャウ］ 兄匡向狂享京況香強経郷境鏡競響驚卿饗竟軽警
キョウ ［ケウ］ 叫交校教梟喬嬌橋矯驕孝
［ケフ］ 夾俠協怯陜峡挟狭脅脇頬
ギョウ ［ギャウ］ 仰刑行形
［ゲウ］ 堯暁驍傲僥楽
［ゲフ］ 業
コウ ［カウ］ 亢巧交向好岡江考行坑抗杭孝更享効幸庚肴巷拷郊
香校浩耕耗航降高康港硬絞項較敲綱酵稿衡鋼講
［カフ］ 甲岬合閤盍
［クヮウ］ 広光宏恍晃皇荒紘黄慌鉱曠
［コフ］ 劫
ゴウ ［ガウ］ 号拷剛強毫郷傲豪濠
［ガフ］ 合盒
［グヮウ］ 轟
［ゴフ］ 劫業
ジ ［ヂ］ 尼地治持痔
ジキ ［ヂキ］ 直
ジク ［ヂク］ 忸竺舳軸

ジツ［ヂツ］昵
シュウ［シウ］収　囚　州　舟　秀　周　洲　祝　秋　臭　袖　酋　修　週　就　愁　酬　醜　蹴
［シフ］拾　執　習　湿　集　楫　葺　輯　襲
ジュウ［ジウ］柔　獣　蹂
［ジフ］十　拾　汁　渋　入　什
［ヂュウ］住　重
ジョ［ヂョ］女　除
ショウ［シャウ］上　井　正　生　匠　庄　床　姓　尚　昌　青　政　星　相　省　将　症　祥　商　唱　章　掌
晶　粧　装　象　傷　奨　聖　詳　彰　精　障　償　性　笙　声　菖　荘
［セウ］小　少　召　抄　肖　招　沼　昭　宵　消　笑　梢　紹　椒　焼　焦　硝　稍　詔　照　樵　燋
蕉　蕭　簫　瀟　逍
［セフ］妾　接　浹　捷　摂　渉　慴　摺　囁
ジョウ［ジャウ］上　成　状　城　浄　常　情　盛　静　請　壌　襄　穣　攘　譲
［ゼウ］擾　繞　饒
［ヂャウ］丈　杖　挺　定　長　貞　娘　場　嬢　錠　醸　諚
［デウ］条　嫋　尿　調
［デフ］帖　畳　聶　躡
ジョク［ヂョク］濁　匿

ジン〔ヂン〕沈陣塵
ズ〔ヅ〕図豆途頭厨
ズイ〔ズイ〕随隋瑞
ソウ〔サウ〕双爪争早壮帚相草荘倉捜桑巣掃曹爽窓創喪葬装想掻槍漕箏箒蒼遭槽操燥霜騒藻箱笙
〔サフ〕匝挿
ゾウ〔ザウ〕造象像草蔵臓
〔ザフ〕雑
チュウ〔チウ〕丑肘宙抽昼紂紐酎鋳躊
チョウ〔チャウ〕丁庁打町長釘帳張悵頂脹腸暢漲聴停挺
〔テウ〕弔兆挑彫眺釣鳥朝超誂跳肇蔦蜩趙銚潮調鯛
〔テフ〕帖貼畳蝶諜
トウ〔タウ〕刀当到逃倒唐套島党桃討悼掉淘盗陶棹棠湯萄道稲橙糖蹈濤堂
〔タフ〕沓納塔答搭踏鞜
ドウ〔ダウ〕堂瞠道導
〔ダフ〕納
ニュウ〔ニウ〕柔

	［ニフ］	入
ニョウ	［ネウ］	尿　繞　鐃　溺　饒　橈　遶
ノウ	［ナウ］	悩　脳　嚢
	［ナフ］	納　衲
ビュウ	［ビウ］	謬　繆
ヒョウ	［ヒヤウ］	平　兵　拍　評
	［ヘウ］	表　俵　豹　票　剽　漂　標　瓢　縹　飄
ビョウ	［ビヤウ］	平　病　鋲　屏　瓶
	［ベウ］	苗　眇　秒　描　猫　渺　廟　錨
ホウ	［ハウ］	方　包　呆　芳　邦　妨　房　抱　放　泡　胞　倣　砲　紡　烹　訪　棚　飽　繃　庖
	［ハフ］	法（漢音）
	［ホフ］	法（呉音）
ボウ	［バウ］	亡　卯　妄　忙　坊　妨　忘　防　房　肪　尨　茅　昴　虻　旁　紡　茫　望　傍　貌　彭　棒
		膨　甍　謗
	［ボフ］	乏
ミョウ	［ミヤウ］	名　茗　命　孟　明　冥　鳴
	［メウ］	妙　眇　苗　猫
モウ	［マウ］	亡　妄　忘　孟　盲　罔　望　猛　網

ユウ［イウ］又友尤右由佑酉油幽祐郵猶遊誘憂優悠釉有
［イフ］邑
ヨウ［エウ］夭幼妖杳要揺腰窯謡曜遥耀
［エフ］葉曄厭
［ヤウ］永羊洋揚陽楊様養影
リュウ［リウ］柳流琉留翏硫溜榴瑠劉竜
［リフ］立笠粒
リョウ［リヤウ］令両冷良怜亮玲梁涼量領諒霊糧
［レウ］了料翏聊僚寥寮遼療瞭漁
［レフ］猟漁
ロウ［ラウ］老労牢良郎朗浪狼廊潦
［ラフ］拉臘臈蠟

〔著者紹介〕

中村 幸弘（なかむら　ゆきひろ）
國學院大學名誉教授。博士（文学）。國學院大學栃木短期大学長。
主な著書は、『補助用言に関する研究』『先生のための古典文法　Q＆A100』（以上、右文書院）、『読みもの日本語辞典』『難読語の由来』（以上、角川文庫）、『入試に出る古文単語　300』（旺文社）、『正しく読める古典文法』（駿台文庫）など。編著に、『旺文社国語辞典』（旺文社）、『ベネッセ全訳古語辞典』（ベネッセ）などがある。

杉本 完治（すぎもと　かんじ）
1944年　静岡県生まれ。
1966年より2004年まで静岡県立高校教諭。1991年ごろより文部科学省検定教科書の編集に携わる。ライフワークは森鷗外とその作品の研究、および『徒然草』を始めとする中世文学の研究。著作に『ベネッセ全訳古語辞典』（編集委員）、「舞姫」を始めとする鷗外の作品に関する論文・著作、高校生の進路指導に関する著作等。

漢文文型　訓読の語法

2012年7月7日　初刷発行

著　者　中村幸弘・杉本完治
発行者　岡元学実

発行所　株式会社　新典社

〒101－0051　東京都千代田区神田神保町1－44－11
営業部　03－3233－8051　編集部　03－3233－8052
ＦＡＸ　03－3233－8053　振　替　00170－0－26932

印刷所 恵友印刷㈱　製本所 ㈲松村製本所

ISBN978-4-7879-0630-4 C1081
http://www.shintensha.co.jp/
E-Mail:info@shintensha.co.jp